Impressum

Dies ist eine Original-Ausgabe der Unterwegs Verlag GmbH,
78224 Singen (Hohentwiel)

ISBN 978-3-86112-343-9

Text/Redaktion: Silke Mäder
Gestaltung/Layout: Sophia Schöffling
Titelfoto: www.shutterstock.de
Druck: Graspo CZ, A.S., 763 02 Zlín, Tschechische Republik

Verlagsanschrift:
Unterwegs Verlag GmbH, Werner-von-Siemens-Str. 22, 78224 Singen
Tel. +49(0)7731 838-0, Fax +49(0)7731 838-19
E-Mail: info@internate-online.de

www.internate-portal.de

Bibliografische Information der Deutschen Nationalbibliothek

Die Deutsche Nationalbibliothek verzeichnet diese Publikation in der Deutschen Nationalbibliografie; detaillierte bibliografische Daten sind im Internet über http://dnb.d-nb.de abrufbar.

Der große

INTERNATE-FÜHRER

Das Internate-Handbuch für Eltern und Schüler

beinhaltet ein vollständiges Adressverzeichnis aller Internate in Deutschland, eine Gesamtliste von Internaten in der Schweiz, ausgewählten Internaten in Österreich, in den Niederlanden, in Großbritannien und in den USA. Mit über 300 Adressen und 150 ausführlichen Darstellungen von Internaten, allen großen Internatsverbänden und Internatsberatungen.

Mit Beiträgen von

Silke Mäder, Psychotherapeutin für Kinder und Jugendliche,
Felix Fröhlich, ehemaliger Internatsschüler,
Prof. Dr. Volker Ladenthin,
Dr. Oliver Niedostadek, Verband Katholischer Internate und Tagesinternate (VKIT),
Dr. Klaus Vogt, Präsident Verband Deutscher Privatschulverbände e.V. (VDP),
Eva-Maria Kemink, DIE INTERNATE VEREINIGUNG e.V.,
Helmut Ramsthaler, Christophorusinternate im
Christlichen Jugenddorfwerk Deutschlands (CJD),
Heidi Kong, Evangelische Internate Deutschland (EID),
Zweckverband Bayerische Landschulheime,
Verband Schweizerischer Privatschulen (VSP).

Verlag Unterwegs

Abkürzungen

Sprachen:

A	Arabisch
Chin.	Chinesisch
D	Deutsch
E	Englisch
F	Französisch
Gr	Griechisch
Hebr.	Hebräisch
I	Italienisch
J	Japanisch
L	Latein
N	Niederländisch
P	Portugiesisch
Po	Polnisch
R	Russisch
Sp	Spanisch
wfr.	wahlfrei

Schulische Ausrichtung:

hum.	humanistisch
math.	mathematisch
mus.	musisch
naturw.	naturwissenschaftlich
altspr.	altsprachlich
ns.	neusprachlich

Geschlechter

m.	Jungen
w.	Mädchen

Konfessionen

ev.	evangelisch
kath.	katholisch
röm.-kath.	römisch-katholisch
alle Bek.	alle Bekenntnisse
konf.	konfessionell

Schularten

BG:	Berufliches Gymnasium
BOS	Berufsoberschule
FOS	Fachoberschule
HS	Hauptschule
RS	Realschule
GYM	Gymnasium
HG	hum. GYM
MNG	math.-naturw. GYM
MuG	musisches GYM
NG	neusprachl. GYM
SG	Sozialgymnasium
SWG	sozialwiss. GYM
WG	Wirtschaftsgymnasium
WS	Wirtschaftsschule
WWG	wirtschaftswiss. GYM

staatl., öffentl.: staatliche Schule, öffentliche Schule:
Schulträger staatlicher Schulen sind die Bundesländer, Schulträger öffentlicher Schulen Kommunen, Kommunalverbände oder Körperschaften des öffentlichen Rechts. Staatliche und öffentliche Schulen sind in der Bundesrepublik die Regel und gelten als Norm, nach der sich auch private Schulen richten müssen.

Anerk.: staatlich anerkannte Privatschule:
Anerkannte Privatschulen haben Befugnisse öffentlicher Schulen, insbesondere das Recht, nach den allgemeinen für staatliche und öffentliche Schulen geltenden Vorschriften Prüfungen abzuhalten und Zeugnisse zu erteilen. Das bedeutet u.a., dass die Schüler und Schülerinnen ohne Aufnahmeprüfung in die entsprechende Klassen- bzw. Jahrgangsstufe einer staatlichen oder öffentlichen Schule übergehen können. Die als Vollanstalten anerkannten Privatgymnasien sind berechtigt, Abiturprüfungen abzuhalten und das Abiturzeugnis zu erteilen.

Gen.: staatlich genehmigte Privatschule:
Genehmigte Privatschulen besitzen die angeführten Rechte anerkannter Schulen nicht oder noch nicht; ist eine genehmigte Privatschule Ersatzschule, darf sie schulpflichtige Kinder aufnehmen.

Ers.: Ersatzschule:
Je nachdem, ob eine Privatschule einer vergleichbaren öffentlichen Schule entspricht oder nicht, handelt es sich um eine Ersatz- oder um eine Ergänzungsschule. An einer Ersatzschule kann die Schulpflicht erfüllt werden, an einer Ergänzungsschule nicht. In Nordrhein-Westfalen wird nicht zwischen staatlich genehmigten und staatlich anerkannten Ersatzschulen unterschieden. Dort gibt es lediglich die genehmigte Ersatzschule, die in Bezug auf den Schulstatus den anerkannten Ersatzschulen in den anderen deutschen Bundesländern entspricht. Wenn einzelne nordrhein-westfälische Privatschulen ihren Schulstatus als „staatlich anerkannt" aufführen, stehen sie damit nicht im inhaltlichen Widerspruch zum bundesdeutschen Schulrecht.

W.: Waldorfschule:
Wegen ihres besonderen Aufbaus, Lehrplans und Versetzungsverfahrens sind die Waldorfschulen keine anerkannten Schulen im oben genannten Sinne. Ihre Absolventen können sich modifizierten Prüfungen als Nichtschüler unterziehen.

AG: Aufbaugymnasium:
Aufbaugymnasien sind zum Abitur führende Schulen für geeignete Schüler und Schülerinnen, die vorher eine Haupt- oder Realschule besucht haben.

GS: Grundschule:
Sie umfasst das 1. bis 4. Schuljahr.

HS: Hauptschule:
Sie umfasst normalerweise das 5. bis 9., teilweise auch das 10. Schuljahr. Beim Vorhandensein von Orientierungs- oder Förderstufen beginnt sie mit Klasse 7.

G: Gymnasium:
Diese Bezeichnung tragen Schulen, die am Ende der Klasse bzw. Jahrgangsstufe 12 bzw. 13 zur fachgebundenen oder allgemeinen Berechtigung zum Hochschulstudium (Abitur) führen. Sie kann durch einen Zusatz ergänzt werden, der den Schultyp angibt und damit auf die fachliche Ausrichtung hinweist. In der Normalform beginnt das Gymnasium mit Klasse 5 und endet mit Jahrgangsstufe 12 bzw. 13.

So finden Sie Ihr Internat:

Die Internate sind alphabetisch geordnet: zuerst nach Bundesländern und innerhalb dieser nach Ortsnamen. Die alphabetische Reihenfolge bei den Standardeinträgen konnte weitgehendst eingehalten werden.
Bitte benutzen Sie zur schnellen Orientierung das Inhaltsverzeichnis.

Inhalt

Bayern 121–153

Berlin 155–158

Brandenburg 159–161

VII. Internate im Ausland

10 Jahre Deutsch-Klasse in China

Notendurchschnitt Abitur Jahrgang 2018

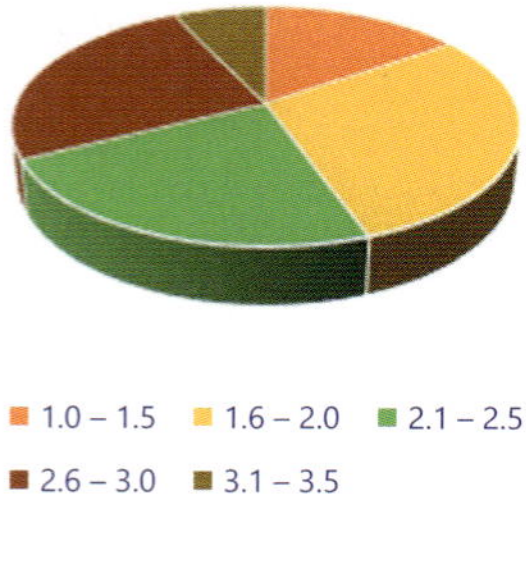

Die chinesischen Schüler*innen, die MY Education Service mit jahrzehntelanger Erfahrung an deutsche Internatsschulen vermittelt, sind vor allem:

GUT VORBEREITET

Bereits seit 10 Jahren arbeitet MY Education Service eng mit Schulen in China zusammen, um Schüler*innen in sogenannten Deutsch-Klassen in einem Schuljahr auf das sprachliche B2 Niveau (Goethe-Zertifikat) zu bringen.

SORGFÄLTIG AUSGEWÄHLT

Das Aufnahmeverfahren für die Deutsch-Klasse in China ist streng. Um sich bewerben zu können, muss ein sehr hoher Durchschnitt bei der Mittelschulprüfung erreicht werden. Daran schließen sich schulinterne Tests in Englisch und Mathematik an. Die interessierten Schüler müssen sich, wie auch ihre Eltern, persönlich vorstellen und über ihre Motivation, eine deutsche Schule besuchen zu wollen, sprechen. Wichtig ist dabei ihr akademischer Leistungswille.

ERFOLGREICH

Die Deutsch-Klasse ist für die Schüler*innen ein entscheidender Schritt zum späteren schulischen Erfolg an deutschen Internaten.
Dies spiegelt sich erneut im Notendurchschnitt des Abiturjahrgangs 2018 wieder.
15% der Schüler*innen schlossen mit einer Note zwischen 1.0 – 1.5 ab, 29% mit 1.6 – 2.0 und 23% mit Noten von 2.1 – 2.5.

MY EDUCATION SERVICE INTERNATIONAL

Die Tätigkeit von MY Education Service International ist nicht nur auf die formale Vermittlung beschränkt, sondern beinhaltet auch eine intensive Vorbereitung und Betreuung der involvierten Eltern sowie Schüler*innen.

LAUFENDE BETREUUNG IN CHINA:

- Regelmäßige Teamsitzungen des deutsch/chinesischen Lehrerteams
- Anwendung deutscher Lehrmethoden
- Ansprechpartner für chin. Eltern in Bezug auf das deutsche Schulsystem und Internatsschulen
- Unterstützung in Vorbereitung auf akademische und interkulturelle Herausforderungen

VORBEREITUNG AUF DEUTSCHLAND

- Ansprechpartner für die Eltern inkl. vierteljährliche Elternversammlungen
- Mittler zwischen Schulen und Eltern bzw. Schülern
- Halbjährlicher Besuch der deutschen Internatsschulen zu Gesprächen mit Schülern und Pädagogen
- Übersetzungsarbeit von Zeugnissen
- Begleitung interessierter Schulleitern nach China inkl. Ermöglichens von Gesprächen mit Eltern/ Schülern

E-Mail: info@my-boarding-schools.com / Tel. +49 (0)30 7960465

hl HERMANN LIETZ SCHULE SPIEKEROOG

START PROFIL AKTUELLES LEBEN AUF LIETZ LERNEN AUF LIETZ

PROFIL MEHR

Seit 90 Jahren ist die Hermann-Lietz-Schule Spiekeroog ein staatlich anerkanntes Internatsgymnasium in freier Trägerschaft.

LEITBILD MEHR

Persönlichkeitsbildung, Freude am Lernen, Aufbruch in Beruf und Gesellschaft. Das sind die Kernthemen, die unsere Arbeit bestimmen.

LERNEN AUF LIETZ MEHR

Ideale Lernbedingungen in kleinen Lerngruppen und vertrauensvoller Lernatmosphäre. Ganztägige individuelle Betreuung und Förderung.

LEBEN AUF LIETZ MEHR

Eine starke Gemeinschaft, in der jeder einzelne seinen Platz findet. Zusammen leben, lernen, arbeiten, entspannen – und natürlich auch feiern.

NORDLICHTER / KLASSE 5-7 MEHR

Die ganz jungen Internatsschüler der Klassen 5 bis 7 lernen jahrgangsübergreifend und zusammen mit Kindern aus dem Dorf in der Inselschule.
Sie leben auf dem Internatsgelände besonders behütet in ihrem eigenen Reich: dem „Haus Albatros".

HIGH SEAS HIGH SCHOOL MEHR

Jedes Jahr stechen bis zu 30 SchülerInnen für 7 Monate mit einem traditionellen Großsegler in See. Über den Atlanktik, in die Karibik, nach Panama, Costa Rica und Kuba und wieder zurück nach Hamburg. Während des Segeltörns: gymnasialer Unterricht an Bord · Navigation, Segelführung und Wetterkunde erlernen · Landaufenthalte in Mittelamerika · Leben in Gastfamilien · Exkursionen im Regenwald.

Siehe ausführliche Angaben auf Seite 184–185! (Niedersachsen)

Siehe ausführliche Angaben auf Seite 208–209! (Nordrhein-Westfalen)

Mit Blick auf die denkmalgeschützte Villa Wewersbusch offenbart sich dem Besucher noch nicht, dass es sich hier um eine der modernsten Schulen Deutschlands handelt.

Keine schweren Schulbücher werden durch die Gänge geschleppt, keine Hefte kämpfen eingeengt im Tornister gegen Eselsohren. Schüler der Klassen 5 bis 13 erleben hier tagtäglich die digitalkompetente Schule.

Neben dem klassischem Schulwissen stehen Kommunikation, Kollaboration, Medien- und Informationskompetenz sowie Kreativität und kritisches Denken auf dem Stundenplan.
Alle Lernräume der rund 250 Schüler verfügen über Whiteboard, Beamer, Apple-TV und einem flächendeckenden Gigabit W-LAN. Jeder Schüler ist dazu mit einem eigenem iPad ausgestattet, das ständiger Lernbegleiter ist.

„Wir arbeiten in unseren Klassen fast ausschließlich digital. Und das bedeutet weit mehr, als einfach nur papierbasierte Schulliteratur in eine digitale Form zu bringen.“, sagt Geschäftsführer Florian Kesseler.

Villa Wewersbusch - Ganztagsschule und Internat - www.villawewersbusch.de
Wewersbusch 15 42555 Velbert-Langenberg

Distinguished School

Recognised by Apple as a distinguished school for continuous innovation in learning, teaching, and the school environment.

VDP
VERBAND DEUTSCHER PRIVATSCHULEN NORDRHEIN-WESTFALEN e.V.

Fächer wie „Grafik & Design“ und „Medienkompetenz“ bereiten auf die Anforderungen der digitalen Welt vor. Einen großen Wert legt die Villa Wewersbusch auf die Vermittlung von Allgemeinwissen und die mündige Diskussion des aktuellen Weltgeschehens. Ein Schultag beginnt daher immer mit der Analyse der Tagesnachrichten.

Die Villa Wewersbusch nimmt eine Vorreiterrolle in der Digitalisierung Deutschlands ein und gehört für ihre Innovationen in Lehre und Ausstattung als eine von nur wenigen Schulen weltweit zum Exzellenz-Netzwerk „Apple Distinguished School“.

Weitere Informationen zur Schule entnehmen Sie unser Webseite.

Die Klassen haben im Durchschnitt eine Größe von 16 Schülern. In den Fremdsprachen steht den Fachlehrern ein „native speaker“ als Assistent zur Seite.

„Der alltägliche und selbstverständliche Umgang mit Fremdsprachen ist wohl der beste Weg, diese spielerisch und nachhaltig zu erlernen“, so Kesseler.

Auch in den Naturwissenschaften werden durch modernste Technologien, wie 3D-Druckverfahren, digitale Datenanalyse und einen stark auf Experimente ausgerichteten Unterricht Maßstäbe geschaffen.

- kleine Klassen mit durchschnittlich 16 Schülerinnen und Schülern
- kein Unterrichtsausfall
- innovatives Förder- und Forder-Programm in allen Fächern
- individuelle Talententwicklung, Beratung und Förderung
- Unterricht mit modernsten Technologien und Methoden
- Ein Internat, das zur Heimat wird.

Telefon 02052 9266291-0
kontakt@villawewersbusch.de

Siehe ausführliche Angaben auf Seite 141! (Bayern)

SCHLOSS NEUBEUERN

Fit für die Zukunft

Schloss Neubeuern ist ein staatlich anerkanntes Internatsgymnasium mit naturwissenschaftlich-technologischem und wirtschaftswissenschaftlichem Profil und der zusätzlichen Möglichkeit, Spanisch als dritte Fremdsprache zu erlernen. Unsere 220 Schüler leben in einer familiären Gemeinschaft von Internatsschüler und Tagesschülern, deren emotionale Verbundenheit oft ein Leben lang hält.
Als ehemalige MODUS 21–Modellschule zielen wir auf die Vermittlung von zukunftsorientiertem Wissen. So arbeiten unsere Schüler der Klassen 5–9 im Rahmen von Zusatzstunden in leistungsdifferenzierten Kleingruppen von 5–10 Kindern unter Aufsicht eines Fachlehrers – und werden so entsprechend ihres jeweiligen Leistungsvermögens individuell und gezielt gefördert. Wenn es dann später auf das Abitur zugeht, unterstützen wir unsere Schüler mit zusätzlichen Abiturstunden, in denen schon ab der 10. Klasse der Ernstfall geprobt wird.

Alle Klassenzimmer sind mit Datenprojektor (teilweise 3D) und Laptop ausgestattet, um fachbezogen schrittweise die heute notwendigen IT-Kenntnisse zu vermitteln. In den Klassen 5–8 sammeln unsere Schüler erste IT-Erfahrungen auf dem ihrem persönlichen iPad, der sie im Unterricht und in der Lernzeit, aber auch in der Freizeit begleitet. Ab der 9. Klasse stellen wir den Unterricht dann komplett auf „Digitale Tinte" um – der Tablet-PC ersetzt ab diesem Zeitpunkt Heft und Ordner und erlaubt die strukturierte und fächerübergreifende Ablage von vier Jahren schulischen Wissens. Es entsteht eine interaktive Lernumgebung, die die Abkehr vom klassischen Frontalunterricht bedeutet und neue didaktische Möglichkeiten eröffnet. Die Schüler lernen rasch, Abläufe, Prozesse und Korrespondenzen digital zu planen und abzuwickeln sowie der Informationsflut durch systematisches Ordnen und Organisieren zu begegnen.

In unserem wöchentlichen Horizonte Angebot fördern wir Kreativität und Eigeninitiative und bieten alternative Formen des Lernens außerhalb des üblichen schulischen Stundenrhythmus an.

Unser Berufsweltbezug mit einem Schwerpunkt in der 10. Klasse und hochkarätigen Praktika bei unseren Altschülern, Vorträgen aus der Arbeitswelt und Videokonferenzen mit Firmen öffnet unseren Schülern den Blick für die Welt von morgen. Selbst unsere „Kleinsten" haben bereits ein Schulfach „Entrepreneurship", in dem sie spielerisch auf die Anforderungen der Zukunft vorbereitet werden. Durch weltweiten Schüleraustausch und die Integration von zahlreichen internationalen Schülern ist unsere Schule auch sehr stark international ausgerichtet, weil Kulturbegegnung und kulturelle Intelligenz zur zentralen Herausforderung einer globalisierten Welt geworden sind.

Teamsportangebote mit Schulmannschaften im Tennis, Klettern, Golf, Mountainbike, Fußball und Basketball schaffen ein besonderes Gemeinschaftsgefühl. Künstlerisch-musische, handwerkliche und soziale Freizeit- und Wochenendangebote sorgen für Abwechslung und Entspannung, aber auch für wertvolle Erfahrungen und Kenntnisse für das spätere Leben.

Schloss Neubeuern
Internatsschule
für Mädchen und Jungen

D-83115 Neubeuern/Inn
Ruf +49(0)8035 / 9062-0
Fax +49(0)8035 / 9062-30
www.schloss-neubeuern.de
info@schloss-neubeuern.de

Für ausführliche Angaben siehe Seite 237 (Schleswig Holstein)

Marienau
wir leben Schule

Herzlich willkommen in Marienau

Profil:

Die Schule Marienau ist ein staatlich anerkanntes Gymnasium und Internat in freier Trägerschaft.

Träger der Schule ist ein gemeinnütziger Verein.

Marienau liegt in herrlicher Natur am Rand der Lüneburger Heide, eingebettet in ca. 80 Hektar Wald- und Heidegelände. Die Schüler wachsen in einer gesunden Umgebung auf, die Teil des pädagogischen Konzeptes ist.

Die unverwechselbar aufgeschlossene Atmosphäre in Marienau trägt maßgeblich dazu bei, dass sich Kinder und Jugendliche wohlfühlen und positiv entwickeln können.

Lernen:

Auf die Vermittlung eines soliden Grundlagenwissens legen wir großen Wert, entwickeln darüber hinaus Fähigkeiten wie Flexibilität, „Lernen lernen", Handlungskompetenz, Eigeninitiative, Verantwortungsbewusstsein und Teamgeist, um unsere Schüler auf die Herausforderungen einer sich rasant verändernden Welt vorzubereiten. Den Umgang mit digitalen Medien sehen wir als Chance und Bereicherung, gleichzeitig aber auch als Herausforderung.

Tradition:

Die von Max und Gertrud Bondy gegründete Schule Marienau steht in der Tradition der Reformpädagogik. Nach dem Motto „Lernen mit Kopf, Herz und Hand" ist es unser Ziel, die Kinder und Jugendlichen ganzheitlich zu erziehen, sowohl im Hinblick auf ihre Persönlichkeitsentwicklung als auch im Umgang mit Menschen und Natur.

In Marienau wird Lehren und Erziehen als eine Einheit verstanden, in der Lehrer und Schüler sich nicht nur im Unterricht, sondern auch im Wohn- und Freizeitbereich begegnen.

Als UNESCO-Projektschule hat sich Marienau den kulturellen Austausch auf die Fahne geschrieben. Unter anderem pflegt Marienau enge Kontakte zu Schulen im Ausland und ermöglicht den Schülern einen spannenden Blick über den Tellerrand.

Wir sind:

- Unesco-Projektschule
- Umweltschule in Europa

Arbeitsgemeinschaften:

In Marienau regen wir die Kinder und Jugendlichen dazu an, Aktivitäten aus unterschiedlichen Bereichen auszuwählen, z.B. eine handwerkliche, eine sportliche und eine musisch/künstlerische Arbeitsgemeinschaft.

Oft bekommen die Kinder und Jugendlichen durch Erfolge in diesem Bereich so viel Selbstbestätigung, dass sich dies bald positiv auf den Unterricht auswirkt.

Einen großen Raum nimmt der Sport im Marienau ein. Das Angebot im Unterricht und im AG-Bereich ist vielfältig. Golf, Klettern oder Bogenschießen gehören ebenso dazu wie Badminton, Tennis, Geräturnen, Reiten oder Tanzen.

Unsere Außenanlagen auf dem ehemaligen Gutsgelände beinhalten neben einem Tennisplatz einen modernen Sportplatz mit Kunstrasen und allen Vorrichtungen, die für Ballsportarten, Mannschaftsspiele und Leichtathletik nötig sind. Zu den nahe gelegenen Golfplätzen fahren unsere Golflehrer jede Woche mit ihrer Arbeitsgemeinschaft und bereiten die Schüler erfolgreich auf Turniere vor.

Leben in der Gemeinschaft:

Die Schüler sollen zu verantwortungsbewussten jungen Menschen erzogen werden, sowohl im Hinblick auf Mitschüler und die Schulgemeinschaft als auch allgemein auf Gesellschaft, Kultur, Wirtschaft und Umwelt bezogen. Die Verantwortung manifestiert sich in ganz konkreten, altersangepassten Aufgaben, gegenseitigen Hilfen und Pflichten innerhalb des alltäglichen Zusammenlebens.

Marienau
wir leben Schule

Schule Marienau
21368 Dahlem (Kreis Lüneburg)

Tel. 05851 941-0
Fax 05851 941-30

sekretariat@marienau.de
www.marienau.de

Siehe ausführliche Angaben auf Seite 183! (Niedersachsen)

160 Ländern bei uns die deutsche Sprache. Ein sorgfältiger Test am ersten Kurstag garantiert die niveaugerechte Einstufung.

Unabhängig davon, ob ein Schüler bereits Vorkenntnisse hat oder nicht:
Wir bieten für jeden Schüler die richtige Klasse!

Der Wechsel ans Gymnasium

Bereits nach dem erfolgreichen Abschluss der Niveaustufe B2 können unsere Schüler an eine Internatsschule wechseln, oder sie besuchen einen zusätzlichen 5-wöchigen Kurs zur fachspezifischen Vorbereitung auf den Schulbesuch.

Lindenberg

Das Internatsleben

Alle Schüler sind in modernen Ein- und Zweibettzimmern mit Dusche und WC untergebracht. Beide Kursorte liegen in einer wunderschönen Umgebung und bieten die für die Altersgruppe notwendige Sicherheit.

Die Häuser verfügen über eine hervorragende Infrastruktur mit Sportplätzen, Schwimmbad, Kletterwand, Sauna, Internet, Fernsehraum, großzügigen Außenanlagen und vielfältigen Freizeitmöglichkeiten. Kulinarisch verwöhnt werden die Schüler mit ausgewogenen Mahlzeiten, zubereitet von unseren erfahrenen Küchenchefs.

In den Kursgebühren sind nicht nur die Kosten für den Unterricht, sondern auch für Unterkunft, Verpflegung (Vollpension), Unterrichtsmaterial, Freizeitprogramm, Ausflüge, Eintrittsgelder und eine zuverlässige Rund-um-die-Uhr-Betreuung enthalten.

Wir garantieren raschen Lernerfolg durch:

- Kleine Klassen mit ca. 10 Schülern
- Intensiven Unterricht mit 30 UE/Woche
- Regelmäßige Leistungskontrollen
- Tägliche Hausaufgaben- und Lernzeiten
- Hervorragend ausgebildete Lehrkräfte
- Gemeinsames Leben im Internat mit abwechslungsreichem Freizeit-, Kultur- und Ausflugsprogramm
- Deutschsprachige Umgebung

Für ausführliche Angaben siehe Seite 96 (Bad Schussenried) und Seite 138 (Lindenberg)

Siehe ausführliche Angaben auf Seite 204! (Nordrhein-Westfalen)

Siehe ausführliche Angaben auf Seite 201! (Nordrhein-Westfalen)

Siehe ausführliche Angaben auf Seite 129! (Bayern)

Internat Max Reger

„Uns verbindet mehr als Schule!"

Lernen lernen – Verantwortung übernehmen – den Übertritt erleichtern

Chancen entdecken – Gemeinschaft erleben – Freizeit sinnvoll gestalten

- ✓ Staatliches Internat für alle weiterführenden Schulen Bayerns
- ✓ Individuelle Lernförderung in kleinen Gruppen
- ✓ Förderung musischer, künstlerischer und sportlicher Talente

Staatliches Internat Max Reger
Max-Reger-Gymnasium
Kaiser-Wilhelm-Ring 7
92224 Amberg/Opf.
0 96 21/47 18-51
www.internat-amberg.de
info@internat-amberg.de

Siehe ausführliche Angaben auf Seite 200! (NRW)

SCHLOSS HEESSEN
Privatschule und Internat

SCHLOSS HEESSEN | Privatschule und Internat

Leben und Lernen an einer familiären Privatschule mit internationaler Prägung

Schloss Heessen ist seit 1957 ein staatlich anerkanntes Gymnasium und Internat in Hamm. Von den im Schnitt 300 Schülerinnen und Schüler leben ca. 1/3 im Internat. Die individuelle und persönliche Betreuung auf der Basis kleiner Klassen und Kurse gehört seit nunmehr 61 Jahren zum pädagogischen Kernkonzept des Hauses.

Der Aufbau und die Festigung eines fundierten Grundwissens in den Fächern Mathematik, Deutsch und Englisch dient u.a. der intensiven Vorbereitung der zentralen Lernstandserhebungen und Abschlussprüfungen, bei allen Fremdsprachen auch dem Ablegen von externen Prüfungen im Rahmen europäischer Sprachzertifikate.

Das schulische Angebot wird ergänzt u.a. durch zusätzliche Angebote der verschiedenen Fachkonferenzen, durch Rhetorikseminare und unsere genossenschaftlich organisierte Schülerfirma ECR eSG.

Mit Blick auf den weiteren beruflichen Werdegang unserer Schülerinnen und Schüler pflegen wir intensive Kontakte zu in- und ausländischen Schulen und Universitäten.

Durch eine persönliche Ansprache und individuelle Betreuung ist so unsere gezielte, fachgerechte Lernförderung möglich. Der Lernstand der einzelnen Schülerinnen und Schüler wird konkret festgestellt, methodische oder inhaltliche Defizite werden erkannt und gezielt abgebaut.

Siehe ausführliche Angaben auf Seite 152! und 128! (Bayern)

Das Internat St. Michael bietet Jungen ab der 5ten Klasse ein „zweites Zuhause“. In kleinen Gruppen werden die Jungen individuell und in familiärer Atmosphäre begleitet. Unsere Pädagogen/-innen verfügen über ein ausgeprägtes Wissen und breite Erfahrungen im Bereich Jungenpädagogik. Die Jungendlichen sollen bei uns gerne leben und zeitgemäß im christlichen Geist zu einer selbstbewussten und beziehungsfähigen Persönlichkeit heranwachsen.

Durch unsere gute Zusammenarbeit mit 3 Schultypen in der Schulstadt Traunstein können die Jungen ihren persönlichen Erfolgsweg zum Abitur wählen: Gymnasium, Realschule, FOS/BOS. Interessante Zusatzqualifikationen fördern die Talente der Jungen über den Schulalltag hinaus.

Besonders geschätzt wird in unserem Haus die Abwechslung zwischen strukturiertem Lernen, gemeinsamem Essen und den vielfältigen Freizeitangeboten auf einem Gelände von 44.000 m². Das entspricht dem Lebensgefühl junger Menschen.
Seit Februar 2017 sind wir auch mit dem europäischen Umweltzertifikat "EMAS" ausgezeichnet. Dadurch können Jugendliche erfahren: nachhaltig zu leben macht Sinn und schenkt Lebensqualität.

Liebe Eltern, liebe Jungen, ich hoffe, dass ich Ihr und Euer Interesse wecken konnte. Über einen Besuch würde ich mich freuen. Bei Fragen stehen ich und mein Team auch telefonisch oder per Mail zur Verfügung.

Wolfgang Dinglreiter
Direktor

Studienseminar St. Michael - Jungeninternat
Internat des Erzbistums München und Freising
Kardinal-Faulhaber-Straße 6 • 83278 Traunstein
Telefon 0861 - 166 82-0 • Fax 0861 - 166 82-20
info@seminar-traunstein.de • www.studienseminar-stmichael.de

Realschule • Gymnasium • Fachoberschule

Schule & Internat GROVESMÜHLE

Ihr Internat im Harz

- Kleine Klassen mit individueller Förderung
- Ausleben sportlicher, musischer und künstlerischer Fähigkeiten in unseren Gilden
- Leben und Lernen in einer einmaligen Atmosphäre
- Wechsel auch im laufenden Schuljahr möglich
- Probewohnen zum Kennenlernen möglich

Bildung • Leben • Perspektive

andschulheim Grovesmühle gGmbH • Grovesmühle 1 • 38871 Nordharz/ OT Veckenstedt

Tel.: 039451 608 0 • info@grovesmuehle.eu

www.grovesmühle.de

Siehe ausführliche Angaben auf Seite 230–231! (Sachsen-Anhalt)

Siehe ausführliche Angaben auf Seite 93! (Baden-Württemberg)

Siehe ausführliche Angaben auf Seite 250–251! (Schweiz)

GYMNASIUM & INTERNAT
KLOSTER DISENTIS

«Das beste Internats-Gymnasium der Schweiz.»
Die Weltwoche

Via Disentis – an die besten Universitäten.

Kluge Köpfe kommen aus Disentis. Das ist seit rund 1400 Jahren so. Denn so lange besteht das Kloster Disentis und damit im Prinzip unsere Schule.

Kluge Köpfe kommen aus der ganzen Schweiz und aus anderen Ländern und Kontinenten nach Disentis – bevor sie mit der Matura (Abitur) prüfungsfrei an die besten Universitäten und Hochschulen gehen. Wobei die Erfolgsquote für die Matura und das Studium nachweislich hoch ist.

Wann kommen Sie mit Ihrem Kind zu einem Rundgang nach Disentis? Oder besuchen uns auf www.der-weg-nach-oben.ch?

Gymnasium & Internat Kloster Disentis, CH-7180 Disentis/Mustér
e Mail matura@gymnasium-kloster-disentis.ch
Telefon +41 (0) 81 929 68 68
Fax +41 (0) 81 929 68 01
Internet www.der-weg-nach-oben.ch

United Nations Educational, Scientific and Cultural Organization
UNESCO Associated Schools

Vorwörter & Verbände

Das ABC der Internate

• **A**usgezeichnete Bildung • **B**eschützender Rahmen • **C**lub of best friends

**Ein Beitrag von Silke Mäder,
Psychotherapeutin für Kinder und Jugendliche**

Silke Mäder

Der Begriff „Helikopter Eltern" ist ein Modewort geworden. Gemeint sind damit Eltern, die über ihrem Kind, ihren Kindern schweben, alles beobachten, beurteilen und steuern möchten, was das Leben des Kindes angeht. Ist das bedenklich? Eigentlich nein, denn alle Eltern sollten die Verantwortung für ihren Nachwuchs übernehmen.

Verantwortung übernehmen bedeutet schon immer, den Kindern auch die besten Möglichkeiten einer Ausbildung und Bildung zu geben. Und gleichzeitig ihnen eine Freizeit zu ermöglichen, die Sport, Freundschaft, Erlebnis, Diskurs mit Gleichaltrigen erlaubt. Vor allem, die es unterstützt, dass das Kind in allen seinen Möglichkeiten gesehen wird.

Ich denke, dass gerade Eltern, die „über" ihren Kindern schweben, erkennen werden, dass sie bei der Bildung für ihren Nachwuchs nichts Besseres finden, als ihrem Kind eine Schulzeit in einem Internat zu schenken.

Gut geführte Internate, und das sind die bei uns vorgestellten, fördern und fordern ihre Schüler zielgenau, schaffen für Kinder/Jugendliche soziale Kompetenz, die Fähigkeit zur Kommunikation, das Interesse für und – in geschützten Räumen – auch Bereitschaft zur Auseinandersetzung und zum täglichen Neuen.

Doch wie können Eltern wissen, wieviel Förderung ihr Kind braucht?

Mit Schuleintritt ist es Kindern wichtig, im Klassenverband integriert und anerkannt zu werden, einen „guten Platz" in der Klasse zu haben. Mit zunehmendem Alter bekommen Freunde einen sehr hohen Stellenwert, denn die meisten Freundschaften entstehen an den Schulen. Von ihren Eltern möchten sie Interesse spüren, möchten „gesehen werden" und doch auch klare Strukturen, Grenzen, konsequente und gerechte Folgen erfahren. Wie und wo können nun die Wünsche und Bedürfnisse sowohl von den Kindern/ Jugendlichen als auch von den Eltern „erfüllt" werden? Meine Antwort lautet: Im Internat!

Immer mehr Jugendliche verstehen und schätzen die Sinnhaftigkeit einer umfassenden Bildung im Internat. Junge Leute informieren sich oft eigenständig über Zugangsvoraussetzungen, Schwerpunkte und Besonderheiten der verschiedenen Einrichtungen.

Wenn wir die Fragen analysieren, die über das Internate-Handbuch oder das internate-portal.de an den Verlag herangetragen werden, so stellen wir gerade in den letzten Jahren fest, dass fast die Hälfte der Anfragen inzwischen von den Jugendlichen selbst kommen.

Jugendliche wissen sehr genau, dass sie heute eine gute Ausbildung und ein gutes Netzwerk benötigen. Und das ermöglicht im Besonderen das Leben im Internat.

Die Zeiten scheinen vorbei zu sein, in denen ein Internatsbesuch negativ besetzt gewesen ist. Die Jugendlichen wissen um diese Chance, um dieses besondere Privileg. Im angelsächsischen Raum kann sich eine verantwortliche Familie kaum vorstellen, dass ihre Kinder nicht in den Genuss einer Internatsausbildung kommen sollen.

Und wie schaut das Leben im Internat aus?

Durch die vielfältigen Freizeit- und Fördermöglichkeiten, die in den meisten Internaten geboten werden, bleibt wenig Raum für Langeweile.

Beschäftigungen wie Computerspiele und TV-Berieselung kommen nur in ausgewählten Zeiten vor und werden auch von den Kindern und Jugendlichen selbst als sekundär betrachtet.

Schule und Hausaufgaben sind eng mit dem Internatsleben verknüpft, so dass in vielen Internaten eine gute Betreuung und Unterstützung gewährleistet sind.

Auch die kleineren Klassen, die besser ausgestatteten Klassenzimmer und das größere Angebot von pädagogischen Konzepten lassen Schule in einem sehr interessanten Licht erscheinen.

Das Thema „Freunde" nimmt auch bei den Internatsschülern mit den wichtigsten Stellenwert ein. Im Internat lebt man mit Gleichaltrigen in einer Gemeinschaft zusammen. Es wird zusammen gelacht, geteilt, gelernt und bei alldem werden wichtige Erfahrungen gesammelt und lebenslange Freundschaften geschlossen.

Gleichzeitig stelle ich immer wieder fest, wie stark und eng doch die Verbindung zum Elternhaus ist. Die Beziehung zu den Eltern ist durch das Ausbleiben der täglichen Streitpunkte oft entspannter. Eltern müssen nicht mehr ständig auf die konsequente Umsetzung von Regeln achten und können das Leben ihrer Kinder im Internat positiv begleiten. Deshalb ist es wichtig, dass Internate nicht als „letzte Instanz" gesehen werden, sondern als „besonderer Glanzpunkt" einer guten Erziehung und Bildung.

Machen Sie sich zusammen mit Ihrem Kind auf die Suche nach einem guten Internat! Ein Internat, in dem Ihr Kind in den unterschiedlichsten Bereichen gefördert wird und in dem sich Ihr Kind unter Gleichaltrigen wohl fühlt.

Gerade für Jugendliche hat die Peergroup einen ganz besonderen Einfluss. Um so wichtiger, das Leben in der Clique im Blick zu behalten und sich zusammen mit den Jugendlichen außerhalb der Schule auseinanderzusetzen, Werte zu vermitteln, Positionen zu beziehen und standzuhalten. Solch ein intensiver Austausch kann in dieser Form nur in einem Internat stattfinden.

Es ist den vielen sich ausführlich darstellenden Internaten zu verdanken, dass dieses Buch bei der Auswahl nach ideellen und pädagogischen Schwerpunkten für Sie eine gute Hilfe sein wird. Aber auch der Überblick über mehr als 300 deutsche Internatsadressen (alle uns bekannt gewordenen Internate wurden in diesem Buch kostenlos aufgenommen) und die 45 Internate in der Schweiz ermöglicht eine wirkliche Bestandsaufnahme der Heimerziehung. Es liegt in der Verantwortung der Eltern, sofern sie sich für diesen Weg entschieden haben, die richtige Auswahl für ihr Kind zu treffen. Nehmen Sie sich Zeit. Denken Sie daran, dass das nahe gelegenste Internat nicht unbedingt das beste ist.

Im Gegenteil. Eine zu große Nähe muss sogar von Nachteil sein. Das Kind kann gewohnte Strukturen verlassen und sich ganz in die pädagogischen Notwendigkeiten in der neuen Umgebung einfügen können. So fällt es Pädagogen vor Ort wesentlich leichter, die Fähigkeiten der Heranwachsenden zu optimieren.

Mein Rat an Sie: Schmökern Sie in diesem Buch. Gehen Sie vorurteilsfrei an die Internate in unterschiedlicher Trägerschaft heran. Lassen Sie sich durch konfessionelle oder finanzielle Aspekte etc. nicht abhalten, die einzelnen Schulen im Sinne Ihres Kindes zu prüfen. Es bleibt festzuhalten, dass auch im Bereich der Pädagogik genau verglichen werden sollte. Schauen Sie zuerst nach dem Angebot und dann nach dem Preis.

Ich möchte an dieser Stelle ausdrücklich erwähnen, dass einige Internate Stipendien vergeben. Bitte erkundigen Sie sich bei den von Ihnen ausgewählten Internaten. Auch möchte ich Sie darauf hinweisen, dass sich unter bestimmten Voraussetzungen Jugendämter an den Kosten beteiligen oder sie gar ganz übernehmen. Informieren Sie sich beim Finanzamt über die steuerlichen Vorteile eines Internatsbesuchs.

Treffen Sie anhand des Buches eine erste Vorauswahl und besorgen Sie sich dann ausführliche Informationsmaterialien über www.internate-portal.de. Die Internate stellen sich auch über ihre Homepage im Internet vor.

Vereinbaren Sie bei den von Ihnen ausgewählten Internaten einen Termin vor Ort. Lassen Sie sich in Ruhe alles zeigen. Fragen Sie, ob sich Ihr Kind allein mit anderen Internatsschülern unterhalten kann. Einige Internate bieten „Schnuppertage" oder Sommercamps an.

In Gesprächen mit Verantwortlichen von Schulen und Verbänden haben sich folgende Fragen für eine qualifizierte Entscheidung ergeben:

Im schulischen Bereich:
- Welche Schulabschlüsse sind möglich?
- Ist nach dem Internatsbesuch in einem anderen Bundesland für das Kind ein Wiedereinstieg in eine Schule im Heimatbundesland möglich?
- Gibt es Patenschaften für die Neuankömmlinge?
- Gibt es Leistungskurse?
- Wie ist das Lernen organisiert?
- Gibt es betreute Räume für die Hausaufgaben oder lernt jeder allein auf seinem Zimmer?
- Sind während dieser Zeit ein Lehrer oder Erzieher anwesend/erreichbar?
- Lernt das Kind, selbstständig zu lernen?
- Gibt es einen geregelten Alltag?
- Findet eine Zusammenarbeit zwischen Schule und Internat statt?
- Werden Erzieher/Mentoren bei Lehrerkonferenzen mit einbezogen?
- Wie viele Lehrer und Erzieher sind für die Kinder da – wie ist der Lehrerschlüssel?
- Wie ist das Zahlenverhältnis von internen und externen Schülern?

Freizeitangebot:
- Wie sieht das Freizeitangebot aus?
- Kosten die Freizeitangebote extra?
- Von wem werden die Freizeitangebote betreut?
- Gibt es einen handwerklich-künstlerischen, sportlichen, sozialen Bereich?
- Welche Konsequenzen hat eine Nichteinhaltung der Hausordnung?
- Wie sieht der Ausgang am Wochenende aus?

Allgemeine Fragen:

- Wie sieht der Speiseplan aus?
- Gibt es vegetarisches/veganes Essen?
- Wie lernen die Kinder, Verantwortung zu übernehmen?
- Wird das Thema Drogen angesprochen? Gibt es ein Drogenkonzept?
- Steht für Krisensituationen ein Psychologe zur Verfügung?

Spätestens wenn eine Vorauswahl von 2–3 Internaten gefallen ist, sollten die Kinder in den Prozess einbezogen werden. Alle die Gründe, die aus Ihrer Sicht für ein Leben im Internat sprechen, werden dargelegt. Ein Internatsaufenthalt sollte vom Kind nie als Strafmaßnahme empfunden werden. Einige familientherapeutische Hilfen möchte ich Ihnen für die Vorbereitung auf die neue Schule mitgeben:

- Fragen Sie Ihr Kind nach seinen Ängsten und Sorgen in Bezug auf ein Internat.

- Besprechen Sie, wie sich Ihr Kind während des Aufenthalts Kontakt mit Ihnen – und seinen Geschwistern – wünscht.

- Wie sehen die Wochenendheimfahrten aus?

- Was könnten die anderen Familienmitglieder tun, dass sich Ihr Kind von Anfang an in seiner neuen Umgebung wohl fühlt?

- Wie hält Ihr Kind Kontakt zu seiner heimatlichen Clique, zu seinen bisherigen Bekannten und Freunden?

Besondere Beachtung sollten die ersten Wochen in einem Internat finden. In dieser Zeit werden die Weichen für die Nutzung dieses Angebotes gestellt.

Es kann sein, dass Neue im Internat zunächst mit bestimmten „Aufnahmeprüfungen" von Mitschülern konfrontiert werden. Dies können Hilfsdienste beim Essen, Einführungsprozedere zur Gruppenaufnahme etc. sein. Sie können – wenn möglich – telefonisch beratend zur Seite stehen. Stärken Sie Ihrem Kind den Rücken. Es wird sich danach sehr bald in die Gemeinschaft integriert fühlen (und sich in der Regel in gleicher Weise an der Tradition gegenüber Neuankömmlingen beteiligen).

Wenn Ihr Kind sehr starkes Heimweh bekommt, vereinbaren Sie eine Mindestaufenthaltsdauer von ca. 3–4 Monaten, während der sich in der Regel das natürliche Heimwehgefühl in ein Gefühl des Wohlbehagens umwandelt. Sollte nach der vereinbarten Zeit immer noch der Wunsch des Kindes vorhanden sein, das Internat verlassen zu wollen, ist ein gemeinsames Gespräch zwischen Eltern, Kind und Internatsleitern ratsam.

Vielleicht können durch praktische Veränderungen – etwa ein neuer Zimmerkollege oder eine neue Klasse – die

Schwierigkeiten ausgeräumt werden. In seltenen Fällen ist es auch vorstellbar, dass ein Internatswechsel angebracht ist und dadurch den Bedürfnissen des Kindes mehr entsprochen wird. So kann z.B. ein introvertiertes Kind ein Internat mit starker familiärer Atmosphäre, weniger Schülern etc. bevorzugen. Die bisher gemachten Internatserfahrungen können dann auf das neue Internat übertragen werden.

Das Leben im Internat führt erfahrungsgemäß zu lebenslangen Bindungen und Freundschaften. Gerade dieser interkommunikative Aspekt kann für das spätere Leben des Kindes von unschätzbarem Vorteil sein und öffnet Ihrem Kind das „Tor zur Welt".

In Deutschland sind die meisten Internate in verschiedenen Internatsverbänden und -vereinigungen zusammengeschlossen, die sich jedoch in den Zielsetzungen und Schwerpunkten unterscheiden. Jedoch für alle Internate gilt: Für das Kind immer das Beste im Blick.

Im Anschluss stellen sich alle Verbände/Vereinigungen selbst vor. Vergleichen Sie dabei die unterschiedlichen Ausrichtungen.

Unser Internate-Führer versteht sich als Bindeglied zwischen Eltern, Schülern und dem breiten Angebot der Internate/Schulen. Wir möchten Sie mit unserem Buch „rund um das Thema Internate" informieren.

Sie bekommen hier sowohl Informationen über die verschiedenen Internate (die wir innerhalb der Bundesländer nach dem Ortsalphabet geordnet haben) wie auch über die verschiedenen Verbände und über die Internatsberatungen.

Da Bildung über das Abitur hinaus geht, haben wir auch ausgewählte Hochschulen aufgenommen.

Das Buch entstand nach gründlicher Recherche und wir hoffen damit einen Beitrag zum Bildungs-/Ausbildungswesen zu leisten. Das Buch wird als Standardwerk jährlich überarbeitet.

Silke Mäder
Psychotherapeutin für
Kinder und Jugendliche,
Systemische Familientherapeutin

Das Internatsleben erfüllte alle Erwartungen

Ein Beitrag von Felix Fröhlich

Felix Fröhlich

Ende der zehnten Klasse fasste ich den Entschluss, ins Internat zu gehen. Ich hatte den Drang nach neuen Begegnungen und neuen Erfahrungen. Ich wollte aus dem gewohnten Umfeld raus, nicht aus Unzufriedenheit, sondern vielmehr aus Neugier, was es noch alles zu entdecken gab.

Meine Erwartungen waren hoch, an die Schule wie auch an mich selbst. Vor allem erwartete ich eine gute Gemeinschaft, eine Vielzahl von AGs sowie eine angenehme Lernatmosphäre, soweit man sich das als Schüler wünschen kann. All diesen Ansprüchen wurde das Internat mehr als gerecht.

Aus Erzählungen von Freunden wusste ich, dass es strenger und gesitteter zugehen würde, als ich es gewohnt war. Doch so extrem hatte ich es mir niemals ausgemalt, doch das soll nicht negativ gemeint sein, ganz im Gegenteil.

Der ganze Tag ist durch einen vorbestimmten Ablauf geprägt, in dem man wenig Zeit für sich selber findet, weil immer was geht. Aber diese Abläufe lassen einen auch disziplinierter werden, weil, wie ich finde, man als Jugendlicher mit klaren Regeln und Aufgaben besser zurecht kommt als mit zu vielen Freiheiten.

Das hat mich in meinem Lernverhalten und auch im Umgang mit meinen Mitmenschen sehr viel weiter gebracht.

Anfangs viel es mir schwer, mit einem Fremden mein Zimmer zu teilen, es gab viele Probleme und Streitigkeiten. Doch die positiven Aspekte überwogen bei weitem. Wo es anfangs wegen Kleinigkeiten zum Streit kam, entwickelte sich eine Normalität.

Da man sich Tag und Nacht sieht, muss man lernen, miteinander auszukommen, wenn man den Punkt einmal überschritten hat. Es folgen Freundschaften, die extrem persönlich sind und, wie man oftmals sagt, ein Leben lang halten.

Mein Horizont hat sich auch enorm erweitert durch die Menschen aus verschiedenen Bundesländern und zum Teil aus anderen Staaten dieser Erde. Man lernt neue Gewohnheiten kennen, zudem bekommt man ein Gefühl der Internationalität. Dies verändert den Blick auf viele Dinge wesentlich und man lernt vor allem sehr viel über andere Sitten und Gewohnheiten.

Somit hat mich die Schulzeit für meinen weiteren Werdegang wesentlich geprägt und zum Positiven entwickelt.

Felix Fröhlich

Felix Fröhlich
ehemaliger Internatsschüler

Auf die Erzieher kommt es an!

Ein Beitrag von Prof. Dr. Volker Ladenthin

Prof. Dr. Volker Ladenthin

Schauen wir einmal in längst vergangene Zeiten zurück: In meiner Grundschulklasse saßen 52 Schülerinnen und Schüler unterschiedlicher Ethnien, sozialer Verhältnisse und viele mit schrecklichen Fluchterfahrungen: Die Kinder der 12 Millionen Vertriebenen.

Wir hatten Schichtunterricht, d.h. eine Woche von 8-12, die andere von 14-18 Uhr. Als Pausenmahlzeit gab es ein Leberwurstbrot („Bring das Butterbrotpapier wieder mit! Das können wir noch mal verwenden!"), einen Apfel und ein Viertelliter heiße Milch in Pfandflaschen. Ich war damals fünf dreiviertel. Es gab nicht für jeden ein Schulbuch, das Wichtigste stand gut lesbar auf der abwaschbaren Tafel an der Wand. Das mussten wir abschreiben. In Schönschrift. Wir schrieben auf quietschende Schiefertafeln, mit einem harten Stift. Die weichen Stifte waren zu teuer. Wir schrieben es mit Bleistift ins schwarze Heft. Wer konnte sich schon einen „Füller" leisten? Mein Schulfreund lebte mit 8 Geschwistern in vier Kinderzimmern eines kleinen Hauses. Schrecklich? Chancenlos?

Wahrlich kann man sich das alles anders vorstellen: Kleine Lerngruppen, elektronische Medien für alle, life-learn-balance, Einzelzimmer, abwechslungsreiche Biokost, vielleicht sogar vegan? (Nur beim Recycling war man in den 50ern besser!) Aber wird das Lernen dadurch automatisch besser? Erhöhen sich automatisch die Chancen?

Sind wir Nachkriegsgeneration eine Generation von Gescheiterten und Geschlagenen geworden, weil wir all das weder kannten noch hatten? Wohl kaum: die Nachkriegsgeneration, die jetzt im Ruhestand lebt, war die Generation des Bildungsbooms (von 5% Abiturienten auf 40%), sie ist (trotz der Beeinflussung der Eltern im Nationalsozialismus) mehrheitlich weltoffen, kulturell tolerant und demokratisch gesinnt; es sind Staatsbürger, die die ganze Welt bereisen und neugierig fremde Kulturen erkundschaften, die bei Umweltkatastrophen Unsummen spenden und Fernsehserien lieben, in denen es gerecht zugeht – wie in „Um Himmels Willen". Es ist die Generation des Wirtschaftswachstums und eines hierzulande bis dahin nicht gekannten Wohlstands, den viele andere Länder gerne bei sich hätten.

Die anderen Länder fragen nach den Gründen und Rezepten für dieses Gesellschaftswunder. Aber was war der Grund, der trotz so schlechter materieller und organisatorischer Voraussetzungen zu diesem Erfolg führt?

Ein Grund waren die Lehrerinnen und Lehrer. Sie haben sich um uns gekümmert, um die Vaterlosen, die vielen Halbwaisen, um die aus ihrem Herkunftsgebiet geflohenen, ausgebombten, von Inflation gebeutelten Menschen nach 1945.

Sie wussten, dass wir diese Trümmer-Welt verändern wollten. Dabei halfen sie uns. Deshalb haben die Lehrerinnen und Lehrer die Schule ernst genommen. Sie haben uns ernst genommen. Sie haben mit uns gelernt. Sie wussten, was sie wollten (immerhin wurde die Lernzielorientierung des Unterrichts genau in dieser Zeit eingeführt!), und weil wir den Sinn schnell verstanden hatten, haben wir Schülerinnen und Schüler das mehrheitlich akzeptiert. Schon als i-Männchen und i-Mädchen.

Die Lehrer wirkten auf uns glaubwürdig. Sie nahmen die Sache des Lernens sehr ernst; Spielereien gehörten nicht zu den damals bevorzugten Methoden des Unterrichts. Die Lehrerinnen und Lehrer hatten weder ein ironisches Verhältnis zum Lernstoff noch zur Institution. Sie haben sich mit der Schule insgesamt identifiziert.

Sie waren überzeugt, dass man langfristig nur etwas verändern kann und Erfolg hat, wenn man sich an wichtigen Sachverhalten bildet. Kenntnisse, Fähigkeiten und Fertigkeiten – darum ging es. Und um Einstellungen und Haltungen: Verständnis, Empathie und Gerechtigkeitssinn. Wolfgang Borchert und Heinrich Böll. Die Ziele waren genau bestimmt und auch für uns Kinder so klar, dass die Lehrerinnen und Lehrer alles in streng kontrollierten Hausaufgaben und Klassenarbeiten genau überprüfen konnte.

Unser Schulbuch in der Volksschule hieß: „Aus eigener Kraft". Das war das Programm – wir sollten lernen, alles aus eigener Kraft schaffen. Lernen geschah aus eigener Kraft. Dass wir das lernten, dabei wurde uns geholfen. Mehr nicht.

Diese Erfahrungen mit Lehrpersonen, die zugleich Erzieher waren, gelten mehr noch als in der Schule im Internat. Denn dort lernt man nicht nur; dort verbringt man viel Lebenszeit. Man wohnt dort. Man hat dort Freunde, man ordnet seine Freizeit, man findet eine Gemeinschaft vor, die man zugleich gestaltet.

Auf die Erzieher kommt es an.
Sind sie in der Lage, die Ernsthaftigkeit der Situation, des Bildungsprozesses zu vertreten?
Sind sie lebendes Symbol für das, was sie vertreten – für das Internat?
Nehmen sie die Internaler ernst, die Schule, das Internat, das Hauspersonal, die Kollegen, die Leitung? In jeder Kleinigkeit?
Kann man ihnen restlos vertrauen? Gibt es keinen Zweifel?
Ist der Erzieher, ist die Erzieherin verlässlich? In jeder Situation?
Hört der Erziehende aktiv zu, wenn er zuhören soll?
Versteht er, aus dem, was der zu Erziehende sagt, das herauszuhören, was er meint?
Und berät er behutsam, wenn er beraten soll – so, wie der zu Erziehende sich selbst beraten hätte, wenn er sich denn schon selbst hätte beraten können?
Wissen die Erzieher, wann sie nur zuhören sollen und wann sie beraten müssen?
Überschreiten sie keine Grenze, sondern ziehen sie klar und deutlich und halten sie sie ein?
Verwechseln sie Erziehung nicht mit Beziehung, um sich durch die Beziehung Nähe und Anerkennung zu erschleichen?
Sind die Erzieher freundlich, aber auch bestimmt?
Wissen sie, was sie wollen?
Können sie, was sie wollen?
Haben sie für oft wiederkehrende Wechselfälle des Lebens Routinen, die sie schnell und sicher agieren lassen?
Verwechseln sie Routine nicht mit Langeweile?
Wissen sie, was in Ausnahmefällen gilt?
Kennen sie die Rechtslage und den Unterschied zwischen einem rechtlichen und einem pädagogischen Verhältnis, zwischen einem therapeutischen und einem erziehenden Gespräch?

Wissen sie, dass die pädagogische Freiheit nicht Beliebigkeit ist und dass Indifferenz oder Gleichgültigkeit keine pädagogischen Tugenden sind?
Wie teilen sie mit, was sie denken und wollen?
Kann man sie verstehen?
Sind sie eindeutig, oder lassen ihre Verhaltensweisen zu wünschen übrig?

Dies sind einige der Fragen, die die Erziehungswissenschaft an Erzieher stellt, wenn sie die Qualität von Internaten untersucht. Stellen Sie diese Fragen doch auch! Fragen Sie die Internatsleitung.

Seit langem bieten die Internatsverbände Fortbildungen für Internatserzieher an, in denen es genau um diese Grundfragen geht.

In einem solchen „Edukanat" können Erzieherinnen und Erzieher lernen, wie man nicht nur seine Funktion erfüllt, sondern seine Rolle professionell und menschlich ausfüllt. Wie man die Idee der Erziehung mit seiner Person verbinden kann. Dieser pädagogische Bezug, den es sonst nirgendwo in der Gesellschaft gibt, macht im Wesentlichen den Erfolg einer Bildungsinstitution aus.

Allerdings ist es keineswegs schädlich, wenn alle Beteiligten in schönen Räumen arbeiten, gesunde Mahlzeiten einnehmen, ein großes Freizeitangebot haben, bedachten Zugang zu den aktuell wichtigen Medien und einen gewissen Wohnkomfort. Schauen Sie sich das Internat Ihrer Wahl an. Entscheiden Sie auf Grund von Kriterien!

Das Internat ist eine Institution, die schon von der Organisation her den Kindern hilft. Aber sie erhält Leben von routiniertem, gut geschultem und pädagogisch ausgebildetem Personal.

Prof. Dr. Volker Ladenthin
Lehrstuhl für Historische und Systematische Erziehungswissenschaften an der Universität Bonn

Das Internat: Struktur und Zukunft. Ein Handbuch
Herausgeber: u.a. Volker Ladenthin
Ergon Verlag

Siehe auch Seite 11

Der Verband Katholischer Internate und Tagesinternate

Verband Katholischer Internate und Tagesinternate

Ein Beitrag von Dr. Oliver Niedostadek

Dr. Oliver Niedostadek

Katholische Internate und Tagesinternate aus Deutschland, Österreich und der Schweiz haben sich im Verband Katholischer Internate und Tagesinternate (VKIT) organisiert, um sich zu vernetzen, fortzubilden und ihre Interessen in Staat, Kirche und Gesellschaft zu vertreten. Außerdem bietet der VKIT auch eine eigene Beratungsstelle an, um Eltern und ihren Kindern bzw. Jugendlichen bei ihrer Suche nach einem passenden Internat zu unterstützen.

Die Angebote, die unsere Mitgliedseinrichtungen für ihre Schülerinnen und Schüler bereithalten, sind überaus vielfältig: in zeitlicher Hinsicht reicht ihr Angebot von Ganzjahresinternaten, bei denen die Jugendlichen nur in den Schulferien nach Hause fahren, über sog. Wocheninternate, deren Schülerinnen und Schüler in der Regel alle 14 Tage übers Wochenende nach Hause fahren, bis hin zu Tagesinternaten, deren Angebote nachmittags oder abends enden.

Aber auch ein Blick auf die inhaltliche Ausrichtung offenbart eine beeindruckende Bandbreite. Es finden sich Internate mit jahrhundertealter Tradition, die zur allgemeinen Hochschulreife führen, neben solchen, die speziell Berufsfachschülerinnen auf ihren Abschluss vorbereiten; (Tages-)Internate, die sich auf Kinder und Jugendliche mit Migrationshintergrund spezialisiert haben neben solchen, die besondere (z.B. sportliche oder musikalische) Begabungen ihrer Schülerinnen und Schüler professionell fördern; (Tages-)Internate, die an eine eigene Schule angeschlossen sind oder die vor Ort mit verschiedenen Schulen bzw. Schulformen kooperieren und so unterschiedliche Schullaufbahnen anbieten können etc.

Trotz aller Unterschiedlichkeit, gibt es aber etwas, das unsere Mitglieds-

Siehe auch Seite 11

einrichtungen eint und das die Grundlage bildet für ihre tägliche Arbeit mit den ihnen anvertrauten Kindern und Jugendlichen: nämlich das Ziel, den Schülerinnen und Schülern das auf ihren Lebensweg mitzugeben, was sie für ein selbstbestimmtes und gelingendes Leben benötigen. Katholische Internate und Tagesinternate gestalten ihre Bildungs- und Erziehungsarbeit deshalb so, dass die Kinder und Jugendlichen

- ihre Begabungen entdecken und weiter entfalten,
- ihre Umwelt mit Neugier selbstbewusst entdecken,
- Achtung vor der Würde des Menschen haben,
- für sich und andere Verantwortung übernehmen können und
- die Frage nach Gott wachhalten und sie den Glauben als sinnerfüllende Orientierungs- und Entscheidungshilfe erfahren.

Internate und Tagesinternate sind besondere Orte des Lernens und des sozialen Miteinanders. Ihre schulischen und außerschulischen Angebote erlauben nicht nur eine exzellente Schulausbildung, sondern sie geben den Schülerinnen und Schülern die Möglichkeit, um im Zusammenleben mit anderen ihre Sozialkompetenzen („social skills") zu stärken und die Internatsgemeinschaft als tragende Gemeinschaft zu erleben. Zudem helfen die Strukturen den Kindern und Jugendlichen dabei, ihre schulischen Ziele zu erreichen.

Der VKIT investiert viel Zeit und Mühen darauf, an der Professionalität und Qualifizierung der pädagogischen Arbeit seiner Mitgliedsinternate mitzuwirken. Demzufolge unterstützt er seine Mitgliedseinrichtungen durch Angebote in ihren Qualitäts- und Personalentwicklungs- sowie Profilbildungsprozessen. Regelmäßige Fortbildungen, Fachtage und Kongresse ermöglichen den fachlichen Austausch der Pädagoginnen und Pädagogen. Auf diesem Weg haben wir als Verband Qualitätskriterien für katholische Internate und Tagesinternate erarbeitet, die eine Rahmenordnung für

Siehe auch Seite 11

das pädagogische Handeln in den Mitgliedseinrichtungen liefern.

Wenn Sie mehr über unseren Verband oder unsere Mitgliedseinrichtungen erfahren möchten, besuchen Sie uns gerne auf unserer Homepage oder nehmen Sie Kontakt zu unserer Geschäftsstelle auf; wir stehen für Ihre Fragen gerne zur Verfügung.

Dr. Oliver Niedostadek
VKIT-Vorsitzender

Verband Katholischer Internate und
Tagesinternate (VKIT) e.V.
Kaiserstraße 161
53113 Bonn
Homepage: www.vkit.de
oder: www.katholische-internate.de

Katholische Internatsberatung
Melanie Weingartz M.A.
Im Ort 13b
53343 Wachtberg
Tel. 02 28/62 09 29 36
E-Mail: info@katholische-internate.de

Siehe auch Seite 11

Mitgliedsinternate „Auf einen Blick"

Weitere Informationen zu den Internaten und Tagesinternaten finden Sie unter den jeweiligen Bundesländern

Katholische Internate in Baden-Württemberg:

Bischöfliches Internat Maria Hilf
Marienstraße 3
97980 Bad Mergentheim
Telefon 0 79 31/90 05-0
Internet: www.bimh.net

Kolleg St. Josef
Müllerstraße 8, 89584 Ehingen
Telefon 0 73 91/77 02-0
Internet: www.kollegstjosef.de

Heimschule St. Landolin
Prälat-Schofer-Straße 1
77955 Ettenheim
Telefon 0 78 22/89 28-400
Internet: www.hsl.schule

Musisches Internat Martinihaus
Sprollstraße 27, 72108 Rottenburg
Telefon 0 74 72/98 41-0
Internet: www.martinihaus.de

Konvikt Rottweil
humanistisch-musisches Internat
Johannsergasse 1
78628 Rottweil
Telefon 07 41/53 27-0
Internet: www.konvikt-rottweil.de

Kolleg St. Blasien e.V.
Fürstabt-Gerbert-Str. 14
79837 St. Blasien
Telefon 0 76 72/27-0
Internet: www.kolleg-st-blasien.de

Internat Kloster Wald
Von-Weckenstein-Straße 2
88639 Wald
Telefon +49 (0) 75 78/1 88-0
Internet: www.heimschule-kloster-wald.de

Katholische Internate in Bayern:

Studienseminar AUFSEESIANUM
Aufseßstraße 2
96049 Bamberg
Telefon 09 51/5 19 26-0
Internet: www.aufseesianum.de

Internat der Abtei Schäftlarn
82067 Kloster Schäftlarn
Telefon 0 81 78/79 20 od. -25
Internet: www.abtei-schaeftlarn.de

Internat der Benediktiner
Kaiser-Ludwig-Platz 1
82488 Ettal
Telefon 0 88 22/74 66 10
Internet: www.ettal-campus.de

Nachmittagsbetreuung an der
Theodosius-Florentini-Schule
Kreuzstraße 3
97737 Gemünden a. Main
Telefon 0 93 51/8 05-210
Internet: www.kreuzschwestern.de

Fortsetzung der Mitgliedsinternate auf den folgenden Seiten.

Siehe auch Seite 11

Internat St. Maria Kaufbeuren
Kemnater Straße 23
87600 Kaufbeuren
Telefon 0 83 41/90 75 12
Internet: www.crescentiakloster.de

Pädagogisches Zentrum Schloß Niedernfels
Schlossstraße 39
83250 Marquartstein
Telefon 0 86 41/97 40-22
Internet: www.niedernfels.de

Studienseminar Albertinum – Tagesinternat
Westendstraße 300
81377 München
Telefon 0 89/7 10 46 13
Internet: www.albertinum-online.de

Tagesheim der Erzabtei St. Ottilien
St. Ottilien 31
86941 St. Ottilien
Telefon 0 81 93/71-560
Internet: www.tagesheim.ottilien.de

Institut der Ursulinen –
Offene Ganztagsschule in der
Form der Tagesbetreuung
Burggasse 40
94315 Straubing
Telefon 0 94 21/99 23-0 od. 99 23-57
Internet: www.ursulinen-straubing.de

Studienseminar St. Michael:
Jungeninternat des Erzbistums
München und Freising
Kardinal-Faulhaber-Straße 6
83278 Traunstein
Telefon 08 61/1 66 82-0
Internet: www.seminar-traunstein.de

Erzbischöfliche Stiftung St. Matthias
Wolfratshausen-Waldram mit
Gymnasium,
Kolleg und Fachoberschule
Seminarplatz 3
82515 Wolfratshausen
Telefon 0 81 71/9 98-0
Internet: www.sankt-matthias.de

Katholische Internate in Hessen:

Musisches Internat
der Limburger Domsingknaben
Bernardusweg 6
65589 Hadamar
Telefon 0 64 33/8 87-0
Internet:
www.limburger-domsingknaben.de
Tagesinternat für Jungen ab Klasse 1–13

Katholische Internate in Niedersachsen:

Mädcheninternat im St. Marienstift
Kellinghausen 1
49584 Fürstenau-Schwagstorf
Telefon 0 59 01/3 09-320
Internet:
www.marienschule-schwagstorf.de

Jungeninternat Thuine
Mühlenstraße 1, 49832 Thuine
Telefon 0 59 02/5 01-313
Internet:
www.jungeninternat-thuine.de,
www.antoniusschule-thuine.de

Siehe auch Seite 11

Katholische Internate in Nordrhein-Westfalen:

Erzbischöfliches Internat für Jungen
Collegium Bernardinum
Nordwall 26
57439 Attendorn
Telefon 0 27 22/63 48 86-0
Internet: www.collegium-bernardinum.de

Aloisiuskolleg – GONZAGAprep
Internat und Tagesinternat
Elisabethstraße 18
53177 Bonn
Telefon 02 28/8 20 03-201
Internet: www.aloisiuskolleg.de

Collegium Josephinum Bonn – PM
Kölnstraße 413
53117 Bonn
Telefon 02 28/5 55 85-305
Internet: www.cojobo.de

Collegium Augustinianum Gaesdonck
Gaesdoncker Straße 220, 47574 Goch
Telefon 0 28 23/9 61-0
Internet: www.gaesdonck.de

Internat Schloss Loburg
Loburg 15, 48346 Ostbevern
Telefon 0 25 32/8 71 59
Internet: www.die-loburg.de

Apostolische Schule der
Legionäre Christi e.V.
Linnerijstr. 25
53902 Bad Münstereifel
Telefon 0 22 53/54 69 20
Internet: www.apostolischeschule.de

Katholische Internate in Rheinland-Pfalz:

Ganztagsschule Maria Ward Schule
Cornichonstraße 1, 76829 Landau
Telefon 0 63 41/92 30 18
Internet: www.mws-landau.de

Katholische Internate in Sachsen:

Kapellknaben Institut
Wittenberger Straße 88, 01277 Dresden
Telefon 03 51/3 10 00 60
Internet: www.kapellknaben.de

Katholische Internate in Österreich:

Bischöfliches Internat Augustinum
Lange Gasse 2, A-8010 Graz
Telefon +43 (0)316/8 03 19 90
Internet: www.bischoefliches-seminar.at

Katholische Internate in der Schweiz:

Stiftsschule Engelberg
Benediktinerkloster 5, CH-6390 Engelberg
Telefon +41 (0)41/639 61 00
www.stiftsschule-engelberg.ch

am see – Das Mädcheninternat
CH-8645 Rapperswil-Jona
Telefon +41 (0)55/225 49 00
Internet: www.maedcheninternat.ch

Internate im Verband Deutscher Privatschulverbände (VDP)

Ein Beitrag von Dr. Klaus Vogt, Präsident des VDP

VDP
VERBAND DEUTSCHER PRIVATSCHULVERBÄNDE e.V.
BILDUNGSEINRICHTUNGEN IN FREIER TRÄGERSCHAFT

Dr. Klaus Vogt

Internate im deutschen Bildungssystem

Internate haben traditionell eine besondere Stellung in der deutschen Schullandschaft. Obwohl ihre Zahl im Vergleich zur Gesamtzahl allgemeinbildender Schulen relativ klein ist, genießen sie in der Öffentlichkeit hohe Aufmerksamkeit und hohes Ansehen.

Wie Schulen in freier Trägerschaft insgesamt bereichern auch die im Verband Deutscher Privatschulverbände e.V. (VDP) organisierten Internatsschulen die Bildungslandschaft: Sie setzen wichtige pädagogische Impulse und sind mit ihren innovativen Konzepten geeignete Antworten auf die Bildungsanforderungen einer zunehmend internationalisierten und globalisierten Welt. Sie sind einer ganzheitlichen Bildung verpflichtet, die kognitives Fachwissen mit Sozial- und Kulturkompetenzen verbindet.

Um diese Bildungsziele zu erreichen, sind, neben dem individuellen Unterricht, zahlreiche zusätzliche Angebote und Leistungen wie z.B. Mannschaftssport, Spiel- und Kreativangebote, Studienfahrten und Arbeit in Sozialprojekten wichtig.

Leben im Internat – Chance und Herausforderung

Das Leben im Internat ist nicht mit dem Leben in der eigenen Familie vergleichbar. Das Internat kann und will das Elternhaus nicht ersetzen. Im Internat gelten andere Regeln. Gleichzeitig bietet es jedoch viele Chancen für die individuelle Entwicklung der Kinder und Jugendlichen. Intensive gemeinsame Erlebnisse und gruppendynamische Prozesse stärken wirksam Selbstbewusstsein, Eigenständigkeit, Durchsetzungsvermögen und Hilfsbereitschaft. Kinder und Jugendliche lernen, sich in die Gemeinschaft einzuordnen, aber auch ihren Standpunkt zu vertreten und Kompromisse auszuhandeln.

In VDP Internatsschulen kommen Kinder und Jugendliche aus vielen Landesteilen mit verschiedenen sozialen Hintergründen und Nationen zusammen. Das stärkt die Sozialkompetenzen und lässt enge Freundschaften entstehen.

Darüber hinaus spielt eine lebendige und altersgerechte Erziehung eine große Rolle für die positive Entwicklung der Kinder und Jugendlichen. Dazu gehört es auch, sie bei ihren entwicklungsbedingten Krisen aktiv und kompetent zu begleiten.

Einbindung der Eltern

Die Erfolge des Zusammenlebens im Internat werden erst dann richtig wirksam, wenn ständiger Kontakt zum Elternhaus die Erziehungsarbeit der Internate unterstützt. Neben einer kontinuierlichen, persönlichen Kommunikation ist den VDP Internatsschulen die enge Zusammenarbeit mit den Eltern sehr wichtig. Die Eltern sollen immer über ihre Kinder informiert sein und auch aus der Ferne an den Erlebnissen ihrer Kinder teilhaben können. Zudem nehmen die VDP Internate gerne Anregungen der Eltern für ihre Erziehungsarbeit auf.

Auch bedingt durch eine nur unzureichende staatliche Finanzhilfe zum Unterrichtsbetrieb müssen Internate Schulgeld und Kosten für die Unterbringung erheben. Für viele Familien stellt dies eine hohe Belastung dar. Deshalb gewähren viele Internate finanzielle Hilfen in Form von Ermäßigungen, Förderplätzen und Stipendien.

Gemeinsame Ziele, vielfältige Angebote

Alle VDP Internate haben zahlreiche gemeinsame Qualitäts- und Zielvorstellungen. Dies kommt auch durch ihre Mitgliedschaft im VDP zum Ausdruck. Dennoch sind alle VDP Internatsschulen sehr individuell, kein Internat ist wie das andere.

Auf den folgenden Seiten finden Sie Kurzprofile der einzelnen VDP Internate mit den jeweiligen Schwerpunkten und Besonderheiten. Bei weitergehendem Interesse ist es zu empfehlen, das persönliche Gespräch mit dem Schul- oder Internatsleiter bzw. der Schul- oder Internatsleiterin zu suchen. Bei einem Besuch der Internatsschulen können alle Fragen ausführlich erörtert und die Einrichtungen vor Ort kennengelernt werden.

Fortsetzung der Mitgliedsinternate auf den folgenden Seiten.

Über den VDP

Der Verband Deutscher Privatschulverbände e.V. vertritt freie Bildungseinrichtungen im allgemeinbildenden und berufsbildenden Schulbereich sowie in der Erwachsenenbildung und im Hochschulbereich.

Als 1901 gegründeter Verband binden wir unsere Mitglieder weder weltanschaulich noch konfessionell oder parteilich. Zusammen mit den beiden konfessionellen Privatschulverbänden, dem Bund der Freien Waldorfschulen und der Internate Vereinigung bilden wir die Arbeitsgemeinschaft Freier Schulen.

Dr. Klaus Vogt
Präsident des VDP

Verband Deutscher Privatschulverbände e.V. (VDP – gegründet 1901)
Bildungseinrichtungen in freier Trägerschaft
Bundesgeschäftsstelle
Reinhardtstraße 18, 10117 Berlin
Tel.: 0 30/28 44 50 88-0
Fax: 0 30/28 44 50 88-9
www.privatschulen.de
vdp@privatschulen.de

Alle VDP Mitgliedsinternate

Weitere Informationen zu den Internaten finden Sie unter den jeweiligen Bundesländern

Internate in Baden-Württemberg:

Schulwerk Collegium Musicum e.V.
Stiegstraße 115
79774 Albbruck-Unteralpfen
Telefon: 07755/93945-0
Internet: www.s-cm.eu

Pädagogium Baden-Baden
Burgstraße 2
76530 Baden-Baden
Telefon: 07221/3559-0
Internet:
www.paedagogium-baden-baden.de

Kurpfalz-Internat
Diersteinstr. 1-7
69245 Bammenthal
Telefon: 06223/691-0
Internet: www.kurpfalz-internat.de

Heidelberg College
Neuenheimer Landstraße 16
69120 Heidelberg
Telefon: 06221/436217
Internet: www.heidelbergcollege.de

HPC Schulen
Rhein-Main-Neckar gGmbH
Kurfürsten-Anlage 64-68
69115 Heidelberg
Telefon: 06221/8994-2982
Internet: www.hpc-schulen.de

SRH Schulen GmbH
Stephen-Hawking-Schule
Im Spitzerfeld 25
69151 Neckargemünd
Telefon: 06223/81-3005
Internet:
www.stephenhawkingschule.de

Schule Schloss Salem
88682 Salem
Telefon: 07553/919-352
Internet:
www.schule-schloss-salem.de

Merz-Internat Schule und Internat
Albrecht-Leo-Merz-Weg 2
70184 Stuttgart
Telefon: 0711/21034-0
Internet: www.merz-schule.de

Internate in Bayern:

Institut Schloss Brannenburg
Schloss Brannenburg
83098 Brannenburg
Telefon: 08034/9063-0
Internet:
www.InstitutSchlossBrannenburg.de

Privat Internat Pindl
Dechbettener Straße 13
93049 Regensburg
Telefon: 0941/297580
Internet: www.internat-pindl.de

Internate in Brandenburg:

Gymnasium und Internat im Stift Neuzelle
Stiftsplatz 7
15898 Neuzelle
Telefon: 033652/8258-250
Internet: www.internat-neuzelle.de

Seeschule Rangsdorf
Stauffenbergallee 6
15834 Rangsdorf
Telefon: 033708/44947
Internet: www.seeschule.de

Internate in Hessen:

Internatsgymnasium Institut Lucius
Forsthaus 1, 61209 Echzell
Telefon: 06008/232
Internet: www.internat-lucius.de

Hermann-Lietz-Schule
Lietz Internat Hohenwehrda
36166 Haunetal
Telefon: 06673/9299-0
Internet: www.internat-hohenwehrda.de

Hermann-Lietz-Schule
Lietz Internat Schloss Bieberstein
36145 Hofbieber
Telefon: 06657/79-0
Internet: www.internat-schloss-bieberstein.de

Privates Litauisches Gymnasium
Lorscher Straße 1
68623 Lampertheim-Hüttenfeld
Telefon: 06256/322
Internet: www.gimnazija.de

Fortsetzung der Mitgliedsinternate auf den folgenden Seiten.

Daniel-Cederberg-Schule
Neuhöfe 17, 35041 Marburg
Telefon: 06421/936430
Internet: www.kerstin-heim.de

Steinmühle – Schule & Internat
Steinmühlenweg 21
35043 Marburg-Cappel
Telefon: 06421/408-20
Internet: www.steinmuehle.de

Privatgymnasium Königshofen
Niederseelbacher Straße 64
65527 Niedernhausen-Königshofen
Telefon: 06127/5734
Internet: www.pg-k.de

Metropolitan International School
Walter-Gropius-Allee 3
68589 Viernheim
Telefon: 06204/7087796
Internet: www.metroschool.de

Internate in Mecklenburg-Vorpommern:

Ostseegymnasium Greifswald
Pappelallee 1
17489 Greifswald
Telefon: 03834/872450
Internet: www.privatgymnasium-greifswald.de

Privates Internatsgymnasium
Schloss Torgelow
Schlossallee 1
17192 Torgelow am See
Telefon: 03991/624-0
Internet: www.schlosstorgelow.de

Internate in Niedersachsen:

Internatsgymnasium Pädagogium
Bad Sachsa
Ostertal 1-5, 37441 Bad Sachsa
Telefon: 05523/3001-0
Internet: www.internats-gymnasium.de

CJD Braunschweig
Georg-Westermann-Allee 76
38104 Braunschweig
Telefon: 0531/7078-112
Internet: www.cjd-braunschweig.de

Gutshof Hudemühlen gGmbH
Sonderschule für geistig Behinderte
Gutsweg 1, 29693 Hodenhagen/Aller
Telefon: 05164/971171
Internet: www.hudemuehlen.de

Internate in Nordrhein-Westfalen:

Gymnasium und Realschule
Schloss Hagerhof
Menzenberg 13
53604 Bad Honnef
Telefon: 02224/9325-0
Internet: www.hagerhof.de

Institut Schloss Wittgenstein
Schloss Wittgenstein, 57334 Bad Laasphe
Telefon: 02752/4743-0
Internet: www.wittgenstein.de

Privates Ernst-Kalkuhl-Gymnasium
Königswinterer Str. 534, 53227 Bonn
Telefon: 0228/970900
Internet: www.ernst-kalkuhl-internat.de

HEBO Privatschule Bonn & Internat
Am Büchel 100, 53173 Bonn
Telefon: 0228/748990
Internet: www.hebo-schule.de

Internat Schloss Buldern
Dorfbauerschaft 22
48249 Dülmen-Buldern
Telefon: 02590/99-0
Internet: www.schloss-buldern.com

Privates Aufbaugymnasium Iserlohn
Reiterweg 28-32
58636 Iserlohn
Telefon: 02371/9043-0
Internet: www.privatgymnasium-iserlohn.de

Schloss Varenholz
32689 Kalletal-Varenholz
Telefon: 05755/9620
Internet: www.schlossinternat.de

Private Schulen Krüger
Westerkappelner Straße 66
49504 Lotte
Telefon: 05404/9627-0
Internet: www.internat-krueger.de

Heinrich-Corsten-Schule und Internat
Engelbleckerstraße 55/59
41006 Mönchengladbach
Telefon: 02161/6807-0
Internet: www.corsten-gmbh.de

Internat Alzen
Stockshöher Weg 1
51597 Morsbach
Telefon: 02294/7119
Internet: www.internat-alzen.de

WIHOGA – Wirtschaftsschulen und Berufsfachschule für Hotellerie und Gastronomie
Am Rombergpark 38-40, 44225 Dortmund
Telefon: 0231/7922070
Internet: www.wihoga.de

Internate in Sachsen-Anhalt:

Internatsschule Hadmersleben
Planstraße 36, 39387 Hadmersleben
Telefon: 039408/93100
Internet: www.privatgymnasium.de

Landschulheim Grovesmühle
Grovesmühle 1, 38871 Veckenstedt/Nordharz
Telefon: 039451/608-0
Internet: www.grovesmuehle.com

Internat in Schleswig-Holstein:

Internat Schloss Rohlstorf
Am Gut 3, 23821 Rohlstorf
Telefon: 04559/1056
Internet: www.schloss-rohlstorf.de

Internate in Thüringen:

Hermann-Lietz-Schule Haubinda
Stiftung 01, 98663 Haubinda
Telefon: 036875/671-0
Internet: www.lietz-schule.de

Stiftung Klosterschule Roßleben
Klosterschule 5, 06571 Roßleben
Telefon: 034672/98200
Internet: www.klosterschule.de

DIE INTERNATE VEREINIGUNG e.V.

die internate
VEREINIGUNG e.V.

Ein Beitrag von Eva-Maria Kemink

Die Internate Vereinigung

Eva-Maria Kemink

Die Internatsschulen der DIE INTERNATE VEREINIGUNG bieten internationale Bildungs- und Lebensräume, die Mädchen und Jungen wertvolle und vielfältige Erfahrungen ermöglichen, um sie stark für ihre Zukunft zu machen. Persönlichkeitsbildung wird verbunden mit einer sorgfältigen, an aktuellsten pädagogischen Standards orientierten Schulausbildung.

Unsere vierzehn Internate in Deutschland und der Schweiz eröffnen jeder Schülerin, jedem Schüler die Chance auf eine breit gefächerte Bildung und Erziehung in einer ganz besonderen geographischen Umgebung – von der Nordsee bis ins Gebirge. In einer Atmosphäre der Achtsamkeit werden individuelle Begabungen gefördert und soziale Kompetenzen gestärkt.

Die Internate Vereinigung

Die Internate der Vereinigung verbindet eine intensive Zusammenarbeit, in deren Zentrum eine kontinuierliche, progressive Qualitätsentwicklung und Qualitätssicherung steht.

Die konsequente Umsetzung und Weiterentwicklung des 2014 veröffentlichten Rahmenkonzepts für das Qualitätsmanagement in Internatsschulen ist für unsere Mitglieder wichtiger Bezugspunkt für eine kritisch reflektierte pädagogische Arbeit. Die Internate kooperieren mit Forschungseinrichtungen und Hochschulen und legen einen großen Wert auf die Qualifizierung ihrer Mitarbeiterinnen und Mitarbeiter.

DIE INTERNATE VEREINIGUNG unterstützt sie in ihrer pädagogischen Entwicklung, berät sie in allen Fragen der Qualitätsentwicklung und erarbeitet gemeinsam mit den Internatsschulen pädagogische Konzepte und Programme. Der Austausch in Tagungen, Arbeitskreisen, Fachgruppen, Projekten und im Bereich der Fortbildung trägt wesentlich zur Professionalisierung der Arbeit in den Mitgliedsinternaten bei.

Die Vereinigung vertritt die Interessen ihrer Internatsschulen in Medien, Politik, Ämtern, Forschung und Fachorganisationen. Sie kommuniziert die Aktivitäten und Konzepte nach Außen und Innen und sorgt für eine Atmosphäre des kritischen Dialogs.

Jedes einzelne Internat hat sein ganz eigenes pädagogisches Profil, das sich in den jeweiligen Lebens-, Internats- und Schulräumen spiegelt. Unsere Internate sind konfessionell nicht gebunden, sie stehen für Weltoffenheit und Toleranz. Schulrechtlich sind die Internate anerkannte Ersatzschulen, das heißt unter anderem, dass die an ihnen erworbenen Zeugnisse unter den gleichen Bedingungen erteilt werden und die gleichen Berechtigungen verleihen wie die Zeugnisse staatlicher Schulen. Dies gilt für nationale und internationale Abschlüsse.

Pädagogisches Profil

Unsere Internatsschulen arbeiten eng mit den Familien zum Wohle ihrer Kinder zusammen. Gerade in der Kindheit mit der beginnenden Pubertät und in der Jugend stehen Mädchen und Jungen vor wichtigen Entwicklungsaufgaben. Insbesondere die Neugestaltung sozialer Beziehungen, der Aufbau eigener sozialer Netzwerke, die Übernahme sozialer Verantwortung, wie auch das Entwickeln neuer Lernmotivationen und -strategien bei der Bewältigung schulischer und außerschulischer Anforderungen sind zentrale Herausforderungen. Der sehr strukturierte Alltag in unseren Internatsschulen, die kontrollierten pädagogischen Settings, der intensive Kontakt mit den Peers und das Finden des eigenen Platzes in der Internatsgemeinschaft bieten dabei eine große Unterstützung. Die Schülerinnen und Schüler, wie auch alle Mitarbeiterinnen und Mitarbeiter, leben und arbeiten in einer Kultur der Achtsamkeit und Fürsorge.

Die gemeinsamen Bildungsziele unserer Internatsschulen spiegeln sich in gemeinsamen pädagogischen Prämissen:

- **Individuelles, soziales und emotionales Lernen**
  Lernen in den Internaten ist individuell und sozial. Jede Schülerin, jeder Schüler wird als einzigartige Persönlichkeit wahrgenommen, respektiert und gefördert. Im

Vordergrund stehen die Stärken der Kinder und Jugendlichen. Die unterschiedlichen Lernweisen, Lernstände, Interessen und Begabungen werden (an)erkannt und in spezifischen Lehr-Lernarrangements weiter entwickelt.

- **Kulturen des Sprechens und Zuhörens**
  Kinder und Jugendliche haben das Recht auf die freie Entfaltung ihrer Persönlichkeiten, Ermutigung und fördernde Unterstützung. Sie haben das Recht auf Achtung ihrer persönlichen Grenzen und Anspruch auf Hilfe und Schutz.

- **Kooperation und Selbstverantwortung**
  Verantwortung innerhalb und außerhalb der Internatsgemeinschaft zu übernehmen, Werte nicht nur zu diskutieren, sondern so zu leben, dass sie im täglichen Umgang miteinander, in gegenseitigem Respekt wirksam werden, ist unser Anspruch an alle Internatsbeteiligte.

- **Partizipation und Selbstwirksamkeit**
  Die Schülerinnen und Schüler nehmen aktiv an den Gestaltungs- und Entscheidungsprozessen ihrer Internatsschule teil. Sie erleben ein Gefühl von Selbstwirksamkeit, erfahren, dass sie wichtig sind, dass sie gebraucht werden. Dabei werden individuelle, kognitive und soziale Kompetenzen gleichermaßen gefördert.

- **Interkulturelle Kommunikation**
  Unsere Internatsschulen sind konzipiert als internationale Bildungsräume. Sie fördern und fordern interkulturelle Kompetenzen, die heute wesentlich für die gesamte Bildungs- und Berufsbiographie sind.

Die Internate der Vereinigung haben zum Ziel, ihre Schülerinnen und Schüler auf ein Leben über Grenzen hinaus vorzubereiten. Es gilt, nicht nur Wissen zu vermitteln, sondern Verstehen möglich zu machen.

Orientierung bei der Suche nach dem passenden Internat

Um Familien bei der Suche nach dem passenden Internat zu unterstützen, bietet DIE INTERNATE VEREINIGUNG auf www.**die-internate**.de eine erste Orientierung: In einem Vergleichsportal können sich Interessierte einen schnellen, aber doch detaillierten Überblick über die verschiedenen pädagogischen Profile, schulischen und außerschulischen Schwerpunkte unserer Mitgliedsinternate verschaffen. Sie können eigene Wünsche und Kriterien angeben und bekommen eine Auswahl der für ihre Kinder in Frage kommenden Internate.

Um den Bildungsweg ihres Kindes dann sorgfältig und individuell zu planen, stehen den Familien direkt die

Ansprechpersonen in den Internatsschulen zur Verfügung. Dort werden sie kompetent beraten und können Besichtigungstermine vereinbaren, um die so wichtigen eigenen Eindrücke zu sammeln.

Eva-Maria Kemink
Leitung Geschäftsstelle
DIE INTERNATE VEREINIGUNG e.V.

Vereinssitz:
c/o Internat Solling
Einbecker Straße 1
37603 Holzminden

Geschäftsstelle:
Postfach 15 41
61405 Oberursel (Taunus)
Telefon 0 61 72/9 08 11 41
Mobil 01 76/20 20 05 89
sekretariat@die-internate.de
www.die-internate-vereinigung.de
www.die-internate.de

Die Mitgliedsinternate:

- **Ecole d'Humanité** (siehe Seite 253)
- **Hermann-Lietz-Schule Spiekeroog** (siehe Seite 14–15 und Seite 184–185)
- **Internat Solling** (siehe Seite 186)
- **Landheim Ammersee** (siehe Seite 16–17 und 148–149)
- **Landschulheim Grovesmühle** (siehe Seite 33 und 230–231)
- **Lietz Internatsdorf Haubinda** (siehe Seite 241)
- **Lietz-Internat Hohenwehrda** (siehe Seite 168)
- **Lietz-Internat Schloss Bieberstein** (siehe Seite 169)
- **Schloss-Schule Kirchberg** (siehe Seite 104–105)
- **Schule Birklehof – Privates Internat & Gymnasium** (siehe Seite 102–103)
- **Schule Marienau – Internat & Gymnasium** (siehe Seite 24–25 und 183)
- **Steinmühle – Schule & Internat** (siehe Seite 170–171)
- **Urspringschule Schelklingen** (siehe Seite 113)
- **Zinzendorfschulen Königsfeld** (siehe Seite 107)

Christophorusinternate im Christlichen Jugenddorfwerk Deutschlands e.V. (CJD – Die Chancengeber)

Lebensorte für ganzheitliche Bildung und Erziehung

Ein Beitrag von Helmut Ramsthaler
(Bundesfachreferent für Kinder-, Jugend-, und Familienhilfe)

Helmut Ramsthaler

Das CJD versteht sich als Chancengeber für alle Kinder und Jugendliche. Wir gestalten in unseren Internaten das Leben und Lernen unter einem Dach, fördern individuelle Begabungen und unterstützen eine erfolgreiche Schullaufbahn.

Wir bieten authentische und am christlichen Menschenbild orientierte Beziehungen. In der täglichen Begegnung mit Anderen, den Mitschülern und unseren professionellen pädagogischen Mitarbeitenden entwickeln sich junge Menschen zu reifen Persönlichkeiten. Wir schätzen jeden einzelnen Schüler in seiner Besonderheit und als aktiven Mitgestalter der Gemeinschaft. Gemeinsam und in einer geborgenen Umgebung machen Leben und Lernen erst richtig Freude und Sinn!

Das Christliche Jugenddorfwerk Deutschlands e.V. bietet jährlich 160.000 jungen und erwachsenen Menschen Orientierung und Zukunftschancen und betreibt über 50 Schulen in freier Trägerschaft. Mit bundesweit acht inklusiv ausgerichteten „CJD Christophorus Internaten" sind wir einer der größten Anbieter von Internatserziehung in Deutschland. Wir betreuen über 1.000 Internatsschülerinnen und Schüler in enger Kooperation mit unseren verschiedenen Schulformen vor Ort. Wir erschließen in der Erziehungspartnerschaft mit den Eltern wie auch in der Bildungspartnerschaft mit den Schulen passgenaue Entwicklungs- und Bildungschancen. Wir halten alle Schulformen bereit, von der Grundschule bis hin zur International School, die zum International Baccalaureate (IB) führt.

„Living diversity – Vielfalt leben" ist unsere Antwort auf die Bildungsanforderungen dieser Zeit. Unterricht und Betreuung folgen einem ganzheitlichen Erziehungs- und Bildungsanspruch, der unserem Gründer, Prof. Arnold Dannenmann, schon 1951 zu Beginn unserer Internatsarbeit ein Anliegen war.

Körper, Geist und Seele werden schulisch und im Freizeitbereich gleichermaßen gefördert durch die Lernfelder: Sport- und Gesundheitspädagogik, Musische Bildung, Religionspädagogik und Politische Bildung mit dem Ziel, zu demokratischem und verantwortungsbewusstem Handeln zu erziehen. Neben den vielfältigen Freizeitangeboten vor Ort tragen wir bundesweite Veranstaltungen aus, die Kinder und Jugendliche aus ganz Deutschland zusammenführen: Ob im Kanu bei den bundesweit organisierten Erlebnissporttagen, in einer Band auf den musischen Festtagen, bei unseren politischen Projekttagen oder Workshops zu Sinn- und Glaubensfragen – mit Freude wollen Erwachsene und Jugendliche gemeinsam das Geschenk des Lebens erkunden.

Ausgehend von unserem Bildungsverständnis bedeutet dies für unsere Internatsarbeit ganz konkret:

Wir fördern Neugierde.
Die CJD Christophorusinternate nehmen junge Menschen in ihrer Einzigartigkeit wahr und wecken die Begeisterung für die Erforschung der Welt und der eigenen Identität.

Wir öffnen Wege.
Jeder junge Mensch ist unterwegs und bringt eigene Fähigkeiten und Herausforderungen in unsere Gemeinschaft ein. Gemeinsam bauen wir Lebens- und Lernorte, die den uns anvertrauten Menschen entsprechen. Lernen und Leben in der Schule und im Internat ergänzen sich dabei immer neu.

Wir achten Freiheit.
Unsere Internate sind Orte des Respekts und der Wertschätzung. Sie gebührt jedem jungen Menschen, unseren Mitarbeitenden und unserem Haus und ist eine Zusage an jeden Gast. Wir schützen und genießen unseren gemeinsamen Ort, an dem jeder seinen Platz haben darf.

Wir gestalten Gemeinschaft.
CJD Christophorusinternate sind Orte der Vielfalt und der Individualität. Wir

lernen jeden Tag eine Kultur zu bauen, die uns alle trägt und in der unsere Buntheit zum Reichtum aller werden kann; das ist anstrengend und das ist es wert!

Unsere Mitarbeitenden sind dem christlichen Menschenbild verpflichtet. Es ist Anker unser Arbeit und Bildungsinhalt in der Gestaltung unseres Alltags. Jedes unserer Internate hat zudem eigene Schwerpunkte und bietet beispielsweise Lern- und Lebensorte für

- hochbegabte junge Menschen, die eine spezielle kognitive und sozialemotionale Förderung erhalten;

- junge Leistungssportler, die eine besondere schulische Förderung und als Elitesportler einen auf Trainingspläne und Wettkämpfe abgestimmten Schulablauf benötigen;

- Kinder- und Jugendliche mit sog nannten Teilleistungsschwächen wie Legasthenie, Dyskalkulie oder ADHS, die besonderer Ansprache, Ermutigung und Förderung bedürfen;

- asthmakranke Kinder und Jugendliche, die nur in bestimmten klimatischen Bedingungen Linderung erfahren und therapeutische Hilfe im Alltag brauchen;

- musikalisch und künstlerisch Hochbegabte, die eine entsprechende Förderung erfahren;

- schulmüde Kinder und Jugendliche und Underachiever, die neue ermutigende Lernorte benötigen;

- Schülerinnen und Schüler mit sozialen Anpassungsschwierigkeiten, für die ein Milieuwechsel zur Entwicklung ihrer Begabungen hilfreich ist.

„Chancengeber" zu sein bedeutet für uns, dass wir darüber hinaus nach individuell geeigneten Lebens- und Lernorten suchen.

Als Qualitätsanbieter sind wir fachlich gut vernetzt und entwickeln mit Beteiligung unserer jungen Menschen unsere Internate weiter.

Als Anbieter vielfältigster Maßnahmen halten wir bei Bedarf eine breite Expertise und spezialisierte Hilfen in unserem bundesweiten Netzwerk bereit.

CJD Christophorusinternate gestalten gute Orte, an denen junge Menschen positive Lern- und Entwicklungserfahrungen in einer tragenden Gemeinschaft machen und prägende Impulse für ihr weiteres Leben erhalten.

Die Internatszeit wird so zu einzigartiger und wertvoller Lebens- und Erlebenszeit in der Biographie unserer jungen Menschen.

Internate im CJD

Weitere Informationen zu den Internaten finden Sie unter den jeweiligen Bundesländern.

An folgenden Standorten unterhält das CJD Internate
und CJD Christophorusschulen:

Bayern

CJD Berchtesgaden
Gesundheit · Bildung · Beruf
Asthmazentrum und Diabeteszentrum
Buchenhöhe 46
83471 Berchtesgaden
Telefon 08652/6000-0
Fax 08652/6000-273
Anfragen:
Elternberatung
Herr Florian Brandner
Telefon 08652/6000-251
asthmazentrum@cjd.de
www.cjd-berchtesgaden.de

CJD Christophorusschulen Berchtesgaden
Gymnasium - Internat – Fachoberschule
Sekretariat: Sebastian Waldherr
Am Dürreck 4
83471 Schönau am Königssee
Telefon 08652/604-0
Fax 08652/604-710
cjd.berchtesgaden@cjd.de
Internatsleitung:
Frau Angelika Hackner
Telefon 08652/604-722
Fax 08652/604-710
angelika.hackner@cjd.de
www.cjd-christophorusschulen-berchtesgaden.de

Mecklenburg-Vorpommern

CJD Christophorusschule Rostock
mit Leistungssportförderung und
Hochbegabtenförderung
Groß Schwaßer Weg 11
18057 Rostock
Internatsleitung : Antje Pedde
Telefon 0381/8071-148 (Tagesbüro)
Telefon 0381/8071-157 (Leitung)
Fax 0381/8071108
internat.rostock@cjd-nord.de
www.cjd-christophorusschule-rostock.de/internat

Niedersachsen

CJD Jugenddorf- Christophorusschule
Braunschweig
Individuelle Begabungsförderung und
Hochbegabtenförderung
Internat
Georg-Westermann-Allee 76
38104 Braunschweig
Telefon 0531/7078-211
Fax 0531/7078-222
www.internat-braunschweig.de

Fortsetzung der Mitgliedsinternate auf den folgenden Seiten.

CJD Jugenddorf- Christophorusschule
Elze Begabten- und Neigungsförderung
Dr.-Martin-Freytag Str. 1
31008 Elze
Telefon 05068/466-147
Sekretariat: Anke Bollmann
Anke.Bollmann@cjd.de
www.cjd-elze.de

Nordrhein-Westfalen
CJD Jugenddorf- Christophorusschule
Königswinter mit
Hochbegabtenförderung
Cleethorpeser Platz 12
53639 Königswinter
Telefon 02223/922-0
sekretariat@cjd-koenigswinter.de
www.cjd-koenigswinter.de
Leiter des Gymnasiums: Wilhelm Meyer
Leiter der Realschule:
Andreas Breitenstein
Internatsleiter: Peter Malburg

CJD Versmold
Sekundarschulke, Grundschule,
Realschule
Ravensberger Straße 33
33775 Versmold
Telefon 05423/209-0
Fax 05423/209-101
cjd.versmold@cjd.de
www.cjd-versmold.de
Pädagogische Leitung:
Anika Schüler und Andrea Klare

Sachsen-Anhalt
CJD Jugenddorf- Christophorusschule
Droyßig mit Hochbegabtenförderung
Internatsleitung:
Hr. Bernhard Schmerschneider
Zeitzer Straße 3
06722 Droyßig
Telefon 034425/21486
direktion@cjd-droyssig.de
www.cjd-droyssig.de

Das CJD bietet jährlich 155.000 jungen und erwachsenen Menschen Orientierung und Zukunftschancen. Sie werden von 9.500 Mitarbeitenden an über 150 Standorten gefördert, begleitet und ausgebildet. Grundlage ist das christliche Menschenbild mit der Vision „Keiner darf verloren gehen!"

Weitere Informationen unter
www.die-chancengeber.de

cjd
die-chancengeber.de

Evangelische Internate

Ein Beitrag von Heidi Kong

Evangelische
Internate
Deutschlands

Heidi Kong

Internate sind stets Lebens- und Bildungsorte in einem. Als zentraler Baustein in unserer Bildungslandschaft leisten sie einen wesentlichen Beitrag zum Aufwachsen von Kindern und Jugendlichen, der weit über die Möglichkeiten der Ganztagsschulen hinausreicht. Sie schließen zugleich eine Lücke in der institutionellen Unter-stützung von Familien und im altersgemäßen Aufwachsen von Kindern und Jugendlichen in unserer Zeit.

Evangelische Internate wollen dabei einen besonderen Beitrag leisten: Sie begegnen den existenziellen Fragen junger Menschen mit einem Werte orientierten Angebot und vermitteln wichtige Kompetenzen für die interkulturelle und interreligiöse Verständigung in unserer Gesellschaft. Nicht zuletzt bieten sie jungen Menschen eine Gemeinschaft, in der sie geborgen sind und sich wohlfühlen.

Gemeinsam mit Schuleiter*innen und Schulbund Vertreter*innen Evangelischer Schulen haben die Internatsleiter*innen Evangelischer Internate die Bedeutung für einige Bereiche unserer Gesellschaft formuliert:

Evangelische Internate sind Zukunft ...

weil sie Lebens- und Bildungsorte sind, die
- individuelle Begabungen herausheben und entwickeln
- soziale Fähigkeiten und die Bereitschaft zur Übernahme von Verantwortung ausbilden
- Gemeinschaftsfähigkeit erzeugen

weil junge Menschen dort
- in ihrer Einzigartigkeit im Mittelpunkt stehen
- einen Erfahrungsraum haben, in dem sie sich ausprobieren können
- Orientierung erhalten und ihre Persönlichkeit entwickeln
- begleitet und beraten werden und Zukunftsperspektiven gewinnen
- Freunde fürs Leben finden

weil dort in der Gemeinschaft junger Menschen
- Kommunikationskompetenzen erweitert werden
- Lernen im geschützten Raum ermöglicht wird

Fortsetzung auf den folgenden Seiten.

- Wissen um die eigene Wirkung entsteht, das in verantwortungsvolles Handeln mündet

- ein strukturierter und transparenter Tagesablauf auf ein selbstständiges Leben in Balance vorbereitet

weil sie Familien
- für ihre Erziehungsarbeit einen ergänzenden Baustein oder einen alternativen Rahmen zur Verfügung stellen
- tragfähige Erziehungspartnerschaften ermöglichen
- Werteorientierung und Weitergabe von Lebenswissen anbieten

weil sie in der
Zusammenarbeit mit Schulen
- abgestimmte Bildung und Erziehung „aus einer Hand" ermöglichen

weil die Kirche über sie
- die aktive Wahrnehmung der eigenen kulturellen Prägung bewusst macht und die Facetten interreligiöser und interkultureller Kompetenz entwickelt

weil sie in der Gesellschaft
- das Grundverständnis für das Zusammenspiel von Rechten und Pflichten, Freiheit und Verantwortung herstellen und entwickeln
- Inklusion und Teilhabe intensiv und nachhaltig ermöglichen

weil sie für die Jugendämter
- einen niederschwelligen Zugang mit gesellschaftlicher Akzeptanz bieten
- einen weiteren Weg eröffnen, individuelle Hilfen bedarfsgerecht umzusetzen
- Professionalität durch qualifizierte Fachdienste und Netzwerke gewähr leisten

für die Wirtschaft, weil
- sie für die Arbeitswelt zentrale Schlüsselkompetenzen, Eigenverantwortung und Teamfähigkeit fördern und vermitteln

Im Verband der Evangelischen Internate sind Internate aus ganz Deutschland organisiert. Jedes von ihnen mit einem einzigartigen Profil und unterschiedlichen Angeboten – aber mit gemeinsamen Zielen.

Die Evangelischen Internate repräsentieren eine große Bandbreite an individueller schulischer und persönlichkeitsbezogener Förderung eines Kindes/Jugendlichen. Deshalb ist es wichtig, das Internat zu finden, das optimal zu einem Kind/Jugendlichen passt.

Heidi Kong

Info und Beratung
Evangelische Internate:
Tel. 01 52/05 24 25 79
www.evangelische-internate.info
info@evangelische-internate.com

Evangelische Internate in Baden-Württemberg:

- Evangelisches Lichtenstern-Gymnasium Sachsenheim
- Evangelisches Schulzentrum Michelbach
- Evangelisches Seminar Kloster Blaubeuren
- Evangelisches Seminar Maulbronn
- Firstwald Internat Mössingen
- Martinshaus Kleintobel
- Urspringschule Schelklingen
- Zinzendorfschulen Königsfeld

Evangelische Internate in Bayern:

- Annakolleg Augsburg
- Christian-von-Bomhard-Schule Uffenheim
- Christliches Jugenddorf Berchtesgaden
- Evangelische Realschule Ortenburg
- Internat Schloss Schwarzenberg
- Landschulheim Elkhofen
- Windsbacher Knabenchor

Evangelische Internate in Berlin Brandenburg:

- Königin-Luise-Stiftung Berlin

Evangelische Internate in Hessen:

- Christliches Jugenddorf Christophorusschule Oberurff
- Laubach-Kolleg der Ev. Kirche von Hessen-Nassau

Evangelisches Internat in Mecklenburg-Vorpommern:

- Jugenddorf Christophorusschule Rostock

Evangelische Internate in Niedersachsen:

- Christliches Jugenddorf Braunschweig
- Christliches Jugenddorf Elze

Evangelische Internate in Nordrhein-Westfalen:

- Bischof-Hermann-Kunst-Schulen Espelkamp
- Christliches Jugenddorf Christophorusschule Königswinter
- Theodor-Fliedner-Internat Düsseldorf

Evangelisches Internat in Rheinland-Pfalz:

- Internat Weierhof Bolanden

Evangelisches Internat in Sachsen:

- Internat des Dresdner Kreuzchores

Evangelisches Internat in Sachsen-Anhalt:

- Christliches Jugenddorf Christophorusschule Droyßig

Zweckverband Bayerische Landschulheime

Die öffentlichen Internatsschulen des Zweckverbandes Bayerische Landschulheime

zeichnen sich insbesondere durch folgende gemeinsame Charakteristika aus:

- Schule und Internat bilden eine pädagogische Einheit. Ständiger Informationsaustausch zwischen Schule und Internat.

- Sie sind koedukativ geführt, d.h. Jungen und Mädchen werden gemeinsam erzogen.

- Sie sind öffentliche Schulen, d.h. die Lehrkräfte haben die uneingeschränkte Qualifikation für ihr Lehramt.

- Es wird nach den an allen öffentlichen Schulen gleichen Lehrplänen unterrichtet. Schulwechsel können somit problemlos erfolgen.

- Die Zeugnisse und Abschlussprüfungen (Abitur und Realschulabschluss) verleihen die gleichen Rechte wie die der anderen öffentlichen Schulen.

- Als öffentlicher Schulträger erhebt der Zweckverband Bayerische Landschulheime kein Schulgeld. Die Internatskosten des Zweckverbandes sind daher vergleichsweise niedrig.

Jederzeit besteht die Möglichkeit einer eingehenden unverbindlichen Beratung bei einem persönlichen Gespräch, wozu wir Sie herzlich einladen (bitte vorherige Terminabsprache an der Internatsschule).

Probewohnen zum Kennenlernen ist immer möglich, sofern im Internat Plätze frei sind.

Jede Schule pflegt Partnerschaften mit Schulen im Ausland, z.B. in Südafrika, Frankreich, Taiwan, Ungarn, Russland und Tschechien.

Leitbild und Ziele der Internatserziehung

Erwerben von Sachkompetenz
Hochschulen und Arbeitgeber erwarten überzeugende Sachkompetenz, die sich nicht in kurzfristiger Reproduktionsfähigkeit erschöpft, sondern eine konstruktive Wissensbasis und geschickte Arbeitstechniken sowie eine positive Grundeinstellung erfordert:

- Hausaufgabenbetreuung, Förderunterricht, spezielle Kurse zu Lern- und Arbeitstechniken und die Arbeit in Lerngruppen unterstützen im Internat den Aufbau von Sachkompetenz.
- Die Betreuung durch Lehrkräfte orientiert sich am Grundsatz der Hilfe zur Selbsthilfe, macht Lernprozesse transparenter und ermuntert zu eigener Aktivität.
- Die Internatsschüler werden dazu angeregt, ihre Mitverantwortung im Lernprozess zu erkennen, aktiv zu bejahen und auszubauen.

Erwerben von Sozialkompetenz
Die moderne Welt ist mehr denn je auf intensive Kommunikation angewiesen und fordert mit Nachdruck eine umfangreiche Sozialkompetenz, die vor allem Teamfähigkeit, Leistungsbereitschaft, Respekt vor anderen und Verantwortungsfreude umfasst.

Erwerben sportlicher, handwerklicher und musischer Qualitäten

- Den Schülern werden ausreichend Freiraum und vielfältige Freizeitmöglichkeiten im sportlichen, spielerischen und gestaltenden Bereich geboten.
- Durch Begegnung mit Musik, Theater, Kunst und Literatur werden Anreize geschaffen, auch auf kulturellem Gebiet Interessen zu entwickeln.

Fortsetzung auf den folgenden Seiten.

Erwerben von Kern-Kompetenzen
Die Internatsschulen des Zweckverbandes Bayerische Landschulheime fördern und festigen:

- **soziale Veranlagungen**
wie Sensibilität, Kooperationsbereitschaft, Integrationsfähigkeit und Selbstkontrolle;

- **individuelle Verhaltensweisen**
wie Initiative, Ausdauer, Flexibilität, Durchsetzungsvermögen, Selbstbewusstsein;

- **soziale Verhaltensweisen**
wie Kooperationsfähigkeit, Kontakt-fähigkeit, Kommunikationsfähigkeit, Teamgeist, Bereitschaft zum sozialen Konsens;

- **Arbeitsverhalten**
wie Exaktheit, Selbstständigkeit, Qualitätsbewusstsein, Zuverlässigkeit, Motivation, Terminbewusstsein;

- **sittliche Verhaltensweisen**
wie die Fähigkeit und Bereitschaft zur humanen Mitgestaltung des eigenen Lebens- und Arbeitsbereiches;

- **Denken und Handeln**
wie abstraktes und analytisches Denken, Konzentrationsvermögen, Denken in Zusammenhängen, Entscheidungsfreude, Planung und Kontrolle;

- **Ausdrucksvermögen**
in mündlicher und schriftlicher Formulierung und Überzeugungskraft. Es ist eine Besonderheit in der „pädagogischen Landschaft", dass es im Freistaat Bayern öffentliche Internatsschulen gibt. Sie werden getragen vom Zweckverband Bayerische Landschulheime, einer kommunalen Körperschaft des öffentlichen Rechts mit Sitz in München, oder vom Staat.

Zweckverband Bayerische Landschulheime
Körperschaft des öffentlichen Rechts
Elisabethstraße 25/II
80796 München
Postfach 402080
80720 München
Telefon 0 89/27 81 40-0
Fax 0 89/27 81 40-23
Internet: www.bayern-internate.com
E-Mail: info@zvbl.de

Zweckverband Bayerische LSHe

Die öffentlichen Internatsschulen des Zweckverbandes Bayerische Landschulheime:
- Landschulheim Kempfenhausen am Starnberger See (siehe Seite 130)
- Landschulheim Schloss Ising am Chiemsee (siehe Seite 131)
- Franken-Landschulheim Schloss Gaibach/Unterfranken (siehe Seite 132)
- Steigerwald-Landschulheim Wiesentheid/Unterfranken (siehe Seite 133)

Der Verband Schweizerischer Privatschulen (VSP)

Privatschulen in der Schweiz
Für die Schweiz mit ihren vier Landessprachen (Deutsch, Französisch, Italienisch und Rätoromanisch) war es schon immer ein Gebot, multikulturelle Bildung zu fördern. In den letzten Jahren wurde diese Entwicklung durch die Zunahme der internationalen Beziehungen, der weltweiten Mobilität und die wachsende Zahl der in der Schweiz niedergelassenen Ausländer bzw. internationalen Unternehmen begünstigt.

Ihrer pädagogischen Tradition verpflichtet, leisten die Privatschulen einen wichtigen Beitrag für die multikulturelle Erziehung. Heute besuchen ungefähr 100.000 Studierende aus den verschiedenen Regionen unseres Landes und aus über 100 verschiedenen Nationen eine Privatschule des Verbandes Schweizerischer Privatschulen (VSP). Dieser wurde 1990 gegründet und zählt gegenwärtig 230 Mitgliedschulen, worunter sich die wichtigsten und ältesten (privaten) Bildungsinstitutionen des Landes befinden.

Heute erfüllen die privaten Aus- und Weiterbildungseinrichtungen eine wichtige Ergänzungsfunktion zum staatlichen Erziehungs- und Bildungswesen, welches nie einer Zentralgewalt anvertraut wurde. Dank den Privatschulen besteht in der Schweiz ein differenziertes und innovatives Bildungsangebot, welches u.a. auch der Mehrsprachigkeit und der damit verknüpften kulturellen Vielfalt dieses Landes gerecht wird.

Multikulturelles Zusammenleben in Privatschulen
Sowohl Internate als auch Externate bieten anspruchsvolle Ausbildungsprogramme zur Vorbereitung auf national und international anerkannte Diplome an. Diese sind Voraussetzung für ein Studium im In- und Ausland.

Unter anderem werden die offiziellen schweizerischen, deutschen, amerikanischen, englischen, französischen und italienischen Mittelschulabschlüsse angeboten. Auch das international anerkannte Diplom „International Baccalaureat" kann auf Englisch, z.T. mit Option Französisch (bilingue), erlangt werden.

Zudem haben sich in den letzten zehn Jahren zahlreiche Mitgliedschulen unseres Verbandes als eigentliche Bilingue-Schulen profiliert. In diesen Schulen wird ein Teil der Unterrichtsfächer in der Landessprache der Region erteilt, der andere Teil in einer Zweitsprache, z.B. Deutsch, Französisch, Englisch oder

Italienisch. Dieser Immersionsunterricht hat sich sehr gut bewährt und ist geeignet, das Verständnis für andere Sprachen und Kulturen zu fördern.

Die Privatschulen sind bestrebt, auf die Schülerpersönlichkeit bezogene Ausbildungsprogramme und individuelle Betreuung anzubieten. Sie sind der Weltgemeinschaft gegenüber offen und fördern bei ihren Studierenden Toleranz für andere Kulturen.

Die Internate des VSP haben sich in einer gemeinsamen Erklärung verpflichtet, hohen Ansprüchen sowohl in der Ausbildung als auch in der Betreuung der Studierenden zu genügen. Das multikulturelle Zusammenleben im Internat eröffnet die Möglichkeit, weltumspannende Freundschaften zu schließen sowie die Traditionen anderer Kulturen kennenzulernen und zu respektieren. Viele während der Ausbildung in der Schweiz geknüpften Kontakte entwikkeln sich zu persönlichen Beziehungen, die sich ein Leben lang und über die nationalen Grenzen hinweg erhalten. Außerdem kann der Schulbesuch weitgehend losgelöst von internationalen Spannungen oder Unruhen in einem sicheren Umfeld erfolgen.

Schweizer Privatschulen: ein Qualitätsprodukt!

Der ausgezeichnete Ruf des schweizerischen Bildungswesens ist international bekannt. Qualität ist im Schweizer Privatschulwesen ein Schlüsselwort. Privatschulen stehen unter der Aufsicht der kantonalen Behörden. Maßgebend ist die jeweilige kantonale Schulgesetzgebung.

Zudem hat der VSP auf seiner Mitgliederversammlung vom 08. Mai 2004 den für die Zukunft des im VSP organisierten Privatschulwesens richtungsweisenden und historischen Beschluss gefasst, dass sämtliche Verbandsschulen mit einem markterprobten und national bzw. international anerkannten Qualitätssystem zu zertifizieren sind.

Mit diesem Schritt wurde die Vertrauenswürdigkeit unserer Mitgliedsschulen sowohl gegenüber Eltern und Schüler(inne)n als auch gegenüber den staatlichen Behörden massiv gesteigert. Im Weiteren hat der VSP eine Qualitätskommission geschaffen, die seine Schulen bzw. Eltern und Studierende bei Schwierigkeiten unterstützt.

So finden Sie die „richtige" Schule: Wenn Sie eine bestimmte soziale Umgebung für Ihre Kinder suchen, eine hohe Ausbildungsqualität wünschen und Wert auf eine Förderung legen, die behutsam zu Eigenverantwortung und Unabhängigkeit führt, dann kann ein Schweizer Internat für Sie die richtige Wahl sein. Für mehr Informationen und eine erste Beratung über die zahlreichen Aus- und Weiterbildungsmöglichkeiten der Verbandsschulen können sich interessierte Personen an die VSP Informations- und Beratungsstelle wenden. Diese vom VSP geschaffene Beratungsstelle, der Service Scolaire, hat sich zum Ziel gesetzt, Personen mit einem Bildungsproblem kompetent und objektiv zu beraten. Trotz dieser Dienstleistung sollte sich der/die Interessent(in) auch ein eigenes Bild machen können. Der VSP und die verbandseigene Beratungsstelle empfehlen deshalb, vor der Wahl einer Schule die nachstehenden Punkte zu beachten:

• Prüfen Sie die Schulunterlagen genau. Die Vertragsbestimmungen sollten klar sein und Angaben über Aufnahmebedingungen, Fächer und Lehrstoffprogramm, Unterrichtsform und -zeiten, Beginn und Dauer der Ausbildung, Art des Abschlusses sowie Kosten enthalten.

• Suchen Sie das Gespräch mit der Schulleitung. So können Sie gegenseitige Vorstellungen abgleichen und Unklarheiten beseitigen. Die Schulleitung sollte auch bereit sein, auf die Anliegen der Eltern und Schüler(innen) einzugehen.

• Besuchen Sie – falls möglich – eine Schnupperlektion. Damit lernen Sie den Unterrichtsstil und das Lehrpersonal einer Schule besser kennen. Ehemalige Schüler(innen) oder andere Referenzpersonen können weitere Auskünfte geben.

Sollten Sie Interesse am Angebot unserer Verbandsschulen haben oder Unterlagen wünschen, können Sie sich unter folgender Adresse schriftlich oder telefonisch an uns wenden:

Schweizer Internate finden Sie in diesem Buch ab Seite 245.

Informations- und Beratungsstelle
des Verbandes Schweizerischer
Privatschulen (VSP)
Hotelgasse 1 – Postfach
CH-3001 Bern

Telefon 0041/31/328 40 50
Fax 0041/31/328 40 55
E-Mail: info@swiss-schools.ch
Internet: http://www.swiss-schools.ch

Adressen:

Internats- und Schulverbände in Deutschland

Verband Katholischer Internate und Tagesinternate (VKIT) e.V.
Kaiserstraße 161, 53113 Bonn
Tel. 02 28/62 09 29 36, Fax 02 28/62 09 29 37
■ **Ausführliche Angaben siehe Seite 11 und Seite 50**

Verband Deutscher Privatschulverbände e.V.
Reinhardtstraße 18, 10117 Berlin
Tel. 0 30/28 44 50 88-0, Fax 0 30/28 44 50 88-9
■ **Ausführliche Angaben siehe Seite 56**

Die Internate Vereinigung e.V.
Postfach 15 41, 61405 Oberursel (Taunus)
Tel. 0 61 72/9 08 11 41, Mobil: 01 76/20 20 05 89
■ **Ausführliche Angaben siehe Seite 62**

Christophorusinternate im Christlichen Jugenddorfwerk Deutschlands e.V. (CJD – Die Chancengeber)
Teckstr. 23, 73061 Ebersbach (Fils)
Tel. 0 71 63/93 01 74, Fax 0 71 63/93 01 74
■ **Ausführliche Angaben siehe Seite 66**

Evangelische Internate Deutschland EID
Tel. 01 52/05 24 25 79, Internet: www.evangelische-internate.info
■ **Ausführliche Angaben siehe Seite 71**

Zweckverband Bayerische Landschulheime
Elisabethstr. 25/II, 80796 München
Tel. 0 89/27 81 40-0, Fax 0 89/27 81 40-23
■ **Ausführliche Angaben siehe Seite 74**

Adressen:

Fortsetzung Internats- und Schulverbände in Deutschland

Deutscher Olympischer Sportbund/
Geschäftsbereich Leistungssport
Otto-Fleck-Schneise 12, 60528 Frankfurt am Main
Tel. 0 69/6 70 02 42, Fax 0 69/67 00 12 42

Bund der Freien Waldorfschulen
Wagenburgstr. 6, 70184 Stuttgart
Tel. 07 11/2 10 42-0

Internatsverband in der Schweiz

Informations- und Beratungsstelle des Verbandes
Schweizerischer Privatschulen (VSP)
Hotelgasse 1, Postfach, CH-3001 Bern
Tel. 00 41/31/328 40 50, Fax 00 41/31/328 40 55
■ **Ausführliche Angaben siehe Seite 77**

Internatsberatungen

Die große Auswahl an Internaten, die verschiedenen pädagogischen Konzepte, verbunden mit all den unterschiedlichen Schwerpunkten und ihren Besonderheiten, die ein Internat prägen, können bei Eltern zunächst eine Verunsicherung bzgl. der Frage auslösen: welches Internat das „ideale", das „geeignetste", das „richtige", das „beste" ist. Sollte dies der Fall sein, kann eine Internatsberatung sehr hilfreich sein.

Internatsberatungen lassen sich in drei Kategorien einteilen:

- Alle Internatsverbände bieten Internatsberatungen an. Dort erhalten Sie ausführliche Informationen über all die Internate, die sich im Verband zusammengeschlossen haben. Die Verbandsberatungen werden von den Verbänden getragen und finanziert.

- Außerdem gibt es Internatsberatungen, die mit verschiedenen Internaten Verträge abgeschlossen haben. Wird ein Kind über diese Form der Internatsberatung vermittelt, bezahlen die Internate der Internatsberatung eine Provision.

- Und es gibt die Art von Internatsberatung, die weder Verträge mit Internaten abschließt noch auf die Finanzierung von Verbänden zurückgreifen möchte. Die Eltern bezahlen eine Beratungsgebühr. Dadurch soll eine stärkere Unabhängigkeit bei der Beratung gegeben sein.

Ganz gleich, für welche Form der Internatsberatung sich Eltern entscheiden, sobald sie sich nach den Auswahlkriterien und nach der Art der Abrechnung erkundigen, können sie die Internatsberatung den o.g. Kategorien zuordnen.

Wichtig ist, dass sich die Internatsberatung Zeit für Eltern und Kind nimmt und auf all die Fragen eingeht, die sich stellen. Die endgültige Entscheidung, welches Internat das „richtige" ist, sollten letztendlich immer die Eltern zusammen mit ihrem Kind treffen, nachdem eine kleine Auswahl von 2–3 Internaten besucht wurde.

Auf den folgenden Seiten finden Sie zunächst einen Gesamtüberblick über die Internatsberatungen, im Anschluss daran stellen sich die verschiedenen Internatsberatungen ausführlich dar.

Die Reihenfolge ist rein zufällig und stellt keinerlei Präferenz dar.

Adressen:

Internatsberatungen

Internatsberatungen für Internate in Deutschland

internate.de – Die Internatsberatung

Tel. 0 75 51/9 47 51 32
E-Mail: info@internate.de, Internet: www.internate.de
eine Initiative der Schule Schloss Salem

■ **Ausführliche Angaben siehe Seite 1**

VKIT Katholische Internatsberatungsstelle

Im Ort 13b, 53343 Wachtberg
Tel. 02 28/62 09 29 36, Fax 02 28/62 09 29 37

■ **Ausführliche Angaben siehe Seite 11 und Seite 50**

Internatsberatung Evangelische Internate Deutschland

Tel. 01 52/05 24 25 79
www.evangelische-internate.info

■ **Ausführliche Angaben siehe Seite 71**

Fortsetzung auf den folgenden Seiten.

Adressen:

Internatsberatungen für Internate im In- und Ausland

Ulrich Kindscher: Internats- und Bildungsberatung
Flurstraße 3, 82049 Pullach
Tel. 0 89/7 93 03 47, Fax 0 89/7 93 03 00
■ **Ausführliche Angaben siehe Seite 86**

Riedenauer Education/SIB Schul- und Internats-Beratung
Büro München
Isabellastraße 17, 80798 München

Büro Mülheim
Kesselbruchweg 85a, 45478 Mülheim an der Ruhr
Tel. 0 89/28 67 35 61, Fax 0 89/28 67 35 62

Töchter und Söhne
Dr. Detlef Kulessa
– Abeggstraße 2, 65193 Wiesbaden
– Schleiermacherstraße12, 64283 Darmstadt
Tel. 06 11/1 80 58 80

ssb Nottebohm Internatsberatung
Bergstraße 124, 69121 Heidelberg
Tel. 0 62 21/9 85 09-50, Fax 0 62 21/9 85 09-52

Carl Duisberg Centren – Internationale Schulprogramme
Hansaring 49–51, 50670 Köln
Tel. 02 21/16 26-201, Fax 02 21/16 26-217

Learning in Britain
Die Schule und Bildungsberatung der Agentur „Friends for Families"
Steinbacher Straße 10 a, 91166 Georgensgmünd, Tel. 0 91 72/68 41 01

Euro-Internatsberatung
Schackstraße 3, 80539 München
Tel. 0 89/45 55 55-0, E-Mail: info@internatsberatung.com

Better School! Internatsberatung GmbH
Dr. Juliane von Bülow
Lenzhalde 68, 70192 Stuttgart
Tel. 07 11/46 91 79 40, Fax 07 11/46 91 79 49

Petra Heinemann – Internationale Schulberatung
Alsterchaussee 5, 20149 Hamburg
Tel. 0 40/54 80 30 75, Fax 0 40/54 80 30 76

Barbara Glasmacher – Internationale Schulberatungs GmbH
Herzogstr. 60, 80803 München
Tel. 0 89/3 84 05 40, Fax 0 89/38 40 54 20

INTEDU – International Education
Heidstraße 7, 42781 Haan
Tel. 0 21 29/3 45 66 54 oder 95 98 61, Fax 0 21 29/95 98 62

international Experience e.V.
www.international-experience.net

edufinder.com
www.edufinder.com, info@edufinder.com

Dr. Klaus Kampe – Internatsschulen-England
Office Berlin, Zelter Straße 6, 10439 Berlin
Tel. 0 30/28 04 58 39, Fax 0 30/97 00 47 53

Internate in Baden-Württemberg

74740 Adelsheim
Eckenberg-Gymnasium Adelsheim
Eckenberg 1
Tel. 0 62 91/2 70

Gymnasium

79774 Albbruck-Unteralpfen
Schulwerk Collegium Musicum e.V.
Stiegstr. 115
Tel. 0 77 55/9 39 45-0

Private Europäische Musik-Realschule

97980 Bad Mergentheim
Bischöfliches Internat Maria Hilf
Marienstr. 3
Tel. 0 79 31/9 00 50

Internat
(Mitglied im VKIT)

■ **ausführliche Angaben: Seite 93 und Seite 34**

76530 Baden-Baden
Pädagogium Baden-Baden
Burgstraße 2
Tel. 0 72 21/3 55 90

Grund-, Realschule,Gymnasium,
3- und 6-jährigesWirtschaftsgymnasium,
3- und 6-jähriges Sozialwissenschaftliches Gymnasium

■ **ausführliche Angaben: Seite 94–95**

88427 Bad Schussenried
Humboldt-Institut Bad Schussenried
Zellerseeweg 11
Tel. 0 75 22/9 88-0

Institut für Deutsch als Fremdsprache

■ **ausführliche Angaben: Seite 96 und Seite 26–27**

88255 Baindt
Schule für Blinde und Sehbehinderte Baindt
Tel. 0 75 02/94 19-0

Grundschule,
Heimsonderschule für Blinde und mehrfach Behinderte

69245 Bammental
Kurpfalz-Internat
Diersteinstr. 1–7
Tel. 0 62 23/9 61-0

Realschule, Gymnasium

■ **ausführliche Angaben: Seite 97**

88276 Berg
Martinshaus Kleintobel
Martinstr. 41
Tel. 07 51/88 84-0

Einrichtung der Jugendhilfe

89143 Blaubeuren
Evangelisches Seminar Blaubeuren
Klosterhof 2
Tel. 0 73 44/96 26-12

Gymnasium

■ **ausführliche Angaben: Seite 109**

89584 Ehingen/Donau
Kolleg St. Josef
Müllerstr. 8
Tel. 0 73 91/7 70 20

Schülerheim, Berufsfachschule,
Gymnasium, Realschule, Aufbau-gymnasium, Hauptschule
(Mitglied im VKIT)

■ **ausführliche Angaben: Seite 98**

77955 Ettenheim
Heimschule St. Landolin
Prälat-Schofer-Str. 1
Tel. 0 78 22/89 28-400

Gymnasium, Realschule, Sozial- und Gesundheitswissenschaftliches Gymnasium, Wirtschaftswissenschaftliches Gymnasium, kaufm. Berufskolleg I
(Mitglied im VKIT)

■ **ausführliche Angaben: Seite 99**

70736 Fellbach
Bundesstützpunkt und Landesleistungszentrum (KSG)
Staffelweg 6/1
Tel. 07 11/51 31 92

Sportinternat

77723 Gengenbach
Fachschule für Sozialpädagogik
Parkweg 5
Tel. 0 78 03/93 36-0

Berufsfachschule mit Internat

69115 Heidelberg
F+U Internat
Kurfürsten-Anlage 70
Tel. 0 62 21/70 50 100

Realschule, Berufliches Gymnasium verschiedener Richtungen, Berufskollegs, Internationale Sprachschule

■ **ausführliche Angaben: Seite 101**

69115 Heidelberg
HPC Schulen
Rhein-Main-Neckar gGmbH
Kurfürsten-Anlage 64-68
Tel. 0 62 21/89 94-29 82

Grundschule bis Gymnasium

69120 Heidelberg
Heidelberg College
Neuenheimer Landstraße 16
Tel. 0 62 21/43 62 17 oder 40 77 19

Gymnasium

■ **ausführliche Angaben: Seite 100**

79856 Hinterzarten
Schule Birklehof
Birklehof 1
Tel. 0 76 52/1 22-22

Gymnasium und Internat

■ **ausführliche Angaben: Seite 102–103**

74592 Kirchberg/Jagst
Schloss-Schule Kirchberg
Schulstraße 4
Tel. 0 79 54/98 02-0

Gymnasium, Grundschule, Hauptschule, Realschule

■ **ausführliche Angaben: Seite 104–105**

78126 Königsfeld
Zinzendorfschulen
Mönchweilerstraße 5
Tel. 0 77 25/93 81 60

Allgemeinbildendes Gymnasium (8-jähriger Bildungsgang, 9-jähriger Bildungsgang),
Realschule,
Sozialwissenschaftliches Gymnasium,
Wirtschaftsgymnasium,
2-jährige Berufsfachschule (Hauswirtschaft und Ernährung sowie Wirtschaft),
1-jähriges Berufskolleg für Sozialpädagogik,
Fachschule für Sozialpädagogik,
Fachschule für Sozialwesen

■ **ausführliche Angaben: Seite 107**

74653 Künzelsau
Schlossgymnasium Künzelsau
Schlossplatz 3
Tel. 0 79 40/9 15 80

Gymnasium,
Aufbaugymnasium,
Sportprofil,
Musikprofil,
gebundene Ganztagsschule

77933 Lahr/Schwarzwald
Clara-Schumann-Gymnasium Lahr
Christoph-Schmitt-Str. 3
Tel. 0 78 21/9 29 10

Aufbaugymnasium

71636 Ludwigsburg
Sport-Teilzeitinternat
Kaiserstr. 14
Tel. 0 71 41/2 98 47 61

Sport-Vollzeitinternat
Kaiserstr. 14
Tel. 01 77/8 52 07 07

Leistungssportinternate für ausgewählte Sportarten

75433 Maulbronn
Evangelisches Seminar Maulbronn
Gymnasium mit Internat
Klosterhof 16
Tel. 0 70 43/9 55 09-0

Gymnasium

■ **ausführliche Angaben: Seite 108**

88709 Meersburg
Droste-Hülshoff-Gymnasium Meersburg
Seminarstr. 8–10
Tel. 0 75 32/4 32 50

Aufbaugymnasium

79249 Merzhausen
Die Brücke
Freiburger Ergänzungsschule
Am Rohrgraben 1
Tel. 07 61/7 52 30

Private Realschule,
Möglichkeit zum Hauptschulabschluss

74544 Michelbach an der Bilz
Evangelisches Schulzentrum Michelbach
Hagenhofweg 35
Tel. 07 91/93 01 60

Realschule,
Gymnasium,
Aufbaugymnasium

■ **ausführliche Angaben: Seite 106**

72116 Mössingen
Firstwald Internat
Firstwaldstr. 36–58
Tel. 0 74 73/70 02 80

Gymnasium

69151 Neckargemünd
SRH Stephen-Hawking-Schule
Im Spitzerfeld 25
Tel. 0 62 23/81-3005

Realschule,
Werkrealschule,
allgemeines Gymnasium,
Wirtschaftsgymnasium,
Sozialwissenschaftliches Gymnasium,
Wirtschaftsschule,
Sonderberufsfachschule Ernährung und Gesundheit

72108 Rottenburg
Musisches Internat Martinihaus
Sprollstr. 27
Tel. 0 74 72/9 84 10

Schülerheim
(Mitglied im VKIT)

■ **ausführliche Angaben: Seite 110–111**

72108 Rottenburg
Schülerinnenwohnheim der Liebfrauenschule
Liebfrauenhöhe 7
Tel. 0 74 57/72-403(-441)

Schülerinnenheim
(Mitglied im VKIT)

78628 Rottweil
Konvikt Rottweil, humanistisch-musisches Internat
Johannsergasse 1
Tel. 07 41/53 27-0

Schülerheim
(Mitglied im VKIT)

■ **ausführliche Angaben: Seite 112**

74343 Sachsenheim
Evang. Lichtenstern-Gymnasium Sachsenheim
Ludwigsburger Str. 34
Tel. 0 71 47/99 40

Aufbaugymnasium

88682 Salem
Schule Schloss Salem
Tel. 0 75 53/9 19-352

Gymnasium, International Baccalaureate

■ **ausführliche Angaben: Seite 114–115**

89601 Schelklingen
Urspringschule
Urspring 1
Tel. 0 73 94/2 46-11

Grundschule,
Gymnasium

■ **ausführliche Angaben: Seite 113**

73525 Schwäbisch Gmünd
Landesgymnasium für Hochbegabte
Universitätspark 21
Tel. 0 71 71/10 43 81 00

Gymnasium

■ **ausführliche Angaben: Seite 116**

79837 St. Blasien
Kolleg St. Blasien e.V.
Internationales Jesuitengymnasium mit Internat für Jungen und Mädchen
Fürstabt-Gerbert-Str. 14
Tel. 0 76 72/27-0

Gymnasium mit Aufbaugymnasium
(Mitglied im VKIT)

■ **ausführliche Angaben: Seite 117**

70184 Stuttgart
Merz Internat
(VDP-Europaschule)
Albrecht-Leo-Merz-Weg 2
Tel. 07 11/2 10 34-0

Kindergarten,
Grundschule,
Gymnasium,
Hort,
Internat ab. 5. Kl.

■ **ausführliche Angaben: Seite 118**

70372 Stuttgart
Sportinternat im Haus der Athleten
Mercedesstr. 83
Tel. 07 11/54 99 81 11

Olympiastützpunkt

97941 Tauberbischofsheim
„Modell Tauberbischofsheim"
„Haus der Athleten" – Berghof II
Pestalozziallee 12
Tel. 0 93 41/8 09-0

Sportinternat

88639 Wald
Heimschule Kloster Wald –
Gymnasium und Internat für Mädchen
Von-Weckenstein-Straße 2
Tel. 0 75 78/1 88-0

4. Klasse Grundschule
5.–12. Klasse Gymnasium (G8)
Internat ab 4. Klasse
Lehrwerkstätten
(Mitglied im VKIT)

■ **ausführliche Angaben:
Seite 119**

Bischöfliches Internat Maria Hilf

Siehe auch S. 34

Name und Anschrift:
Bischöfliches Internat Maria Hilf
Marienstr. 3, 97980 Bad Mergentheim
Tel. 0 79 31/9 00 50
Fax 0 79 31/90 05 20
www.bimh.net, mail@bimh.net

Name des Trägers:
Diözese Rottenburg-Stuttgart

Internatsleitung:
Diakon Andreas Reitzle, Rektor

Schularten: Internat mit Anschluss an die öffentlichen Schulen

Schulische Ausrichtung:
Gymnasium, Realschule, Werkrealschule, Grundschule, weiterführende Schulen

Konfession: kath./ev./andere

Sprachenfolge: entsprechend G8

Internatsplätze:
w.: 35, m.: 35

Klassenstärke:
ca. 15–20

Externe Schüler: 30

Kosten/Monat:
ab € 590,– (abhängig von Einkommen und Anzahl der eigenen Kinder)

Nebenkosten/Monat:
ca. € 65,–
(Schul- und Freizeitbedarf, Fahrkarten)

Pädagogische Schwerpunkte/Besonderheiten:
Grundlage der pädagogischen Arbeit im Internat Maria Hilf ist der Marchtaler Internatsplan. Es handelt sich hierbei um ein ganzheitliches Erziehungs- und Bildungskonzept, das junge Menschen unter Berücksichtigung entwicklungspsychologischer Gesichtspunkte in allen wesentlichen Dimensionen ihres Lebens fördern und auf ihrem Weg zum Erwachsen werden begleiten will. Neben der intensiven schulischen Begleitung und Förderung bietet das Internat den Kindern und Jugendlichen durch ein breites Spektrum von AGs und Aktivitäten vielfältige Entfaltungsmöglichkeiten.

Tag der offenen Tür: Infotag 28.03.2020

Schulstiftung Pädagogium Baden-Baden

Name und Anschrift:
Schulstiftung Pädagogium Baden-Baden
Burgstr. 2, 76530 Baden-Baden
Tel. 0 72 21/35 59-0
Fax 0 72 21/35 59-4 44
www.Paeda.net, Info@Paeda.net

Name des Trägers:
Schulstiftung Pädagogium Baden-Baden
Gemeinnützige Bildungsgesellschaft mbH

Internatsleitung: Familie Büchler

Schulleitung:
Familie Büchler

Schulstatus:
alle Schulen sind staatlich anerkannt

Schularten:
Grundschule, Realschule, Gymnasium, 3-jähriges Wirtschaftsgymnasium, 3-jähriges Sozialwissenschaftliches Gymnasium

Schulische Ausrichtung:
naturwissenschaftliches und sprachliches Profil, ganzheitliches Bildungsangebot, individuelle Förderung

VDP

Konfession: nicht gebunden

Sprachenfolge:
Gymnasium:
E, F, Sp oder Naturwissenschaften (NWT), L fakultativ ab Klasse 10.
Realschule:
E (F/Technik/Mensch u. Umwelt)
Berufliches Gymnasium:
E, Sp

Internatsplätze:
w.: 40, m.: 90

Klassenstärke:
ca. 16–20

Externe Schüler:
540 Ganztagesschüler

Kosten/Monat:
€ 1.700,– (Klaus J. Büchler Leistungsstipendium und Sozialstipendien möglich)

Nebenkosten/Monat: keine

Pädagogische Schwerpunkte/Besonderheiten:
Siehe nächste Seite.

Tag der offenen Tür
23. Februar 2019

Fortsetzung folgende Seite

Miteinander Leben, Lernen und Lehren

Leben in der Gemeinschaft

Kleine und große Internatsschüler leben mit ihren Erziehern/innen direkt auf dem Schulcampus. Dort erfahren Sie Verständnis und Geborgenheit. Wir bieten ein strukturiertes und individualisiertes Lern- und Lebensumfeld für alle Altersstufen. Wir legen Wert auf eine vertrauensvolle Zusammenarbeit mit den Eltern unserer Schüler/innen.

Lehrer als Gastgeber

mit unserem ***Unterrichtskonzept „Lehrer als Gastgeber“*** bieten wir für jedes Fach speziell ausgestattete Räume, die gleichzeitig als Büro für den jeweiligen Lehrer dienen. Hierdurch verbessern wir die Rahmenbedingungen für einen optimalen Unterricht und schaffen eine positive Lernatmosphäre.

Tägliche Lernberatung und Hilfe bei Hausaufgaben

Fachlehrer stehen jeden Tag in der Zeit von 15:15 Uhr bis 17:00 Uhr für individuelle ***Fragen oder Probleme*** bei den Hausaufgaben, Fragen zum Unterrichtsstoff oder zur Vorbereitung auf Klassenarbeiten den Schülern zur Verfügung. In der Unterstufe werden die Hausaufgaben im Klassenverband in der Studierzeit angefertigt.

Freizeiten und Arbeitsgemeinschaften

Wir bieten jeden Tag eine Vielzahl an Freizeiten und Arbeitsgemeinschaften: die Freizeiten sind so aufgebaut, dass zwischen sportlichen, kreativen, musischen und sozialen Aktivitäten gewählt werden kann, aber es gibt auch Zeit zum Ausruhen, nichts tun, Musik hören ...

Schule auf dem Campus

Mit unserem ***Mensa- und Cafeteriabereich*** mit Kiosk im Zentrum des Schulgeländes, ***Aufenthalts-, Freizeit- und Lernräumen für unsere Schüler*** schaffen wir vielfältige Möglichkeiten des Miteinanders.
Wir leben, lernen und lehren gemeinsam auf dem Schlossberg in Baden-Baden.

Humboldt-Institut Bad Schussenried

Siehe auch Seite 26–27

Name und Anschrift:
Humboldt-Institut Bad Schussenried,
Zellerseeweg 11
88427 Bad Schussenried
Tel. 0 75 22/9 88-0
www.humboldt-institut.org
info@humboldt-institut.org
FB: www.fb.com/humboldt.institut

Name des Trägers:
Humboldt-Institut e.V.

Internatsleitung:
Thomas Baier, Anja Gebauer

Schulleitung:
Kathrin Kroker

Schulstatus:
private Bildungseinrichtung
für Deutsch als Fremdsprache

Schularten:
Institut für Deutsch als Fremdsprache

Schulische Ausrichtung:
sprachliche Vorbereitung von Schülern,
die nicht Deutsch als Muttersprache sprechen

Konfession:
nicht gebunden

Sprachenfolge:
es wird ausschließlich Deutsch als
Fremdsprache unterrichtet

Internatsplätze:
300

Klassenstärke: ca. 10

Externe Schüler:
keine

Kosten/Monat:
€ 3.200,–

Nebenkosten/Monat:
keine

Pädagogische Schwerpunkte/Besonderheiten:
- intensiver Deutschunterricht für nicht-muttersprachliche Schüler zur Vorbereitung auf den Besuch deutscher Internatsschulen
- spezielle Vorbereitungskurse zur Vermittlung fachsprachlicher Kenntnisse zur leichteren Integration internationaler Schüler in deutsche Internatsschulen
- ganzjährig Deutschkurse für Kinder und Jugendliche (10-17 Jahre) ab 2 Wochen Dauer

Tag der offenen Tür:
Bitte individuelle Besichtigungstermine vereinbaren.

Kurpfalz-Internat

SUMMER SCHOOL
AM KURPFALZ INTERNAT

Name und Anschrift:
Kurpfalz-Internat
Diersteinstr. 1–7, 69245 Bammental
Tel. 0 62 23/9 61-0
Fax 0 62 23/4 94 67,
www.kurpfalz-internat.de
sekretariat@kurpfalz-internat.de

Name des Trägers: Kurpfalz-Internat gemeinnützige BetriebsGmbH

Internatsleitung: Mike Homer

Schulleitung: Christine Bauer

Schulstatus:
staatl. anerkannte Ersatzschule

Schularten: Realschule, Gymnasium

Schulische Ausrichtung: alle Züge

Konfession: nicht gebunden

Sprachenfolge: E/F, E/L, E/F/Sp, E/L/Sp, I und R bzw. abweichende Sprachenfolgen auf Wunsch möglich

Internatsplätze: w.: 60, m.: 120

Klassenstärke: max. 10 Schüler pro Klasse

Externe Schüler: ca. 10 bis 15

Kosten/Monat:
Klasse 7–9: € 3.350,–
ab Klasse 10: € 3.450,–

Nebenkosten/Monat: nach Verbrauch

Pädagogische Schwerpunkte/Besonderheiten:
Das Kurpfalz-Internat fördert Schülerinnen und Schüler mit Potenzial, die dieses an ihrer Schule noch nicht voll ausschöpfen. Klassen mit höchstens 10 Schülerinnen und Schülern bieten eine optimale und individuelle Vorbereitung auf das Abitur oder den Realschulabschluss. Ergänzende Fördermaßnahmen wie Methodentraining, Individualcoaching, in den Stundenplan integrierte Nachhilfe und feste Hausaufgabenzeiten sind wesentliche Bestandteile des Konzepts. Für Legastheniker werden individuelle Einzeltherapien angeboten. Mehr als 50 außerschulische Aktivitäten stehen jede Woche zur Wahl – z.B. Golf, Tennis, Basketball, Fitness, Fußball, Reiten, Fechten, Biking, Klettern, Theaterclub, Kochkurse, Patisserie, Malerei und vieles mehr.
Im Sommer wird eine zweiwöchige Summer School in den Fächern Mathematik, Deutsch, Deutsch als Fremdsprache, Englisch, Französisch, Latein, Spanisch sowie ein intensives Training für Legastheniker angeboten.

Tag der offenen Tür:
Monatlich werden mehrere Informationstage angeboten. Eine individuelle Terminvereinbarung ist jederzeit möglich. Die aktuellen Termine finden Sie unter www.kurpfalz-internat.de.

Kolleg St. Josef

Verband Katholischer Internate und Tagesinternate

EINE EINRICHTUNG DER MARCHTALER INTERNATE MIT KOPF, HERZ UND HAND

Name und Anschrift:
Kolleg St. Josef
Müllerstr. 8, 89584 Ehingen (Donau)
Tel. 0 73 91/77 02-0, Fax 0 73 91/77 02-17
www.kollegstjosef.de, info@kollegstjosef.de

Name des Trägers:
Diözese Rottenburg-Stuttgart

Internatsleitung:
Direktor Johannes Krickl

Schulstatus: Öffentliche Schulen und staatlich anerkannte Privatschule (Jungen- und Mädchenförderung)

Schularten:
Öffentliche Schulen: Gymnasium allgemein, beruflich (WG, TG, SG); BK 1/BK 2; Realschule; Werkrealschule; BFS; Hauptschule.
Staatl. anerkannte Jungenrealschule im Kolleg St. Josef (Jungenförderung/Marchtaler Plan). Staatl. anerkannte Mädchenrealschule Obermarchtal (Marchtaler Plan); Studienkolleg Obermarchtal (Marchtaler Plan / Aufbaugymnasium) ab Klasse 11.

Konfession (Internat):
kath., offen für andere Konfessionen

Sprachenfolge:
vielfältig

Internatsplätze:
58 (m/w)

Externe Schüler:
Tagesinternat & Schülerhort (Klasse 1–13)

Kosten/Monat:
ab € 590,–
(einkommens- und familienabhängig)

Pädagogische Schwerpunkte/Besonderheiten:
Nach dem ganzheitlich orientierten Marchtaler Internatsplan; geregelter Tagesablauf; individuelle Förderung der schulischen und persönlichen Entwicklung des Kindes; großzügiges Raumangebot: Turnhalle, Sportplätze, Freibad, Beachvolleyballplatz u.a.; Internationales Projekt mit China und anderen Ländern machen Sprache und Kultur erlebbar.

Tag der offenen Tür: Siehe Homepage.

Bild: Bernhard Tränkle

St. Landolin

Verband Katholischer Internate und Tagesinternate

Name und Anschrift:
St. Landolin
Prälat-Schofer-Str. 1
77955 Ettenheim
Tel. 0 78 22/89 28-400
Fax 0 78 22/89 28-480
www.hsl.schule
internat@hsl.schule

Name des Trägers:
Schulstiftung der Erzdiözese Freiburg, Münzgasse 1, 79098 Freiburg

Internatsleitung:
Christiane Czarnetzki

Schulleitung/Ansprechpartner:
Gymnasium: OStD Eberhard Pfister
Realschule: RRin Nicola Heckner

Schulstatus:
staatlich anerkannte Privatschule

Schularten:
Gymnasium, Realschule, Sozial- und Gesundheitswissenschaftliches Gymnasium – Profil Soziales, Wirtschaftswissenschaftliches Gymnasium – Profil Wirtschaft, kaufmännisches Berufskolleg I

Schulische Ausrichtung:
Gymnasium mit sprachlichem und naturwissenschaftlichem Profil und Kunstprofil, Streicherklasse, Realschule mit Bläserklasse

Sprachenfolge: Gymnasium:
ab Klasse 5: E oder F als 1. Fremdsprache, ab Klasse 6: F, E oder L, ab Klasse 8: Sp oder L oder naturwissenschaftl. Profil und Kunstprofil. Realschule: E/F ab Klasse 6 oder E/MuM oder E/NuT ab Klasse 7

Internatsplätze: w.: 25, m.: 25
Aufnahme ab Klasse 8

Klassenstärke: ca. 28

Externe Schüler: 1.700

Kosten/Monat:
Mehrbettzimmer: € 825,–
Einzelzimmer: € 842,–

Nebenkosten/Monat: Schulgeld: € 40,–

Pädagogische Schwerpunkte/Besonderheiten:
Mit einer christlich orientierten Erziehung wollen wir den jungen Menschen helfen, ihren eigenen Lebensweg zu finden, der sie auch befähigt, Verantwortung in Kirche und Gesellschaft zu übernehmen.

Heidelberg College

VDP

Name und Anschrift:
Heidelberg College
Neuenheimer Landstr. 16, 69120 Heidelberg
Tel. 0 62 21/43 62 17 oder 40 77 19
Fax 0 62 21/41 05 99
www.heidelberg-college.de
info@heidelberg-college.de

Name des Trägers:
Dr. Holzberg und Sohn

Internatsleitung: OStD E.-J. Holzberg

Schulleitung: OStD E.-J. Holzberg

Schulstatus: staatlich anerkannt

Schularten: 8-jähriges Gymnasium

Schulische Ausrichtung:
neusprachliches Profil
naturwissenschaftliches Profil
Sportprofil
Kunstprofil

Konfession:
nicht gebunden

Sprachenfolge:
E, F, Sp oder E, L, Sp
E, F o. E, L und NWT ab Kl. 8 als Hauptfach
E, F o. E, L u. Sport ab Kl. 8 als Hauptfach
E, F o. E, L u. Kunst ab Kl. 8 als Hauptfach

Internatsplätze:
w.: 20, m.: 23

Klassenstärke: 22–25

Externe Schüler: 480

Kosten/Monat:
€ 1.200,–

Nebenkosten/Monat:
ca. € 50,–

Pädagogische Schwerpunkte/Besonderheiten: In Kl. 5: Computereinführung, soziales Lernen, Werken. Ab Kl. 6: zweite Fremdsprache Latein oder Französisch. Ab Kl. 8: das Hauptfach (=Profilfach) Spanisch oder Naturwissenschaft und Technik oder Kunst oder Sport. Günstige Klassengrößen, intensive Hausaufgabenbetreuung in Gruppen, zahlreiche Arbeitsgemeinschaften, abwechslungsreiches Freizeitangebot, modernes Computernetzwerk für den Unterricht, persönliche Atmosphäre und individuelle Betreuung. Die Internen verbringen das Wochenende in der Familie. Schüleraustausch mit England, Frankreich und Spanien. Skifreizeit in Kl. 7 und Stufenfahrten nach Rom, Portugal und Malta. Sozialpraktikum SEA (soziales Engagement im Altenheim) in Kl. 10. 4 x Zeugnisse in einem Schuljahr.

F+U Internat

Name und Anschrift:
F+U Internat
Kurfürsten-Anlage 70, 69115 Heidelberg
Tel. 0 62 21/70 50 100
Fax 0 62 21/70 50 340
www.internat.fuu.de, internat.hd@fuu.de

Name des Trägers:
F+U Rhein-Main-Neckar gGmbH

Internatsleitung: Steffen Lang

Schulleitung:
F+U Heidelberger Privatschulcentrum (HPC): A. Sölter, B. Walden, Dr. E. Heinicke;
F+U Academy of Languages: K.-H. Rippel

Schulstatus:
F+U Heidelberger Privatschulcentrum (HPC): staatlich genehmigte/anerkannte Schulen. F+U Academy of Languages: private Sprachschule mit Prüfungszentrum & staatlich anerkanntem Berufskolleg für Fremdsprachen

Schularten:
Realschule, allgemeinbildendes Gymnasium, Berufliches Gymnasium verschiedener Richtungen, International Baccalaureate® Diploma Programme, Berufskollegs, Internationale Sprachschule

Konfession: nicht gebunden

Sprachenfolge:
vielfältiges und differenziertes Angebot

Internatsplätze: 40

Klassenstärke: 19 bis 25

Externe Schüler: ja

Kosten/Monat: € 2.500 – € 2.900
(inkl. Schulgebühren, Unterkunft, Verpflegung);
Preise für Tagesschüler auf Anfrage

Nebenkosten/Monat:
Schul- und Sprachkursgebühren auf Anfrage

Pädagogische Schwerpunkte/Besonderheiten:
Zentral gelegener Campus in Heidelberg mit internationaler Atmosphäre. Die InternatsschülerInnen besuchen eine der Sekundarschulen des Heidelberger Privatschulcentrums (HPC). SchülerInnen mit nicht ausreichenden Deutschkenntnissen erhalten an der F+U Academy of Languages intensiven Deutschunterricht als Vorbereitung auf den Schulbesuch.
Ganzjährige Aufnahme i. d. R. ab 16 Jahren, moderne Doppelzimmer inkl. Internet. Die intensive Rund-um-die-Uhr Betreuung (auch Wochenenden und Schulferien) ist auf die besonderen Bedürfnisse der InternatsschülerInnen ausgerichtet: Gemeinsame Organisation des Alltags in familiärer Gemeinschaft, Hausaufgabenhilfe, individuelle Betreuung & Lernbegleitung, gemeinsame Mahlzeiten. Vielfältige Sport- und Freizeitaktivitäten; Kursangebote wie z. B. „Model United Nations", Kreatives Gestalten, EDV.

Schule Birklehof

Name und Anschrift:
Schule Birklehof e. V.
Birklehof 1, 79856 Hinterzarten
Tel. 07652/1 22-22, Fax 07652/1 22-23
www.birklehof.de, aufnahme@birklehof.de

Name des Trägers:
Schule Birklehof e. V. (gemeinnützig)

Internatsleitung: Dr. Rolf Schuster
Aufnahmebüro: Nora Hegyi und Manja Simon

Schulleitung: Henrik Fass

Schulstatus: staatlich anerkannt

Schulart: Gymnasium

Schulische Ausrichtung:
musisch-künstlerisches (Musik), naturwissenschaftliches (NwT) und sprachliches Profil

Konfession: nicht gebunden

Sprachenfolge: Klasse 5: E, Klasse 6: L oder F, Profil in Klasse 8 bis 10: musisch-künstlerisch, naturwissenschaftlich oder sprachlich (mit E-L-Sp oder E-F-Sp)

Internatsplätze: ca. 150

Klassenstärke: 10–19

Externe Schüler/innen: ca. 70

Kosten: (Schuljahr 2018/2019) Schule und Internat: € 2.955,–/Monat zzgl. Nebenkosten; umfangreiches Stipendienprogramm.
Geschwisterrabatt: 2. Kind 50 %, jedes weitere 75 %

Nebenkosten/Monat: nach Verbrauch

Pädagogische Schwerpunkte/Besonderheiten: Ganzheitliches Bildungskonzept, ausgeprägte Schülermitverantwortung, betreute Studienzeit, Mentor/-in als persönliche Vertrauensperson, breites Angebot an Arbeitsgemeinschaften (v.a. Musik, Theater, Kunst, MINT, Rhetorik, (Outdoor-)Sport, Handwerk) und Diensten, erlebnispädagogisch gestaltete Unternehmungen mit Outward-Bound-Expedition, integrierte Cambridge-Kurse mit Zertifikatsprüfungen, ABRSM (international anerkannte Musikprüfung), Deutsch als Fremdsprache, Lese-Rechtschreib-Therapie, Deutsch-, Französisch- und Mathematik-Förderprogramm und Nachhilfe in den Kernfächern, Lerncoaching, Unterstützung bei Nachlernen, Sozialprojekte wie Sahelzone-Hilfsprojekt, Schullaufbahn-/Berufs- und Studienberatung, Schul- und Internatspsychologin, individualisiertes Studienkonzept, Teilnahme an Wettbewerben, aktives Schulnetzwerk, internat. Jugendprogramm „Duke of Edinburgh's International Award", Schüleraustausch mit über 200 Round-Square-Schulen weltweit.

Tag der offenen Tür: www.birklehof.de/news-termine
Ganzjährige Vereinbarung eines persönlichen Termins unter +49 7652 122-22

Der BIRKLEHOF

Internat und Gymnasium mit ganzheitlichem Bildungskonzept

Das Internatsgymnasium Birklehof mit seinen ca. 150 internen und 70 externen Plätzen verknüpft anspruchsvolle schulische Ausbildung mit umfassender Erziehung und Bildung der ganzen Persönlichkeit. Der Birklehof zeichnet sich durch ein sehr persönliches Miteinander in Schule und Internat wie auch durch ein breit gefächertes schulisches, außerunterrichtliches und freizeitbezogenes Angebot mit zahlreichen AGs und Diensten aus. Das hochmotivierte Lehrerkollegium, Unterricht, der Begegnung und Beteiligung herausfordert, kleine Klassen und Kurse, ein Klima der Fairness und das ganzheitliche Erziehungsprogramm tragen zum erfolgreichen Lernen für Kinder und Jugendliche am Birklehof bei. Das private Gymnasium Schule Birklehof e. V. ist staatlich anerkannt und richtet sich nach den Bildungsplänen und der Versetzungsordnung des Landes Baden-Württemberg.

Die meisten Lehrerinnen und Lehrer wohnen am Birklehof, betreuen die Internatshäuser und sind für die Schülerinnen und Schüler auch außerhalb des Unterrichts ansprechbar. Jedem Kind und Jugendlichen steht ein selbst gewählter Mentor als Begleiter und Berater in schulischen wie persönlichen Belangen zur Seite. Lerncoachs unterstützen in den Klassen 8 bis 10 und wahlweise in der Kursstufe die Schülerinnen und Schüler, das eigene Lernen zu begreifen und zu optimieren. Die Unterrichtsplanung trägt den Bedürfnissen junger Menschen Rechnung: Schulstunden am Samstagvormittag entlasten den Wochenplan, Abwechslung in den Anforderungen wird über eine Fächerrhythmisierung erreicht und „Birklehofstunden" wie Schulversammlung, Spielstunde, Cambridge English, Instrumentalklasse, Drama oder Outdoorsport profilieren das Programm jeder Klassenstufe und lockern den Schulalltag auf.

Die Schule Birklehof bietet neben dem musisch-künstlerischen und dem sprachlichen Profil auch ein naturwissenschaftliches Profil, inklusive MINT-Exzellenz-Förderung, an.

Breite Entfaltungsmöglichkeiten

Der Birklehof, eingebettet in die Natur des Hochschwarzwalds und umgeben von der internationalen Kultur des Dreiländerecks, liegt am Rande der heilklimatischen Kurorte und Wintersportzentren Hinterzarten und Breitnau auf 900 m ü. d. M. Er ist ein idealer Ausgangspunkt für Outdooraktivitäten wie Skifahren, Snowboarden, Klettern oder Mountainbiken, daneben stehen Ballsportarten, Golf, Badminton, Hockey oder Rugby zur Auswahl. Das 25 km entfernte Freiburg ist mit dem Zug gut zu erreichen.

Das weit gefächerte musisch-künstlerische Angebot umfasst u. a. Gesangs- und Instrumentalunterricht, Bigband, Ensembles, Chor, Theater, Video oder Malerei. Das Birklehof-Musikhaus mit Übungsräumen und eigenem Konzertsaal wird für vielfältige Auftritte der Schülerinnen und Schüler genutzt.

In Arbeitsgemeinschaften wie Politik oder Rhetorik entfalten die Kinder und Jugendlichen ebenso ihre Fähigkeiten wie in Diensten, etwa im Bibliotheksteam oder im Schulversammlungskomitee.

Schüleraustausch mit rund 200 Round-Square-Schulen weltweit, kultur- und erlebnispädagogische Fahrten, Vorträge sowie die Teilnahme am Sahelprojekt „Schüler helfen Schülern" ermöglichen wertvolle Begegnungen und Erfahrungen.

Schloss-Schule Kirchberg

Name und Anschrift:
Schloss-Schule Kirchberg
Schulstraße 4, 74592 Kirchberg/Jagst
Tel. 0 79 54/98 02-0
Fax 0 79 54/98 02-15
www.schloss-schule.de
info@schloss-schule.de
FB: www.facebook.com/
SchlossSchuleKirchberg

Name des Trägers:
Stiftung Schloss-Schule
Kirchberg an der Jagst

Internatsleitung: Melanie Wies

Gesamtleitung: Helmut Liersch

Schulstatus:
staatlich anerkannte Schule
in freier Trägerschaft

Schularten: Gymnasium; Grund- und Realschulbesuch möglich

die internate VEREINIGUNG e.V. VDP

Schulische Ausrichtung:
naturwissenschaftlich-technische bzw. theaterpädagogische Ausrichtung

Konfession:
nicht gebunden

Sprachenfolge:
E ab Klasse 5
F/L ab Klasse 6

Internatsplätze: gesamt 100

Klassenstärke: max. 20

Externe Schüler: ca. 240

Kosten/Monat: ca. € 2.400,–

Nebenkosten/Monat: ca. € 100,–

Pädagogische Schwerpunkte/Besonderheiten:
Ganzheitliche Bildung und Erziehung, intensive Betreuung, individuelle Förderung, internationale Ausrichtung, methodisches und soziales Lernen, stärkenorientierte Berufs- und Studienvorbereitung; AGs: Reiten, Basketball (Kooperation mit Bundesligisten Crailsheim Merlins), Theater, Orchester, Chor, klassisches Ballett/Modern Dance, Sozialdienste, Fußball, Volleyball,Golf, Bogenschießen, Klettern, American Football ...; Schulpartnerschaften mit Polen, Frankreich, England; kulturelles Angebot in der „fabrik".

Tag der offenen Tür: Februar / März (genauer Termin unter www.schloss-schule.de).

Innovative Wege und nachhaltiges Lernen – fürs Leben!

SCHLOSS-SCHULE KIRCHBERG
Leben. Lernen. Arbeiten.

Unterricht in kleinen Klassen, engagierte Lehrer und Erzieher auf Augenhöhe mit den (Internats-)Schülern, eine moderne, digitale Ausrichtung und Ausstattung sowie die Fokussierung auf individuelle Begabungs-förderung. Dies ist an der Schloss-Schule Kirchberg (1914 gegründet) selbstverständlich!

Das staatlich anerkannte Internatsgymnasium setzt auf Konzepte für nachhaltiges Lernen! Ein Lernen, das dem Lerntempo und Lernverhalten des jeweiligen Schülers entspricht und das an persönlichen Schwächen arbeitet und zugleich Stärken fördert.

Die etwas anderen Schulkonzepte

Mit dem „SKIL"-Modell, kurz für „Schloss-Schule Kirchberg – Individuelles Lernen", wird für die Klassen 5 bis 7 in einem notenfreien Raum dort angesetzt, wo die individuellen Interessen liegen. Zudem erhalten dank 10plus, der besonderen 10. Klasse, auch Realschüler und Schüler mit anderer Vorbildung hier die Chance, die Allgemeine oder FH-Hochschulreife zu erlangen.

Internat Schloss-Schule Kirchberg: Gemeinschaft heißt Wertschätzung

In unserer Schul- und Internatsgemeinschaft begegnet man sich mit Wertschätzung und Respekt und unterstützt die Kinder dabei, Verantwortung für sich und andere zu übernehmen. Konflikte fair zu lösen und zu eigenen Fehlern zu stehen, steht im Zentrum der Arbeit im Internatsrat. Die Beziehungskultur an der Schloss-Schule lebt davon, für andere da zu sein.

Gleichzeitig unterstützen wir die Internats-Schüler in ihrem Alltag, indem wir ihnen einen strukturierten Tagesablauf mit festen Lern- und Freizeiten und einer verlässlichen und intensiven Betreuung durch Mentoren, Erzieher und Lehrer- Erzieher bieten.

Lebensnah und zeitgemäß

Das Internat Schloss-Schule Kirchberg, an dem ca. 100 Internatsschüler leben, ist durch den täglichen Kontakt mit den Ortsschülern und den Angeboten in und um das idyllische Städtchen Kirchberg ein Ort des Wohlfühlens, der in das Ortsleben eingebunden ist. Zugleich ist das Internat ein Ort des Lernens, der Gemeinschaft, aber auch der individuellen Entwicklung und Lebensgestaltung. Denn Schule ist wichtig – Abschalten und eigenen Interessen in AGs oder der Freizeit nachzugehen aber auch! Hier wird die Lebensrealität der Kinder und Jugendlichen berücksichtigt, weshalb die Schloss-Schule sich den digitalen Medien bewusst nicht verschließt, sondern die Schüler altersgemäß kritisch und konstruktiv begleitet.

Gemeinsam mit den Eltern bildet das Internat Schloss-Schule eine Erziehungspartnerschaft mit stetem Austausch. Gerade die Heimfahrwochenenden sind für einen entspannten Kontakt zur Familie elementar, weshalb außerhalb der 14-tägigen Heimfahrten auch eine regelmäßige Heimkehr an jedem Wochenende möglich ist.

Sie haben noch Fragen oder möchten uns besuchen?

Kontaktieren Sie uns gerne!

Evangelisches Schulzentrum Michelbach

Evangelische Internate Deutschlands

Name und Anschrift:
Evangelisches Schulzentrum Michelbach
Hagenhofweg 35
74544 Michelbach an der Bilz
Tel. 07 91/9 30 16-0
Fax 07 91/9 30 16-63
www.eszm.de, info@eszm.de

Name des Trägers: Schulstiftung der Evang. Landeskirche Württemberg

Internatsleitung: René Wahl

Schulleitung:
Gymnasien: OStD iK Ralph Gruber
Realschule: Rektor iK Achim Meindel

Schulstatus: freie Schule mit staatlich anerkannten Abschlüssen (Mittlere Reife, Abitur)

Schularten: Aufbaugymnasium (Klasse 8–13), Gymnasium und Realschule

Schulische Ausrichtung:
Gymnasiumund Aufbaugymnasium:
3 Profile: Musik;Religion/Diakonie; NaTuR (Naturwissenschaft,Technik und Religion) jeweils als versetzungsrelevantes Hauptfach.
Realschule:
Wahlpflichtfach Französisch oder Diakonie.
Unicorns Academy:
erste schulische Academy für American Football in Kooperation mit den Schwäbisch Hall Unicorns

Konfession: nicht gebunden, evangelischer Religionsunterricht Pflicht

Sprachenfolge: E-F, im ABG ab Kl. 11 Sp

Internatsplätze: w.: 60, m.: 60

Klassenstärke: 10–30

Externe Schüler: 465

Kosten/Monat:
Internat:
mit BaföG - Unterstützung einkommensabhängig zwischen € 543,– und € 1.450,–;
Ganztagesschule: € 239,–
Betreuung und Verpflegung

Pädagogische Schwerpunkte/Besonderheiten:
Gebundene Ganztagesschule; Anleitung Themenunterricht, Lernwerkstatt und Methodencurriculum; breites Angebot von Workshops; Mentorenkonzept; hauseigene Musikschule; musischer Schwerpunkt Klasse 5–7; individuelle Förderung in den Schwerpunktfächern; American Football in der Unicorns Academy in Kooperation mit der TSG Schwäbsich Hall e.V.

Tag der offenen Tür: 23.02.19, 13 Uhr, Schloss Michelbach, Schlossweg 7; Hauptaufnahmetermin 17.05. ganztätig; flexible Aufnahmen möglich.

Zinzendorfinternat

die internate
VEREINIGUNG e.V.

Evangelische Internate Deutschlands

Name und Anschrift:
Zinzendorfschulen
Mönchweilerstraße 5, 78126 Königsfeld
Tel. 0 77 25/93 81 60
Fax 0 77 25/93 81 29
www.zinzendorfschulen.de
www.zinzendorfinternat.de
info@zinzendorfschulen.de

Name des Trägers:
Evangelische Brüder-Unität

Schulleitung: Johannes Treude, OStD,
Tel. 0 77 25/93 81-60

Schulstatus:
staatlich anerkannte Privatschulen

Schularten:
- Allgemeinbildendes Gymnasium
  8-jähriger Bildungsgang (G8)
  9-jähriger Bildungsgang (G9)
- Realschule
- Sozialwissenschaftliches Gymnasium
- Wirtschaftsgymnasium
- 2-jährige Berufsfachschule
  – Hauswirtschaft und Ernährung
  – Wirtschaft
- Erzieherausbildung

Schulische Ausrichtung:
Gymnasien mit Profil Naturwissenschaften, Sprachen, Kunst und Mediengestaltung, Pädagogik/Psychologie oder Wirtschaft.
Realschule mit den Wahlpflichtfächern Technik bzw. Alltagskultur, Ernährung und Soziales.
Fachschulreife, Ausbildung zum/zur Erzieher/in bzw. zum/zur Jugend- und Heimerzieher/in mit Fachhochschulreife.

Konfession: nicht gebunden

Sprachenfolge: E-F, E-F-Sp
L als spätbeginnende Fremdsprache

Internatsplätze: ca. 70

Klassenstärke: ca. 20–25

Externe Schüler: ca. 900

Kosten/Monat: ca. € 1.770,– bis € 2.000,–

Nebenkosten/Monat: individuell

Pädagogische Schwerpunkte/Besonderheiten:
Durchlässigkeit zwischen den Schularten für individuelle schulische Wege bis zum Abitur, intensive Lernunterstützung, Kunst, Theater, Musik, Sport, Golfinternat.

Tag der offenen Tür: Besichtigung nach Absprache.

Ev. Seminar Maulbronn

Gymnasium mit Internat

Name und Anschrift:
Ev. Seminar Maulbronn
Klosterhof 16, 75433 Maulbronn
Tel. 0 70 43/9 55 09-0
Fax 0 70 43/9 55 09-15
www.seminar-maulbronn.de
info@seminar-maulbronn.de

Name des Trägers:
Evangelische Seminarstiftung

Internats- und Schulleitung:
Ephorus Gerhard Keitel, Kontaktaufnahme unter Tel. 0 70 43/9 55 09-0, info@seminar-maulbronn.de

Schulstatus:
Staatliches Gymnasium mit kirchlichem Internat

Schularten:
Staatliches Gymnasium für die Klassen 9–12

Evangelische Internate Deutschlands

Schulische Ausrichtung:
Griechisch ab Klasse 9, Musikförderung, Theologie und europäische Kulturtradition

Konfession: evangelisch

Sprachenfolge:
E-L oder E-F in beliebiger Folge

Internatsplätze: gesamt 100

Klassenstärke: max. 25

Externe Schüler: keine

Kosten/Monat: € 250,– für Stipendiaten (Normalfall) ansonsten einkommensabhängig

Nebenkosten/Monat: Fahrgeld, außerunterrichtliche Aktivitäten

Pädagogische Schwerpunkte/Besonderheiten: Das Seminar Maulbronn ermöglicht talentierten Jugendlichen aufgrund des einzigartig pädagogischen Konzepts, der Schwerpunktfächer (Musik, Theologie, Griechisch) und des Zusammenlebens in einer christlich geprägten Gemeinschaft eine exzellente Schulausbildung und Teamfähigkeit sowie einen selbstbewussten Start in das Leben: überdurchschnittlich gute Abiturschnitte, Sportaktivitäten und ein umfangreiches Exkursionsangebot, Chor, Orchester und Instrumentalunterricht, Förderangebote – auch für leistungsstarke Schüler – und kleine Klassen- und Kursgrößen.

Tag der offenen Tür: Samstag, 21. März 2020 von 13–17 Uhr mit anschließendem Konzert des Seminarchores. Schnuppertage sind jederzeit nach Absprache möglich.

Ev. Seminar Blaubeuren

Name und Anschrift:
Ev. Seminar Blaubeuren
Klosterhof 2, 89143 Blaubeuren
Tel. 0 73 44/96 26 12
Fax 0 73 44/96 26 96
www.seminar-blaubeuren.de
ephorat@seminar-blaubeuren.de

Name des Trägers:
Evangelische Seminarstiftung Stuttgart

Internats- und Schulleitung:
Ephorus Dr. Henning Pleitner,
ephorat@seminar-blaubeuren.de

Schularten/Schulstatus:
Staatliches allgemeinbildendes Gymnasium der Klassen 9–12 mit von der Evangelischen Seminarstiftung Stuttgart getragenem Internat

Schulische Ausrichtung:
Religion, Musik, alte Sprachen, Persönlichkeitsbildung

Evangelische Internate Deutschlands

Konfession:
evangelisch, andere auf Anfrage möglich

Sprachenfolge:
E, L, Gr (F), (Hebr.)
E, F, Gr (L), (Hebr.)

Internatsplätze:
gesamt 100

Klassenstärke: max. 25

Externe Schüler: keine

Kosten/Monat:
€ 250,– Stipendiaten (Normalfall)
ansonsten einkommensabhängig

Nebenkosten/Monat:
Fahrgeld

Pädagogische Schwerpunkte/Besonderheiten:
Begabungsförderung, Musik (Chor, Orchester, Big Band), fachübergreifender Seminarkurs, Curriculum Persönlichkeitsentwicklung, Leben in historischer Umgebung, jährliche Studienreise, weit überdurchschnittliche Abiturergebnisse.

Tag der offenen Tür:
Informationen auf der Homepage.
Schnuppertermine jederzeit auf telefonische Anfrage.

Musisches Internat Martinihaus

Name und Anschrift:
Musisches Internat Martinihaus
Sprollstr. 27, 72108 Rottenburg
Tel. 0 74 72/98 41-0
Fax 0 74 72/98 41-11
www.martinihaus.de
info@martinihaus.de

Verband Katholischer Internate und Tagesinternate

Name des Trägers:
Stiftung St. Martinus/Diözese Rottenburg-Stuttgart

Internatsleitung:
Bernd Gräf, Stiftungsdirektor

Schularten:
Städt. Trägerschaft = Hohenbergschule: Hauptschule und Werkrealschule, Kreuzerfeld-Realschule, Eugen-Bolz-Gymnasium, Paul-Klee-Gymnasium, Gemeinschaftsschule in Rottenburg-Ergenzingen, Berufliche Schulen, Weggentalschule (Förderschule)
Kirchl. Trägerschaft = St. Meinrad: Gymnasium, Carl-Joseph-Leiprecht-Schule: Haupt- und Gemeinschaftsschule, St. Klara: Mädchenrealschule, Progymnasium, Gymnasium

Schulische Ausrichtung:
Entsprechend der Profilierung unserer Partnerschulen (siehe Schularten). Insgesamt sehr vielseitige Profilierung aller Schularten (Sprachenfolge, Kunst, Sport, Naturwissenschaft/Technik und Wirtschaft)

Konfession:
nicht gebunden

Sprachenfolge:
sehr vielfältiges und differenziertes Angebot

Internatsplätze:
Für 50 Jungen und Mädchen

Externe Schüler:
Schülertagesstätte und Grundschulhort für Mädchen und Jungen – Klasse 1–13

Kosten/Monat:
Einkommensabhängig, nach Vereinbarung

Pädagogische Schwerpunkte/Besonderheiten:

Grundlage unserer Pädagogik ist der Marchtaler Internatsplan. Darin wird das Lernen mit „Kopf, Herz und Hand" als ein Schwerpunkt definiert. Hierbei ist die **Lernzeit**, die sich durch **individuelles Lernen** in Kleingruppen auszeichnet, ein zentrales Element.

Das katholische Freie Gymnasium St. Meinrad und die katholische Freie Grund- und Gemeinschaftsschule Carl-Joseph-Leiprecht arbeiten nach dem gleichen Konzept entsprechend dem „Marchtaler Plan".
Neben den **konfessionellen Schulen** arbeiten wir auch sehr eng und vertraut mit den **staatlichen Schulen** der Raumschaft Rottenburg zusammen.

Durch unser ganzheitliches Bildungs- und Erziehungskonzept begleiten wir die Kinder und Jugendlichen in einer **familiären Atmosphäre** auf ihrem Weg zu einer **lebensbejahenden Persönlichkeit**.
Dabei ist unser **musisches** Profil, welches sich in der Chorarbeit (Stimmbildung, Chorproben, Musicalaufführungen, Instrumentalunterricht, ...), im künstlerisch-handwerklich-kreativen Bereich und im Sport zeigt, ein wichtiges Element.

Außerhalb der Ferienzeit bieten wir durchgängig eine verlässliche **Wochenendbetreuung** an.

Schnuppertage: Jederzeit nach Vereinbarung möglich.

Konvikt Rottweil

humanistisch-musisches Internat

EINE EINRICHTUNG DER MARCHTALER INTERNATE
MIT KOPF, HERZ UND HAND

Verband Katholischer Internate und Tagesinternate

Name und Anschrift:
Konvikt Rottweil,
humanistisch-musisches Internat
Johannsergasse 1, 78628 Rottweil
Tel. 07 41/53 27-0
Fax 07 41/53 27-41
www.konvikt-rottweil.de
info@konvikt-rottweil.de

Name des Trägers:
Diözese Rottenburg-Stuttgart

Internatsleitung:
Direktor Dr. Ulrich Fiedler

Schularten: Unsere Schüler besuchen die öffentlichen Schulen der Stadt Rottweil: 3 allgemeinbildende Gymnasien (altsprachlich, neusprachlich, mathematisch-naturwissenschaftlich), Berufliche Gymnasien (WG, SG, TG, Biotechnologisches Gymnasium), Realschule, Werkrealschule

Schulische Ausrichtung:
Gymnasium, Realschule, Werkrealschule

Konfession: kath./ev./andere

Sprachenfolge:
ab Klasse 5: E; ab Klasse 6: F, L;
ab Klasse 8: F, Sp, I, L, Gr;
ab Klasse 9: Hebr.; ab Klasse 10: F, Sp

Internatsplätze: 50

Externe Schüler:
Schülertagesstätte mit Hausaufgabenbetreuung

Kosten/Monat:
ab € 590,– (einkommensabhängig)

Nebenkosten/Monat:
einmalige Aufnahmegebühr € 200,–

Pädagogische Schwerpunkte/Besonderheiten:
Arbeit nach dem ganzheitlich orientierten Marchtaler Internatsplan, Arbeitsgemeinschaften in den Bereichen Religion, Kultur und Sport, breites Freizeitangebot, intensive Hausaufgabenbetreuung, Musikunterricht und Band.

NEU! Seit dem Schuljahr 2018/2019 besteht außerdem eine enge Kooperation mit dem Musikgymnasium Trossingen.

Tag der offenen Tür: Samstag, 1. Februar 2020

Urspringschule

Name und Anschrift:
Urspringschule
Urspring 1, 89601 Schelklingen
Tel. 0 73 94/2 46-11, Fax 0 73 94/2 46-60
www.urspringschule.de
info@urspringschule.de
www.facebook.com/Urspringschule

Name des Trägers: Stiftung Urspringschule

Internatsleitung:
Dipl.-Soz. Päd. (FH) Daniel Leichtner

Vorstand und Leiter:
PD Dr. Rainer Wetzler

Schulstatus: staatlich anerkannte Schule in freier Trägerschaft

Schularten:
Grundschule nach Montessori (Kl. 3 – 4)
Gymnasium (G8) mit Aufbaugymnasium (G9)

Urspring
Macht Schule. Und mehr.

Schulische Ausrichtung:
math.-naturwissenschaftlich

Konfession: ohne Konfessionsbeschränkung

Sprachenfolge:
E (ab Klasse 5), F oder L (ab Klasse 6)

Internatsplätze: ca. 130

Klassenstärke: Ø 16 Schüler/innen

Externe Schüler: ca. 100

Kosten/Monat: € 2.830,–

Nebenkosten/Monat: variabel

Pädagogische Schwerpunkte/Besonderheiten: Die ehemalige Klosteranlage Urspring ist ein Ort gemeinsamen Lebens und Lernens für ca. 215 Schüler/-innen aus aller Welt. Lernen fürs Leben in einem familiären Umfeld mit sehr hoher Betreuungsqualität und individueller Förderung: allgemeinbildendes Gymnasium und Aufbaugymnasium • Doppelqualifikation „Abitur und Gesellenbrief" (3 Berufe: Schreiner, Maßschneider, Feinwerkmechaniker) • Quereinstieg aus anderen Schulformen möglich • Abiturvorbereitungskurse • Kurzzeitangebot „Bed & School" • Mittagsprogramm, Werkstattunterricht und Arbeitsstunden • Internationale Ausrichtung
Urspring macht Schule. Und Mehr: Basketballleistungszentrum • musische Förderung • erlebnisreiche Freizeitgestaltung (Reiten, Feuerwehr etc.) • Sozialprojekte und non-formale Bildungsangebote • ggf. unterstützende therapeutische Angebote • Förderung bei LRS, Legasthenie und Dyskalkulie

Tag der offenen Tür:
Vereinbaren Sie Ihren individuellen Beratungstermin. Gerne auch mit Probeaufenthalt.

Salem

Name und Anschrift:
Schule Schloss Salem
88682 Salem
Tel. 07553 919-352
www.schule-schloss-salem.de
aufnahme@schule-schloss-salem.de

Name des Trägers:
Schule Schloss Salem gGmbH

Schulleitung:
Bernd J. Westermeyer

Schulstatus:
staatlich anerkanntes Internatsgymnasium in freier Trägerschaft

Schularten: Gymnasium (Abitur oder IB), außerdem gymnasialer Aufbauzweig10*Plus*

Schulische Ausrichtung:
neusprachlich, math.-naturwissenschaftlich, musisch

Konfession: evangelischer und katholischer Religionsunterricht sowie Ethik

Sprachenfolge:
Klasse 5: E; Klasse 6: L oder F;
Klasse 8: Sp/F/L oder
Naturwissenschaften & Technik (NWT)

Internatsplätze: max. 600

Klassenstärke: zwischen 10 und 20

Kosten/Monat: Ø € 3.500,–

Nebenkosten/Monat: variabel

Pädagogische Schwerpunkte/Besonderheiten:
Die Schule Schloss Salem steht als Internat seit 1920 für den Anspruch, Persönlichkeiten zu bilden, die bereit und in der Lage sind, Verantwortung für das eigene Leben, aber auch für andere Menschen zu übernehmen. Neben einem soliden schulischen Fundament, das zum deutschen Abitur oder über rein englischsprachige Klassen zum International Baccalaureate Diploma führt, erwächst das besondere Verantwortungsbewusstsein der Schülerschaft aus der gemeinsam zu organisierenden multinationalen Internatsgemeinschaft sowie aus verpflichtenden Einsatzdiensten (Sanitätsdienst, THW, Nautik, Feuerwehr) und sozialen Diensten in Altersheimen, Förderschulen etc. Gefördert werden ferner handwerkliche, musische und sportliche Begabungen, und rund 20% aller Schüler sind Leistungsstipendiaten. 3 altersgemäße Summer Schools erlauben einen Einblick ins Internatsleben.

Tag der offenen Tür: 6.4.2019
Schnuppertage:
4. bis 6.4.2019, 2. bis 4.5.2019, 30.5. bis 1.6.2019, 27. bis 29.6.2019.
Salem International Summer Schools: 20.7. bis 4.8.2019

Unsere Ziele

In Salem bilden Internat und Schule eine Einheit – und damit den bereichernden, wertebewussten und anspruchsvollen Rahmen für die umfassende Persönlichkeitsentwicklung jeder einzelnen Schülerin und jedes einzelnen Schülers.
Unser ganzheitlich geprägtes Bildungs- und Erziehungskonzept zielt auf die kognitive und intellektuelle Entwicklung unserer Schüler, ohne soziale, musisch-kreative und sportliche Lern- und Erfahrungsfelder geringer zu gewichten. Salemer Schülerinnen und Schüler übernehmen Verantwortung ...

- zunächst für sich selbst, für die engagierte Entwicklung ihrer eigenen Kenntnisse, Fähigkeiten und Begabungen;
- sodann für die Belange der Internatsgemeinschaft, die ihren Alltag prägt;
- darüber hinaus für aktuelle Herausforderungen, die sich in Politik, Gesellschaft, Wirtschaft, Umwelt und Kultur aus weltbürgerlicher Perspektive stellen.

Unser Profil

- staatlich anerkanntes Internatsgymnasium für die Jahrgangsstufen 5 bis 12
- Abschlüsse: Abitur oder International Baccalaureate Diploma (IB)
- max. 600 Internatsplätze
- Schüler und Schülerinnen aus über 40 Nationen
- Mehr als 20 Prozent der Schülerschaft erhalten ein Stipendium, das sich am Einkommen und den Vermögensverhältnissen der Eltern orientiert
- die Jahrgangsstufen 5 bis 10 finden sich am Gründungsstandort Schloss Salem; die internatliche Unterbringung erfolgt in Doppeljahrgängen (5 & 6; 7 & 8; 9 & 10); Integrierte Sprachschule für Schüler der Jahrgangsstufen 5 und 6 mit geringen Deutschkenntnissen; ab Jahrgangsstufen 8 Anwahl rein englischsprachiger Klassen zur Vorbereitung auf das IB möglich (Unterrichtsinhalte gemäß regulärem Unterrichtscurriculum des Landes BW)
- die Jahrgangsstufen 11 und 12 (Salem International College) finden sich auf Schloss Spetzgart und auf dem Campus Härlen bei Überlingen und schließen mit dem Abitur oder IB ab (Entscheidung nach der Jahrgangsstufe. 10). Möglich ist für neue Schüler mit Mittlerer Reife auch der Einritt in den gymnasialen Aufbauzweig, der über drei Jahre zum Abitur führt.
- Sprachliches, naturwissenschaftliches oder musisches Profil ab Jahrgangsstufe 8
- intensive Studien- und Berufswahlvorbereitung ab Jahrgangsstufe 9
- Hausaufgabenbetreuung, individuelle Förderung
- Pädagogen-Schüler-Verhältnis 1:6; Klassengröße: 10 bis 20;
- Größe der Internatsgruppen: 12 bis 18. Größe Wohngruppen Oberstufe: 15 bis 24
- ausgeprägte Schüler-mit-Verantwortung in Schule und Internat
- 19 soziale Dienste; 20 Sportarten; 22 Lehrer für Instrumentalunterricht; 11 handwerklich-kreative Innungen; breites Outdoor-Programm; mehr als 50 Partnerschulen weltweit mit entsprechenden Austauschmöglichkeiten
- eigener Bodenseehafen mit Segelbooten und Seekajaks; eigenes Hallenbad
- Gründungsmitglied von Round Square, einem Verbund aus annähernd 200 Schulen aller Kontinente, die sich an der Pädagogik Kurt Hahns orientieren
- Mitglied in der G30-Vereinigung exzellenter internationaler Modellschulen
- Salem Kolleg: Orientierungsjahr zur Studium- und Berufswahl nach dem Schulabschluss möglich (www.salemkolleg.de)

Die Aufnahme von Schülerinnen und Schülern

An der Schule Schloss Salem werden Kinder und Jugendliche aufgenommen, die erwarten lassen, dass sie sich den akademischen und den besonderen internatlichen Anforderungen Salems engagiert stellen: In Salem sind nicht nur schulische, sondern auch wichtige außerunterrichtliche Veranstaltungen wie Dienste, Innungen oder auch zusätzlicher Sport verpflichtend. Außerdem wird erwartet, dass die Schülerinnen und Schüler innerhalb der Internatsgemeinschaft Aufgaben und damit soziale Verantwortung übernehmen. Für eine erfolgreiche Bewerbung im Hinblick auf den gymnasialen Abiturzweig wird die sichere Beherrschung der deutschen Sprache in Wort und Schrift vorausgesetzt. Im Hinblick auf die internationalen Klassen sowie das International Baccalaureate wird die Beherrschung der englischen Sprache in Wort und Schrift erwartet. Der Eintritt kann in die Jahrgänge 5 bis 11 erfolgen, ein Eintritt in die Jahrgangsstufen 12 ist nur ausnahmsweise möglich. Eine Aufnahme während des laufenden Schuljahres ist in begründeten Fällen möglich. Für jede Jahrgangsstufe gelten spezifische Aufnahmebedingungen. Weiterführende Informationen finden sie auf unserer Website: www.schule-schloss-salem.de. Gerne beraten Sie die Mitarbeiterinnen der Schüleraufnahme auch persönlich + 49 7553 919 352 oder aufnahme@schule-schloss-salem.de

Landesgymnasium für Hochbegabte

Name und Anschrift:
Landesgymnasium für Hochbegabte mit Internat und Kompetenzzentrum
Universitätspark 21,
73525 Schwäbisch Gmünd
Tel. 0 71 71/10 43 81 00
Fax 0 71 71/10 43 82 00
www.lgh-gmuend.de, info@lgh-gmuend.de

Schulstatus/Name des Trägers:
Staatliche Schule in Trägerschaft des Schulverbands Landesgymnasium für Hochbegabte

Internatsleitung: Heidi Arnau

Schul- und Gesamtleitung:
Dr. Christoph Sauer

Leitung des Kompetenzzentrums:
Dr. Frank Prietz

Schularten: Gymnasium (G8)
7–12 mit 12 Klassen

Schulische Ausrichtung:
Hochbegabtenförderung

Konfession:
Ev. und kath. Religionsunterricht, Ethik

Sprachenfolge:
E, L, F in beliebiger Folge; dritte und vierte Fremdsprache: Sp, F, I, L, Gr in beliebiger Reihenfolge; Additumangebot: A, Chin., R

Internatsplätze: 240

Klassenstärke: max. 24

Externe Schüler:
ca. 4 pro Klasse

Kosten/Monat:
€ 505,– (in 11 Monatsraten; bei Vorliegen der Voraussetzungen können Zuschüsse nach den BAföG-Richtlinien gewährt werden)

Nebenkosten/Monat: € 20,–

Pädagogische Schwerpunkte/Besonderheiten: Campusschule; Aufnahme nach Intelligenzdiagnostik und Auswahlverfahren (80 % der Plätze für Schülerinnen und Schüler aus Baden-Württemberg); Potentialgruppierung, Akzeleration, Enrichment und Mentoring als Grundprinzipien aller unterrichtlichen und außerunterrichtlichen Förderangebote; Strukturierung des Schulalltags in Fundamentum und Additum, ganzheitliche Bildungsangebote mit Möglichkeiten zur Spitzenförderung; Kooperation mit Universitäten und Hochschulen, MINT-EC-Schule, Schüleraustauschprogramme.

Tag der offenen Tür: 18. Januar 2020

Kolleg St. Blasien

Internationales Jesuitengymnasium mit Internat für Jungen und Mädchen

Name und Anschrift:
Kolleg St. Blasien e. V.
Fürstabt-Gerbert-Str. 14, 79837 St. Blasien
Tel. 0 76 72/2 70, Fax 0 76 72/2 72 71
www.kolleg-st-blasien.de
info@kolleg-st-blasien.de
www.facebook.com/kolleg.st.blasien
www.twitter.com/kollegstblasien

Name des Trägers:
Kolleg St. Blasien e.V.

Kollegsdirektor:
P. Klaus Mertes SJ

Internatsleitung: Marlies Woerz
(ab Schuljahr 2019/20: P. Marco Hubrig SJ)

Schulleitung: StD Michael Becker

Schulstatus: staatlich anerkannt

Schularten:
Internationale Jesuitenschule,
Gymnasium mit Aufbaugymnasium

Kolleg St. Blasien

Verband Katholischer Internate und Tagesinternate

Schulische Ausrichtung: Jesuitenschule mit alt-/neusprachlichem und naturwissenschaftlichem Profil, internationale Euroklasse mit DaF

Konfession: kath./ev.

Sprachenfolge: Ab Klasse 5: E und F oder L; Ab Klasse 8: Sp oder Chin. oder Gr oder NWT

Internatsplätze: 260

Klassenstärke: ca. 25

Externe Schüler: 580

Kosten/Monat: € 2.140,–; ab Einstieg in KS 10 € 2.340,– Stipendien möglich

Nebenkosten/Monat:
Taschengeld nach Altersstufe

Pädagogische Schwerpunkte/Besonderheiten:
Erziehung auf der Grundlage des christlichen Menschenbildes und der Tradition des Jesuitenordens: Sorge um den Einzelnen, Stärkung der Fähigkeit zur kritischen Reflexion, Auseinandersetzung mit Gott und Welt. Betreute Hausaufgabenzeiten, Sozialcurriculum, Sozialpraktikum, vielseitiges Freizeitangebot, sonntäglicher Gottesdienst, Besinnungstage. Kollegsbibliothek mit großem Lesesaal, eigener Sportverein, Musikhaus, Atelier/Kunstwerkstatt, English Debating, Kollegsfernsehen. Eigenes Zentrum für individuelle Begabungsförderung mit Angeboten für Schüler mit Sonderbegabungen und Unterstützungsprogrammen.

Tag der offenen Tür: Pfingstsamstag/-sonntag

Merz Internat (VDP-Europaschule)

Name und Anschrift:
Merz Internat
Albrecht-Leo-Merz-Weg 2, 70184 Stuttgart
Tel. 07 11/2 10 34-0
Fax 07 11/2 10 34-29
www.merz-internat.de, info@merz-schule.de

VDP

Name des Trägers:
Merz Internat gemeinnützige GmbH

Schul- und Internatsleitung:
OStD Konstantin Merz

Schulstatus: staatlich anerkannt

Schularten: Kindergarten, Grundschule, Hort, Gymnasium, Internat ab Klasse 5

Schulische Ausrichtung: Math.-naturw., NS II, NWT 1-Zug, MINT-freundliche Schule, Ganztagesschulzug in der Orientierungsstufe (Klasse 4–6), Eliteschule des Sports

Konfession: nicht gebunden

Sprachenfolge: E-L, E-F, E-NWT 1
3. Fremdsprache: Sp, L, F, NWT

Internatsplätze: max. 34

Klassenstärke: ca. 25

Externe Schüler: ca. 700

Kosten/Monat: € 1.838,–
ab Klasse 10: € 1.980,– (inklusive Schulbesuch, Unterkunft und Verpflegung)

Pädagogische Schwerpunkte/Besonderheiten: Internationale Belegung, intensive Hausaufgabenbetreuung, individuelle Stunden- und Förderpläne für Spitzen- und Leistungssportler (ggf. mit Beteiligung von Vereinen und Verbänden), schulbegleitende Sprachprogramme für ausländische Schüler (anerkanntes Sprachsiegel) und vertrauensvolle Kooperation mit den Ausländerbehörden, Unterricht in Rezitation und Rhetorik, Legasthenieförderung. Wochenendheimfahrt möglich, familiäre Betreuung, gemeinsame Freizeit- und Kulturaktivitäten: Skiausfahrten, Debattierclub, Streitschlichter, Musischer Nachmittag mit ca. 30 Neigungsgruppen, 6 Handwerkstätten, VDP-Europaschule, ausgezeichnet mit dem ASU-Umweltsonderpreis und als MINT-freundliche Schule. Die Merz Schule ist von der französischen Botschaft zur DELF-Prüfungsschule zertifiziert und vom Ministerium für Kultus, Jugend und Sport Baden-Württemberg als Mitglied im Verbund „Eliteschule der Sports“ und Partner des Olympiastützpunktes Stuttgart anerkannt. Abiturprüfung in Hockey und Tennis möglich. Die Merz Schule ist Mitglied bei der „Mars Society Deutschland e.V.“

Tag der offenen Tür: Samstag, 23. Februar 2019 von 10–14 Uhr

Heimschule Kloster Wald
– Gymnasium und Internat für Mädchen!

Name und Anschrift:
Heimschule Kloster Wald
Von-Weckenstein-Str. 2, 88639 Wald
Tel. 0 75 78/18 80, Fax 0 75 78/18 82 11
www.heimschule-kloster-wald.de
info@heimschule-kloster-wald.de

Name des Trägers:
Schulstiftung der Erzdiözese Freiburg

Internatsleitung: Dorothea Mangold

Schulleitung: OStD Hartwig Hils

Schulstatus: staatlich anerkannt

Schularten:
4. Klasse Grundschule,
5.–12. Klasse Gymnasium (G8)

Schulische Ausrichtung:
sprachliches und
naturwissenschaftliches Profil

Konfession: kath., ev., (konf. ungebunden)

Sprachenfolge: E oder E-L (Biberacher Modell) ab Klasse 5; F oder L ab Klasse 8

Internatsplätze: w.: 120

Klassenstärke: ca. 25

Externe Schüler: 450, Hort mit 65 Plätzen

Kosten/Monat:
Internatsbeitrag:
Kl. 4–10: € 1.092,–, Kl. 11 + 12: € 1.184,–
Schulgeld: € 50,–
Werkstattbeitrag (fakultativ ab Kl. 9): € 113,–
Hort (für externe Schülerinnen):
je nach Betreuungsumfang

Nebenkosten/Monat:
je nach Klassenstufe unterschiedlich für Taschengeld, Schul- und Freizeitbedarf

Besonderheiten: Umfassende Bildung von Kopf, Herz und Hand: Abitur und wahlweise Gesellenbrief (Werkstattausbildung ab 9. Klasse schulbegleitend) für Damenschneiderin, Holzbildhauerin, Schreinerin. Individuelle Förderung, Förderunterricht in Fremdsprachen für Quereinsteiger; breites musisches, theaterpädagogisches und sportliches Angebot; Religionsunterricht und Gottesdienstbesuch obligatorisch, soziale Dienste, Besinnungstage. Betreuung in kleinen Internatsgruppen, christliches Erziehungskonzept, betreute Studienzeit, Mentorinnenkonzept, umfassende Freizeit- und Wochenendgestaltung.

Tag der offenen Tür: Infotag jährlich am 3. Samstag im Januar; eine individuelle Terminvereinbarung ist jederzeit möglich.

Internate in

Bayern

94330 Aiterhofen
Angela-Frauendorfer-Internat
Schulgasse 9
Tel. 0 94 21/55 17 48

Realschule
(Mitglied im VKIT)

92224 Amberg
Internat des Max-Reger-Gymnasiums
Das Musische Internat
Kaiser-Wilhelm-Ring 7
Tel. 0 96 21/47 18 50

Gymnasium,
Kooperation: Realschule, Wirtschaftsschule

■ **ausführliche Angaben:
Seite 129 und Seite 30**

86152 Augsburg
Annakolleg
Internat und Hort für Mädchen und Jungen
Lange Gasse 11
Tel. 08 21/4 50 34 00

Haupt- und Realschule, Gymnasium

96047 Bamberg
Don Bosco Jugendwerk
Hornthalstr. 35
Tel. 09 51/9 65 70-0

Schülerheim

96049 Bamberg
Studienseminar AUFSEESIANUM
Aufseßstr. 2
Tel. 09 51/5 19 26-0

Hauptschule, Mittelschule,
Wirtschaftsschule, Realschule,
FOS, BOS, Gymnasium,
Berufsfachschule
(Mitglied im VKIT)

95448 Bayreuth
Markgräfin-Wilhelmine-Gymnasium
Königsallee 17
Tel. 09 21/7 99 91-0

Gymnasium

83471 Berchtesgaden
CJD Berchtesgaden
Gesundheit · Bildung · Beruf
Asthmazentrum und Diabeteszentrum
Buchenhöhe 46
Tel. 0 86 52/60 00-0

Grund- und Mittelschule,
Realschule,
Fachoberschule,
Gymnasium,
Berufsfachschule für Kinderpflege
und Internat

**83471 Berchtesgaden/
Schönau am Königsee**
CJD Christophorusschulen
Berchtesgaden
Am Dürreck 4
Tel. 0 86 52/60 40

Gymnasium,
Internat,
Fachoberschule

82335 Berg
Landschulheim Kempfenhausen
am Starnberger See
Münchner Straße 49–63
Tel. 0 81 51/3 62 60

Gymnasium,
gebundene Ganztagsschule,
offene Ganztagsschule,
Tagesheim,
Volksschülergruppe

■ **ausführliche Angaben:
Seite 130**

83098 Brannenburg
Institut Schloss Brannenburg, Staatlich anerkannte Private Realschule und Fachoberschule mit Internat für Knaben und Mädchen
Tel. 0 80 34/9 06 30

Realschule,
Fachoberschule

■ **ausführliche Angaben: Seite 134**

83339 Chieming
Landschulheim Schloss Ising am Chiemsee
Schlossstr. 3
Tel. 0 86 67/8 88 40

Gymnasium,
Offene Ganztagsschule,
Tagesheim,
Volksschülergruppe

■ **ausführliche Angaben: Seite 131**

94469 Deggendorf
Comenius-Gymnasium
Jahnstraße 8–10
Tel. 09 91/36 30-0

Gymnasium

■ **ausführliche Angaben: Seite 135**

85072 Eichstätt
Gabrieli-Gymnasium
Luitpoldstr. 40
Tel. 0 84 21/97 35-0

Musisches Gymnasium

■ **ausführliche Angaben: Seite 136**

82488 Ettal
Campus Ettal – Gymnasium und Internat der Benediktiner
Kaiser-Ludwig-Platz 1
Tel. 0 88 22/74 66 10

Gymnasium
(Mitglied im VKIT)

■ **ausführliche Angaben: Seite 137 und Seite 128**

94081 Fürstenzell
Heimvolksschule St. Maria
Passauer Str. 21
Tel. 0 85 02/80 60

Grund- und Mittelschule

97737 Gemünden
Theodosius-Florentini-Schule der Kreuzschwestern Gemünden
Kreuzstraße 3
Tel. 0 93 51/8 05-210

Gymnasium,
Realschule
(Mitglied im VKIT)

85567 Grafing
Landschulheim Elkofen im Collegium Augustinum
Leitenstr. 2
Tel. 0 80 92/2 32 12-0

Für Kinder mit ADS, ADHS,
Teilleistungsstörungen

87600 Kaufbeuren
Internat St. Maria Kaufbeuren
Kemnater Straße 23
Tel. 0 83 41/90 75 12

Realschule,
Gymnasium
(Mitglied im VKIT)

88161 Lindenberg im Allgäu
Humboldt-Institut Lindenberg
Ellgasserstr. 42
Tel. 0 75 22/9 88-0

Institut für Deutsch als Fremdsprache

■ **ausführliche Angaben: Seite 138 und Seite 26–27**

88161 Lindenberg im Allgäu
Gymnasium Lindenberg mit Humboldt-Internat
Blumenstr. 12
Tel. 0 75 22/9 88-0

Gymnasium

■ **ausführliche Angaben: Seite 139 und Seite 35**

87616 Marktoberdorf/Allgäu
Internat Marktoberdorf
Peter-Dörfler-Str. 10
Tel. 0 83 42/96 64-38 80

Gymnasium,
Realschule, Hauptschule

■ **ausführliche Angaben: Seite 140**

83250 Marquartstein
Pädagogisches Zentrum Schloss Niedernfels
Schlossstr. 39
Tel. 0 86 41/97 40-22

Grund- und Hauptschule
(Mitglied im VKIT)

83250 Marquartstein
Staatliches Landschulheim Marquartstein
Neues Schloss 1
Tel. 0 86 41/62 40

Gymnasium

87719 Mindelheim
Maria-Ward-Internat
Fuggerstr. 3
Tel. 0 82 61/7 31 30-0

Haupt- und Realschule,
Gymnasium
(Mädcheninternat)

82272 Moorenweis
Kath. Landschulheim Schloss Grunertshofen
V.-Pfetten-Füll-Str. 1
Tel. 0 81 46/9 20 80

Grund- und Mittelschule

81377 München
Studienseminar Albertinum – Tagesinternat
Westendstr. 300
Tel. 0 89/7 10 46 13

Grundschule,
Realschule,
Gymnasium
Tagesinternat – keine eigene Schule
(Mitglied im VKIT)

81679 München
Max-Josef-Stift
Staatliches Gymnasium für Mädchen
Röntgenstr. 18
Tel. 0 89/9 98 43 50

Gymnasium

83115 Neubeuern
Schloss Neubeuern
Internatsschule für Mädchen und Jungen
Schlossstr. 20
Tel. 0 80 35/9 06 20

Gymnasium

■ **ausführliche Angaben: Seite 141 und Seite 20–21**

92318 Neumarkt
Internat der Beruflichen Schulen
Haus St. Marien gGmbH
Badstr. 88, Tel. 0 91 81/4 73-0

Internat, Berufsfachschulen
(Mitglied im VKIT)

87561 Oberstdorf
Skiinternat Oberstdorf
Roßbichlstr. 6
Tel. 0 83 22/70 05 50

Sportinternat

94496 Ortenburg
Evangelische Realschule Ortenburg
Frauenfeld 5–7
Tel. 0 85 42/9 61 50

Realschule

91257 Pegnitz
Internat des Gymnasiums Pegnitz
Wilhelm-von-Humboldt-Str. 7
Tel. 0 92 41/4 83 33

Gymnasium

■ **ausführliche Angaben: Seite 144**

84341 Pfarrkirchen
Staatliches Schülerheim des
Gymnasiums Pfarrkirchen
Blumenhöhe 19
Tel. 0 85 61/9 71 02

Gymnasium

93055 Regensburg
Musikgymnasium der
Regensburger Domspatzen
Reichsstr. 22
Tel. 09 41/7 96 20

Gymnasium

93049 Regensburg
Privat Internat Pindl
Dechbettener Straße 13
Tel. 09 41/29 75 80

Gymnasium, Realschule, Wirtschaftsschule

83677 Reichersbeuern
Max-Rill-Gymnasium Schloss Reichersbeuern
Schlossweg 1–11
Tel. 0 80 41/78 71-0

Gymnasium

■ **ausführliche Angaben: Seite 142–143**

82401 Rottenbuch
Internat der Berufsfachschule für
Kinderpflege
Klosterhof 7–9
Tel. 0 88 67/91 12-0

Berufsfachschule für Kinderpflege,
Fachakademie für Sozialpädagogik
(Mitglied im VKIT)

82067 Schäftlarn
Internat und Tagesheim
der Abtei Schäftlarn
Kloster Schäftlarn
Tel. 0 81 78/79 20

Gymnasium
(Mitglied im VKIT)

■ **ausführliche Angaben:
Seite 145 und Seite 128**

91443 Scheinfeld
Internat Schloss Schwarzenberg
Schwarzenberg 14
Tel. 0 91 62/9 28 80

Realschule, Fachoberschule

■ **ausführliche Angaben:
Seite 146–147**

86938 Schondorf am Ammersee
Landheim Ammersee – Stiftung
Landheim Schondorf am Ammersee
Landheimstr. 1–14
Tel. 0 81 92/80 90

Gymnasialinternat und
Grundschulinternat

■ **ausführliche Angaben:
Seite 148–149 und Seite 16–17**

87645 Schwangau
Gymnasium mit Internat Hohenschwangau
Colomanstr. 10
Tel. 0 83 62/93 00 50

Gymnasium

■ **ausführliche Angaben: Seite 150**

86941 St. Ottilien
Tagesheim der Erzabtei St. Ottilien
St. Ottilien 31
Tel. 0 81 93/71-560

Gymnasium
(Mitglied im VKIT)

83371 Stein an der Traun
Schule Schloss Stein e.V.
Schlosshof 1
Tel. 0 86 21/80 01-1 14

Gymnasium

■ **ausführliche Angaben: Seite 151**

94315 Straubing
Tagesheim der Ursulinen –
Offene Ganztagsschule
in der Form der Tagesbetreuung
Burggasse 40
Tel. 0 94 21/99 23-0

Realschule, Gymnasium, Fachakademie
(Mitglied im VKIT)

83278 Traunstein
Studienseminar St. Michael
Das Jungeninternat in Traunstein
Kardinal-Faulhaber-Str. 6
Tel. 08 61/1 66 82-0

Gymnasium,
Realschule,
Fach- und Berufsoberschule,
Mittelschule,
Private Wirtschaftsschulen
(Mitglied im VKIT)

■ **ausführliche Angaben:
Seite 152, Seite 32 und Seite 128**

97215 Uffenheim
Christian-von-Bomhard Internatsschule
Im Krämersgarten 9
Tel. 0 98 42/93 67-212

Gymnasium,
Realschule,
Fachoberschule

■ **ausführliche Angaben:
Seite 153**

85716 Unterschleißheim
Edith-Stein-Schule
Raiffeisenstr. 25
Tel. 0 89/3 10 00 10

Grund- und Hauptschule,
Realschule für Sehbehinderte

97332 Volkach am Main
Franken-Landschulheim
Schloss Gaibach
Schönbornstr. 2
Tel. 0 93 81/8 06 20

Gymnasium, Realschule,
Offene Ganztagsschule,
Tagesheim, Volksschülergruppe

■ **ausführliche Angaben:
Seite 132**

97353 Wiesentheid
Steigerwald-Landschulheim
Wiesentheid
Hans-Zander-Platz 1
Tel. 0 93 83/9 72 10

Gymnasium,
Offene Ganztagsschule,
Tagesheim,
Volksschülergruppe

■ **ausführliche Angaben:
Seite 133**

91575 Windsbach
Windsbacher Knabenchor
Evang.-Luth. Studienheim
Heinrich-Brandt-Str. 18
Tel. 0 98 71/7 08-0

Internat

82515 Wolfratshausen
Erzbischöfliche Stiftung St. Matthias
Wolfratshausen-Waldram mit
Gymnasium, Kolleg und Fachoberschule
Seminarplatz 3
Tel. 0 81 71/9 98-0

Abitur über 2. Bildungsweg
(Mitglied im VKIT)

97074 Würzburg
Matthias-Grünewald-
Gymnasium/Internat
Zwerchgraben 1
Tel. 09 31/79 75 30

Gymnasium

97080 Würzburg
Haus St. Lioba
Berliner Platz 4
Tel. 09 31/38 66 68 00

Internat,
Jugendwohnheim

97070 Würzburg
Studienseminar Julianum
Kapuzinerstr. 6
Tel. 09 31/1 30 75

Internat

94227 Zwiesel
Priv. Berufsschule für Kinderpflege
des Mädchenwerks Zwiesel e.V.
Theresienthaler Str. 1
Tel. 0 99 22/8 46 40

Berufsfachschule mit Internat

Die bayerischen, katholischen Internate, Tagesbetreuungen und Seminare BayKITS

■ **ausführliche Angaben:
Seite 128**

DIE BAYERISCHEN, KATHOLISCHEN INTERNATE, TAGESBETREUUNGEN UND SEMINARE

Wir sind da ...

... für den Menschen
... für die Bildung
... für die Frage nach Gott

Mensch – Bildung – Glaube – Zukunft

Katholische Internate, Tagesbetreuungen und Seminare motivieren und fördern Kinder, Jugendliche und junge Erwachsene, ihre eigene Zukunft zu gestalten und in Gesellschaft und Kirche Verantwortung zu übernehmen. In enger Kooperation mit dem bundesweit aktivem Internateverband VKIT vertritt BayKITS die Interessen Katholischer Einrichtungen in Bayern.

UNSERE EINRICHTUNGEN

- Studienseminar Aufseesianum, Bamberg
- Gymnasium und Internat der Benediktiner, Ettal (siehe Seite 137)
- Heimvolksschule St. Maria, Fürstenzell
- Theodosius-Florentini-Schule der Kreuzschwestern, Gemünden
- Internat St. Maria, Kaufbeuren
- Maria-Ward-Internat- Mindelheim
- Studienseminar Albertinum, München
- Internat der beruflichen Schulen Haus St. Marien, Neumarkt
- Internat der Regensburger Domspatzen, Regensburg
- Internat der Berufsfachschule für Kinderpflege, Rottenbuch
- Internat und Tagesheim der Abtei Schäftlarn, Schäftlarn (siehe Seite 145)
- Tagesinternat der Erzabtei St. Ottilien, St. Ottilien
- Studienseminar St. Michael, Traunstein (siehe Seite 32, 152)
- Studienseminar Julianum, Würzburg
- Private Berufsschule für Kinderpflege des Mädchenwerks Zwiesel e.V., Zwiesel

DAS IST FÜR UNS SPEZIFISCH:

- Wir führen eine erfolgreiche und sehr lange Tradition in der Ganztagesbetreuung von Kindern und Jugendliche fort
- Wir schauen auf den ganzen Menschen und erziehen ganzheitlich: Mensch – Bildung – Glaube gehören zusammen
- Dabei setzen wir auf gegenseitiges Vertrauen
- Wir fördern und fordern die Talente der uns anvertrauten Jugendlichen
- Wir leben Solidarität und Gemeinschaft
- Wir sind Heimat: Beaufsichtigung ist uns zu wenig
- Wir arbeiten eng mit den Eltern zusammen
- Wir zeigen Grenzen auf und öffnen Welten
- Wir bieten ein breites Angebot an Schultypen und unterschiedlichen pädagogischen Ausrichtungen
- Wir fördern eigenverantwortliches Handeln

Internat des Max-Reger-Gymnasiums

Das Musische Internat

Siehe auch S. 30

Name und Anschrift:
Staatl. Internat des Max-Reger-Gymnasiums
Kaiser-Wilhelm-Ring 7, 92224 Amberg/Opf.
Tel. 0 96 21/47 18 51
www.internat-amberg.de
info@internat-amberg.de
www.facebook.com/internat.bayern

Name des Trägers:
Freistaat Bayern

Internatsleitung:
OStR Michael Meier

Schulleitung:
OStD Wolfgang Wolters

Schulstatus: öffentlich; Möglichkeit des Erwerbs der Allg. Hochschulreife auch für Realschulabsolventen

Schularten:
Gymnasium,
Kooperation: Realschule, Wirtschaftsschule

Schulische Ausrichtung:
Musisches Gymnasium (MuG)
Profilfächer: Deutsch, Musik und Kunst
kostenloser Instrumental-/Gesangsunterricht
(weitere Möglichkeiten: SG, HG, NTG, WSG)

Konfession: nicht gebunden

Sprachenfolge: E-L, spätbeginnende Fremdsprache ab der 10. Klasse: F

Internatsplätze: w: 30, m: 30

Klassenstärke: ca. 20

Externe Schüler: ca. 500

Kosten/Monat: € 395,–

Nebenkosten/Monat: Taschengeld

Pädagogische Schwerpunkte/Besonderheiten: Individuelle Betreuung in einem familiär gestalteten Lern- und Lebensraum; strukturierter Tagesablauf mit qualifiziert betreuten Studier- und Instrumentalübungszeiten. Methoden- und Lerntraining; gezielte Vorbereitung auf die allgemeine Hochschulreife; kleine Gruppen mit gleichbleibenden Erziehern, Fachlehrkräften und Assistenten; innovative Lernbegleitung. Internationale Austauschprogramme (USA, England, Frankreich, Tschechien). Vielfältige Angebote zur sinnvollen Freizeitgestaltung (Musik, Kunst, Theater, Film, Sport, Handwerk etc.); erlebnispädagogische Ausrichtung (Kanusport, Wasserski, Ski alpin, Großgelände etc.). Auch am Wochenende geöffnet.

Tag der offenen Tür: Samstag, 23. Februar 2019 oder jederzeit nach Vereinbarung.

Landschulheim Kempfenhausen

Zweckverband Bayerische Landschulheime

Name und Anschrift:
Gymnasium Landschulheim Kempfenhausen am Starnberger See,
Münchner Straße 49–63, 82335 Berg
Tel. 0 81 51/36 26-0
Fax 0 81 51/36 26-19
www.landschulheim-kempfenhausen.de
lsh@lshk.de

Name des Trägers: Zweckverband Bayerische Landschulheime, München

Internatsleitung:
Kirsten-Katja Schorr

Schulleitung:
OStD Elmar Beyersdörfer

Schulstatus:
öffentlich, Möglichkeit des Erwerbs der Allgemeinen Hochschulreife

Schule: Gymnasium, gebundene Ganztagsschule, offene Ganztagsschule/Tagesheim,
Unterbringung und Betreuung von Real- und Fachoberschülern
internationale Ausrichtung

Schulische Ausrichtung:
NTG = Naturwissenschaftlich-technologisches GYM

WSG-W u. -S = Wirtschafts- und Sozialwissenschaftliches GYM mit wirtschafts- und sozialwissenschaftlichem Profil

Konfession:
nicht gebunden

Sprachenfolge:
E-F, E-L

Internatsplätze:
w.: 60, m.: 90

Klassenstärke:
ca. 20–30

Externe Schüler: ca. 540;
Schüler gesamt: ca. 650

Kosten/Monat:
€ 422,60 bis € 512,70

Nebenkosten/Monat: ca. € 70,–

Pädagogische Schwerpunkte/Besonderheiten:
Intensive Hausaufgabenbetreuung, individuelle fachliche Studierzeitbetreuung, Unterstützung und Förderung durch Lehrkräfte (Coaching), umfangreiches Wahlkursangebot mit Schwerpunkten im musischen Bereich, Segeln, Kajak, (Big-)Band, Bläserklasse, Töpfern, Beachvolleyball, Theater- und Konzertbesuche, Film- und Videogruppe.

Landschulheim Schloss Ising
Zweckverband Bayerische Landschulheime

Name und Anschrift:
Gymnasium Landschulheim
Schloss Ising am Chiemsee
Schlossstraße 3, 83339 Chieming,
Tel. 0 86 67/8 88 40
Fax 0 86 67/88 84 19
www.lsh-schloss-ising.de
sekretariat@lshi.de

Name des Trägers: Zweckverband Bayerische Landschulheime, München

Internatsleitung: OStR'in Catrin Brandl

Schulleitung: OStD Wolfgang Brand

Schulstatus:
öffentlich, Möglichkeit des Erwerbs der Allgemeinen Hochschulreife auch für Absolventen der Realschule, der Wirtschaftsschule oder der Mittleren-Reife-Klasse Jahrgangsstufe 10 der Mittelschule (Profilklasse)

Schule: **Gymnasium, offene Ganztagsschule/Tagesheim.** Förderung von Schülern aus nichtdeutschen Schulsystemen **internationale Ausrichtung**

Schulische Ausrichtung:
NTG = Naturwissenschaftlich-technologisches GYM,
WSG-W = Wirtschafts- u. Sozialwissenschaftliches GYM mit wirtschaftswissenschaftlichem Profil
SG = Sprachliches GYM

Konfession:
nicht gebunden

Sprachenfolge:
E-F oder E-L oder E-L-F,
I als spätbeginnende Fremdsprache möglich

Internatsplätze: w.: 80, m.: 80

Klassenstärke:
ca. 25–30, einzelne auch kleiner

Externe Schüler: ca. 270;
Schüler gesamt: ca. 430

Kosten/Monat:
€ 422,60 bis € 512,70

Nebenkosten/Monat: ca. € 70,–

Pädagogische Schwerpunkte/Besonderheiten: Intensive Hausaufgabenbetreuung, qualifizierte fachliche Studierzeitbetreuung durch Erzieher und Lehrer; Förderung einer systematischen, disziplinierten Arbeitshaltung; **Schule:** Coaching, Lernen lernen, English Conversation, indiv. Förderung, Deutsch als Zweitsprache, Nachhilfelehrer im Haus, Robotics; **Sport:** Segeln, Rudern, Surfen, Reiten, Golf, Akrobatik, Klettern, Hip-Hop, Beach-Volleyball, Skifahren, Mountainbiking; **Kunst:** Theater, Chor, Bigband, Instrumentalunterricht, Bläserklasse, Kochen, Bibliothek; **Soziales:** Tutoren, Sanitätsdienst, Übernahme von Verantwortung in SMV und IMV, Gesprächsrunden, Erziehung zu Verantwortung, Toleranz und Weltoffenheit.

Franken-Landschulheim Schloss Gaibach

Zweckverband Bayerische Landschulheime

Name und Anschrift:
Gymnasium und Realschule
Franken-Landschulheim Schloss Gaibach
Schönbornstr. 2, 97332 Volkach am Main
Tel. 0 93 81/80 62-0
Fax 0 93 81/80 62-216
www.flsh.de, internat@flsh.de

Name des Trägers: Zweckverband Bayerische Landschulheime, München

Internatsleitung: Ralf Behr, M.A.

Schulleitung:
OStD Bernhard Seißinger

Schulstatus:
öffentlich, Möglichkeit des Erwerbs der Allgemeinen Hochschulreife auch für Realschulabsolventen (Profilklasse)

Schule: Gymnasium, Realschule, offene Ganztagsschule/ Tagesheim, Volksschülergruppe (auch M-Klassen) **internationale Ausrichtung**

Schulische Ausrichtung:
Gymnasium:
SG = Sprachliches GYM
WSG-W = Wirtschafts- und Sozialwissenschaftliches GYM mit wirschaftswissenschaftlichem Profil;
Realschule: Zweig I (math.), II (wirtsch.), IIIa (Französisch), IIIb (Werken)

Konfession: nicht gebunden

Sprachenfolge:
SG: E-L-F, L-E-F, WSG-W: E-F, E-L, Sp als spätbeginnende Fremdsprache möglich

Internatsplätze: w.: 75, m.: 95

Klassenstärke: ca. 20–30

Externe Schüler: ca. 600;
Schüler gesamt: ca. 730

Kosten/Monat: € 394,40 bis € 478,90

Nebenkosten/Monat: ca. € 70,–

Pädagogische Schwerpunkte/Besonderheiten: Hausaufgabenbetreuung in Kleingruppen mit fachlicher Unterstützung durch Lehrkräfte, modernes Leben im 400 Jahre alten Schloss, weitläufige Parkanlage auf historischem Grund; **Freizeitangebote:** musisch: Blasorchetser, Band, Musiktheater, Chor; sportlich: Handball, Fußball, Tanz, Schneesport, Badminton, Beachvolleyball, Schach, Golf, Schwimmen, Sportschützengruppe; Selbstverteidigung; kulturell: Theater- und Konzertfahrten, Theateraufführungen; Handwerkliches: Kochen, Modellbau, Töpfern, Holzwerkstatt; sozial: eigene Jugendfeuerwehr, Streitschlichter, Tutorendienst, Umwelt-AG.

Tag der offenen Tür: jederzeit nach Vereinbarung, für 5. Jgst. am 16.03.19 um 10 Uhr und am Sommerfest am Samstag, 20.07.19

Steigerwald-Landschulheim Wiesentheid

Zweckverband Bayerische Landschulheime

Name und Anschrift:
Gymnasium
Steigerwald-Landschulheim Wiesentheid
Hans-Zander-Platz 1, 97353 Wiesentheid
Tel. 0 93 83/97 21-0
Fax 0 93 83/97 21-44
www.lsh-wiesentheid.de
sekretariat@lsh-wiesentheid.de

Name des Trägers: Zweckverband Bayerische Landschulheime, München

Internatsleitung:
StD Elmar Halbritter

Schulleitung:
OStD Hilmar Kirch

Schulstatus:
öffentlich, Möglichkeit des Erwerbs der Allgemeinen Hochschulreife auch für Realschulabsolventen (Profilklasse)

Schule: **Gymnasium, offene Ganztagsschule/Tagesheim, Volksschülergruppe** (4./5. Kl.) **internationale Ausrichtung**

Schulische Ausrichtung:
NTG = Naturwissenschaftlich-technologisches GYM,
SG = Sprachliches GYM
WSG-S = Wirtschafts- und Sozialwissenschaftliches GYM mit sozialwissenschaftlichem Profil

Konfession: nicht gebunden

Sprachenfolge:
NTG: E-L oder E-F,
SG: E-L-F, WSG-S: E-L oder E-F, Sp als spätbeginnende Fremdsprache möglich

Internatsplätze:
w.: 60, m.: 60

Klassenstärke:
ca. 20–30, einzelne auch kleiner

Externe Schüler: ca. 400;
Schüler gesamt: ca. 500

Kosten/Monat: € 394,40 bis € 478,90

Nebenkosten/Monat: ca. € 70,–

Pädagogische Schwerpunkte/Besonderheiten:
Intensive Hausaufgabenbetreuung, individuelle fachliche Studierzeitbetreuung, Unterstützung und Förderung durch Lehrkräfte (Coaching), Informatik, physikalisches Praktikum, biologisches Praktikum, Basketball-AG (Stützpunkt), ökologische Arbeitsgruppe, Astronomie, Chor, Orchester, Rockband, Tanzgruppe, Theater-AG (Mittelstufe und Oberstufe), Musiktheater, Instrumentalunterricht, Licht- und Tontechnik, Golf-AG, Video-AG.

Institut Schloss Brannenburg

Name und Anschrift:
Institut Schloss Brannenburg,
Staatlich anerkannte Private Realschule und Fachoberschule mit Internat für Knaben und Mädchen
83098 Brannenburg
Tel. 0 80 34/9 06 30
Fax 0 80 34/79 96
www.institutschlossbrannenburg.de
direktorat@institutschlossbrannenburg.de

Name des Trägers:
Institut Schloss Brannenburg gemeinnützige Gesellschaft mit beschränkter Haftung

Internatsleitung:
Herr Dir. H. Zuber

Schulleitung/Ansprechpartner:
Herr Dir. H. Zuber

Schulstatus:
Realschule staatlich anerkannt
Fachoberschule staatlich anerkannt

Schularten: Realschule, Fachoberschule

Schulische Ausrichtung:
Wirtschaft
Kunst
Sozialwesen

Konfession:
nicht gebunden

Sprachenfolge:
E, F

Internatsplätze:
w.: 45, m.: 80

Klassenstärke:
15–20

Externe Schüler:
keine

Kosten/Monat:
Realschule: € 2.270,–
Fachoberschule: € 2.495,–

Nebenkosten/Monat:
ca. € 70,– bis € 110,–

Pädagogische Schwerpunkte/Besonderheiten:
Vielfältige Freizeitangebote, intensive Hausaufgabenkontrolle durch Lehrer und Erzieher, Nachführung bei schullaufbahnbedingten Lücken, Dyslexie-Therapie, gezielte Abschlussprüfungsvorbereitung.

Comenius-Gymnasium

Name und Anschrift:
Comenius-Gymnasium
Jahnstr. 8–10
94469 Deggendorf
Tel. 09 91/36 30-0
Fax 09 91/36 30-122
www.comenius-gymnasium-deggendorf.de
info@comenius-gymnasium-deggendorf.de

Name des Trägers:
Freistaat Bayern

Internatsleitung:
StD Peter Scharnagl

Schulleitung:
OStD Markus Höß

Schulstatus:
staatlich

Schularten:
Gymnasium

Schulische Ausrichtung:
Naturwissenschaftlich-Technologisches Gymnasium,
Sprachliches Gymnasium,
Förderklasse für Hochbegabte

Konfession:
nicht gebunden

Sprachenfolge:
E-F, E-L, E-L-F
spätbeginnende Fremdsprache: Sp

Internatsplätze:
w.: 31, m.: 44

Klassenstärke: Ø 22

Externe Schüler: ca. 800

Kosten/Monat: € 340,–

Nebenkosten/Monat: keine

Pädagogische Schwerpunkte/Besonderheiten:
Seminarschule, Förderklasse für Hochbegabte, Sportklasse, Streicherklasse, Stützpunktschule Leichtathletik und Fußball; Schüleraustausch mit Frankreich und China, Englandfahrt; Hausaufgabenbetreuung, Förderunterricht, Deutschunterricht für Gastschüler, vielfältige Freizeitaktivitäten, großes Sportangebot, breit gefächerte musikalische und künstlerische Möglichkeiten; Unterbringung in Ein-, Zwei- und Dreibettzimmern mit Dusche/WC; Bibliothek, Meditationsraum, Musikraum, Werk- und Experimentierraum, Bistro, Computerraum mit Internetanschluss, attraktive Aufenthaltsräume.

Tag der offenen Tür: 30. März 2019

Gabrieli-Gymnasium

Name und Anschrift:
Gabrieli-Gymnasium
Luitpoldstraße 40
85072 Eichstätt
Tel. 0 84 21/97 35-0
Fax 0 84 21/97 35-9190
www.gabrieli-internat.de
internat@gabrieli-gymnasium.de

Name des Trägers:
Freistaat Bayern

Internatsleitung:
StD Manfred Roppelt

Schulleitung:
OStD Adalhard Biederer

Schulstatus:
staatlich

Schularten:
Gymnasium

Schulische Ausrichtung:
Musisches Gymnasium
(weitere Möglichkeiten: siehe unten)

Konfession:
nicht gebunden

Sprachenfolge:
L–E; E–L;
spätbeginnende Fremdsprache
ab der 10. Klasse: F oder I

Internatsplätze:
w.: 30, m.: 32

Klassenstärke:
ca. 25

Externe Schüler: 725

Kosten/Monat: € 435,–

Nebenkosten/Monat: keine

Pädagogische Schwerpunkte/Besonderheiten:
Hausaufgabenbetreuung, musikalische Förderung im Pflichtinstrument, Nachhilfe, Lerntraining, Musik, Theater, Tanzen, Werken, Sport, Segelwochenende (davon abgesehen ist das Internat an den meisten Wochenenden geschlossen); Kooperation mit dem Willibald-Gymnasium in Eichstätt (Sprachliches, Naturwissenschaftlich-technologisches und Sozialwissenschaftliches Gymnasium), der Maria-Ward-Realschule für Mädchen der Diözese Eichstätt und der Knabenrealschule Rebdorf der Diözese Eichstätt.

Tag der offenen Tür:
Samstag, 23.03.2019 (Schule und Internat)

Campus Ettal – Gymnasium und Internat der Benediktiner Siehe auch S. 128

Name und Anschrift:
Campus Ettal –
Gymnasium und Internat der Benediktiner
Kaiser-Ludwig-Platz 1,
82488 Ettal/Oberbayern
Tel. 0 88 22/74 66 10
Fax 0 88 22/74 66 07
www.internat-ettal.de, www.ettal-campus.de
sekretariat@internat-ettal.de
www.facebook.com/Internat.Ettal

Name des Trägers:
Benediktinerabtei Ettal

Internatsleitung:
Frater Gregor M. Beilhack OSB

Schulleitung:
StD i. K. Hubert Hering

Schulstatus:
staatlich anerkannte Privatschule

Schularten:
Humanistisches Gymnasium mit neusprachlichem Zweig

Schulische Ausrichtung:
humanistisch-neusprachlich

Konfession: kath., ev., orthodox

Sprachenfolge:
ab Klasse 5 L (und Pick-up-Kurs E),
ab Klasse 6 E, ab Klasse 8 Gr oder F

Internatsplätze: m./w.: 50

Tagesheimplätze: m./w.: 30

Gruppenstärke: Internat 15, Schule 25

Externe Schüler: 210

Kosten/Monat: € 1.150,–
(Tagesheim gestaffelt nach Betreuungszeit)

Nebenkosten/Monat:
ca. € 100,– (einmalige Aufnahmegebühr: € 150,–/Tagesheim € 75,–)

Pädagogische Schwerpunkte/Besonderheiten:
Ganzheitliche Bildung von Körper, Seele und Geist; individuelle Betreuung; gut strukturierter Tagesablauf; internationale Vernetzung und Sprachprogramme für ausländische SchülerInnen; sonntägl. Internatsgottesdienst; Musisch: Instrumentalunterricht, Chor, Orchester, Bigband; Sportlich: u.a. Handball, Volleyball, Skifahren, Tennis, Fechten, Schwimmen; Sozialpraktikum (Compassion) in Klasse 10; Theater; professionelle Hausaufgabenbetreuung und Fachintensivierungen; Förderung Wintersport in Kooperation mit dem Bayerischen Skiverband; Vielfältige Programmangebote an den Wochenenden.
Schnuppertage und Besuche nach Anmeldung immer möglich.

Bayern

Humboldt-Institut Lindenberg

Siehe auch S. 26–27

Name und Anschrift:
Humboldt-Institut Lindenberg
Ellgasserstr. 42
88161 Lindenberg im Allgäu
Tel. 0 75 22/9 88-0
www.humboldt-institut.org
info@humboldt-institut.org
www.fb.com/humboldt.institut

Name des Trägers:
Humboldt-Institut e.V.

Internatsleitung:
Stephan Kießling

Schulleitung:
Anika Schadtle

Schulstatus:
private Bildungseinrichtung
für Deutsch als Fremdsprache

Schularten:
Institut für Deutsch als Fremdsprache

Schulische Ausrichtung:
sprachliche Vorbereitung von Schülern,
die nicht Deutsch als Muttersprache sprechen

Konfession:
nicht gebunden

Sprachenfolge:
es wird ausschließlich Deutsch
als Fremdsprache unterrichtet

Internatsplätze: 200

Klassenstärke:
ca. 10

Externe Schüler:
keine

Kosten/Monat:
€ 3.200,–

Nebenkosten/Monat:
keine

Pädagogische Schwerpunkte/Besonderheiten:
- intensiver Deutschunterricht für nicht-muttersprachliche Schüler zur Vorbereitung auf den Besuch deutscher Internatsschulen
- spezielle Vorbereitungskurse zur Vermittlung fachsprachlicher Kenntnisse zur leichteren Integration internationaler Schüler in deutsche Internatsschulen
- ganzjährig Deutschkurse für Kinder und Jugendliche (13–17 Jahre) ab 2 Wochen Dauer

Tag der offenen Tür: Bitte individuelle Besichtigungstermine vereinbaren.

Gymnasium Lindenberg mit Humboldt-Internat

Siehe auch S. 35

Name und Anschrift:
Gymnasium Lindenberg
Blumenstr. 12
88161 Lindenberg im Allgäu

Humboldt-Internat
Ellgasser Str. 42,
88161 Lindenberg im Allgäu
Tel. 0 75 22/9 88-0
www.internat-lindenberg.de
info@internat-lindenberg.de

Name des Trägers/Internat:
Humboldt-Institut e.V.

Internatsleitung:
Anika Schadtle, Stephan Kießling

Träger der Schule:
Freistaat Bayern

Schulleitung: OStD Hermann Endres

Schulstatus: staatlich

Schularten: Gymnasium

Schulische Ausrichtung:
sprachl. und naturw.-technologisches Gymnasium, bilingualer Zug

Konfession: nicht gebunden

Sprachenfolge:
E-L(-F/Sp) oder E-F(-Sp)

Internatsplätze: 60

Klassenstärke: 28

Externe Schüler: keine

Kosten/Monat: € 1.880,–

Nebenkosten/Monat: keine

Pädagogische Schwerpunkte/Besonderheiten:
– bilingualer Zug (ab Jahrgangsstufe 6 wählbar)
– Forschungsförderung (mehrmalige Auszeichnung beim Wettbewerb „Jugend forscht")
– musisches Zusatzangebot: Musik (Chöre, Orchester, Big Band), Kunst, Theater
– differenziertes Tutorenprogramm
– internationale Schüleraustauschprogramme mit Frankreich, USA und Ungarn
im Internat zusätzlich: Förderunterricht, Hausaufgabenbetreuung, Musik-Übungsräume, umfangreiches Freizeitangebot, erlebnispädagogisches Programm, Arbeitsgemeinschaften, Leben in internationaler Lerngemeinschaft, Ausflugsprogramm.

Tag der offenen Tür: Bitte individuelle Besichtigungstermine vereinbaren.

Internat Marktoberdorf

Name und Anschrift:
Internat Marktoberdorf
Peter-Dörfler-Str. 10
87616 Marktoberdorf
Tel. 0 83 42/96 64-38 80
Fax 0 83 42/96 64-60
www.internat-marktoberdorf.de
t.lotz@internat-marktoberdorf.de

Name des Trägers: Freistaat Bayern

Internatsleitung:
Thorsten Lotz, Michael Kölbel,
Ulrike Sommermann

Schulleitung/Ansprechpartner:
OStD und Schulleiter Wilhelm Mooser

Schulstatus: staatlich

Schularten:
Gymnasium, Realschule,
Hauptschule mit M 10 nur bedingt

Schulische Ausrichtung:
Gymnasium:
Naturw.-technologisch, musisch,
Realschule (I, II, III)

Konfession:
nicht gebunden

Sprachenfolge:
musische Ausbildungsrichtung: E-L
naturwissenschaftlich-technologisch: E-L, E-F

Internatsplätze:
w.: 35, m.: 55

Klassenstärke:
wie in allen staatlichen Schulen in Bayern

Kosten/Monat:
€ 430,–

Nebenkosten/Monat:
je nach zusätzlichen Leistungen

Pädagogische Schwerpunkte/Besonderheiten:
Hausaufgabenbetreuung und individuelle fachliche Unterstützung durch Lehrkräfte; umfassendes Freizeitangebot durch AKs an den Schulen, im Internat und in örtlichen Vereinen; am Gymnasium zusätzlich musischer Schwerpunkt und Begabungsstützpunkt; Koedukation deutscher und ausländischer Gastschüler; in der Regel 14-tägig an den Wochenenden geöffnet; Schulplätze an der Real- und Mittelschule stehen nur nach vorheriger Kontaktaufnahme mit der RS und MS Marktoberdorf zur Verfügung, da die Schulen die Plätze selbst vergeben.

Tag der offenen Tür: Bitte individuelle Besichtigungstermine vereinbaren.

Schloss Neubeuern

Internatsschule für Mädchen und Jungen Siehe auch S. 20–21

Name und Anschrift:
Schloss Neubeuern,
Internatsschule für Mädchen und Jungen
Schlossstr. 20, 83115 Neubeuern/Inn
Tel. 0 80 35/90 62-0
Fax 0 80 35/90 62-30
www.schloss-neubeuern.de
info@schloss-neubeuern.de
FB: www.facebook.com/SchlossNeubeuern/

Name des Trägers:
Gemeinnützige Stiftung
Landerziehungsheim Neubeuern

Stiftungsvorstand und Internatsleitung:
Jörg Müller

Schulleitung: Dr. Armin Stadler

Schulstatus: staatlich anerkannt

Schularten: Gymnasium

Schulische Ausrichtung:
Naturwissenschaftlich-technologisches und wirtschaftswissenschaftliches Gymnasium

Konfession:
nicht gebunden

Sprachenfolge:
E-L oder F
Sp ab initio ab Klasse 10

Internatsplätze:
w.: 85, m.: 95

Klassenstärke: 8–16

Externe Schüler:
ca. 50 Tagesschüler

Kosten/Monat:
Interne Schüler: € 3.390,–,
Tagesschüler: € 1.490,–

Pädagogische Schwerpunkte/Besonderheiten:
Verpflichtende Schulkleidung; Ganztags-Unterricht mit Differenzierungs-, Übungs- und Förderstunden; spät beginnende Fremdsprache Spanisch ab Kl. 10. Professionelle IT-Ausstattung; jeder Schüler in den Klassen 5–8 erhält seinen persönlichen iPad, ab der 9. Klasse ersetzt der Tablet-PC (Digital Ink) Schulheft, Ordner und Federmäppchen und erlaubt die strukturierte und fächerübergreifende Ablage von vier Jahren schulischen Wissens. Aufgaben- und Terminverwaltung über Outlook. Berufsweltbezug mit einem Schwerpunkt in der 10. Klasse, hochkarätige Praktika bei unseren Altschülern, Vorträge aus der Arbeitswelt, Entrepreneurship – Unterricht in der Unterstufe. Nachhaltige Werteerziehung mit Sozialdiensten und integrativer Klassenfahrt in Kl. 9; zahlreiche Gilden und Aktivitäten.

Tag der offenen Tür: Nur individuelle Besuchstermine.

MAX-RILL-GYMNASIUM SCHLOSS REICHERSBEUERN

Max-Rill-Gymnasium Schloss Reichersbeuern

Name und Anschrift:
Max-Rill-Gymnasium Schloss Reichersbeuern
Schlossweg 1–11, 83677 Reichersbeuern
Tel. 0 80 41/78 71-0
Fax 0 80 41/46 75
www.max-rill-gym.de
info@max-rill-gym.de
FB: www.facebook.com/SchlossReichersbeuern

Name des Trägers:
Max-Rill-Gymnasium
Schloss Reichersbeuern gGmbH

Internatsleitung:
Monika Sader (kommissarisch)

Schulleitung:
Carmen Mendez I Canalias

Geschäftsführung:
Carmen Mendez I Canalias

Schulstatus:
staatlich anerkannt

Schularten:
Gymnasium

Schulische Ausrichtung:
Sozialwissenschaftliches Gymnasium

Tag der offenen Tür:
06. April 2019, individuelle Besuchstermine

Konfession:
nicht gebunden

Sprachenfolge:
E-L oder E-F, Chin. spät beginnend,
Russisch und Chin. fortgeführt

Internatsplätze:
w.: 35, m.: 45

Klassenstärke:
10 bis 20 (stufen- und kursabhängig)

Tagesschüler:
60

Kosten/Monat:
Internat: € 2.200,–
Tagesschule: € 800,–,
Schulgeldermäßigung möglich

Nebenkosten/Monat:
Je nach zusätzlichen Leistungen,
z.B. Studienfahrten, Exkursionen

Pädagogische Schwerpunkte:

- Fundierte Wissensvermittlung und Persönlichkeitsbildung durch soziale, musisch-ästhetische und interkulturelle Bildung und Erziehung
- Inklusiver pädagogischer Ansatz, der gezieltes Arbeiten mit jungen Menschen mit Asperger-Autismus, Legasthenie/LRS, ADHS als auch Hochbegabung beinhaltet (Legasthenie-, Lern- und Sozialcoaching)
- Individualisierte Betreuung und Förderung mit Lernzeiten in der Ganztagesschule und im Internat
- Begleitung der Eingliederung und Umschulung von genehmigten Schulen und Regelschulen ggf. mit Wechsel des Zweiges, Nachholfristen, Probezeiten oder Überspringen eines Jahrganges
- Planbare und angekündigte Leistungsüberprüfungen, verstärkter mündlicher Fremdsprachenunterricht
- Regelmäßige Lernstandsgespräche im Gymnasium und Entwicklungsgespräche im Internat mit Schülern und Eltern

Besonderheiten:

- Kleinstes deutsches Internatsgymnasium in historischem Ambiente
- Bayerisches Modellgymnasium im sozialwissenschaftlichen Zweig mit mehreren Berufspraktika, Projektarbeit und Klassenstunde
- Musisch-ästhetischer Profilbereich mit zusätzlichem Gesangs- und Instrumentalunterricht, Theater-, Sprech- und Vortragskursen
- Sportliches und kreatives Gildenangebot: Skifahren, Snowboarden, Bergtouren, Reiten (Bestallung von Pferden), Klettern, Wassersport, Holzschnitzerei, Kochen, Beachvolleyball, Basketball etc.
- i-pad gestützter Unterricht, Whiteboard-Rollout, Medienkompetenzbildung
- Internationale Schüler mit eigener DAF-Betreuung aus China, Russland etc.
- Mehrfache Nominierung des Theaters für den Tassilo-Preis der Süddeutschen Zeitung und Preis für soziales Engagement 2009
- Verkehrsanbindung nach München in 45 min

MRG

Schlossweg 1 - 11
83677 Reicherbeuern
Telefon 0 80 41 / 78 71 0
info@max-rill-gym.de
www.max-rill-gym.de

Internat des Gymnasiums Pegnitz

Name und Anschrift:
Gymnasium mit Schülerheim Pegnitz
(Staatliche Heimschule)
Wilhelm-von-Humboldt-Str. 7, 91257 Pegnitz
Tel. 0 92 41/48 33-3, Fax 0 92 41/25 64

Internat des Gymnasiums Pegnitz
Dr.-Heinrich-Dittrich-Allee 28, 91257 Pegnitz
Tel. 0 92 41/48 33-3 oder 0 92 41/25 54,
Fax 0 92 41/8 03 62
www.gympeg.de
sek@gympeg.de

Name des Trägers:
Freistaat Bayern

Internatsleitung:
StD Dr. Frank Keller

Schulleitung:
StDin Annett Becker

Schulstatus: staatlich

Schularten: Gymnasium

Schulische Ausrichtung:
NTG
SG
WSG-S

Konfession:
nicht gebunden

Sprachenfolge:
NTG: E-L/F
SG: E-L-F
WSG-S: E-L/F
} ab 10. Jahrgangsstufe Italienisch möglich

Internatsplätze:
m.: 37, w.: 0

Klassenstärke:
18–30

Externe Schüler:
ca. 700

Kosten/Monat: € 420,–

Nebenkosten/Monat: keine

Pädagogische Schwerpunkte/Besonderheiten:
- Betreute Studierzeit (Hausaufgaben-Betreuung und individuelle Unterstützung durch Lehrer des Gymnasiums)
- umfassendes Freizeitangebot
- Die Schüler fahren jedes Wochenende nach Hause.

Tag der offenen Tür:
immer im März/April (siehe Homepage).

Internat und Tagesheim der Abtei Schäftlarn

Siehe auch S. 128

Name und Anschrift:
Internat und Tagesheim der Abtei Schäftlarn
82067 Kloster Schäftlarn (bei München)
Tel. 0 81 78/79 20
Fax 0 81 78/79 72
www.abtei-schaeftlarn.de
internat@abtei-schaeftlarn.de

Name des Trägers:
Benediktinerabtei Schäftlarn

Internatsleitung:
Dipl. Theol. Caspar van Laak

Schulleitung:
OStD Wolfgang Sagmeister
StD i.K. Reinhard Rosenbeck

Schulstatus:
staatlich anerkannt

Schularten:
Gymnasium

Schulische Ausrichtung:
Sprachlich-humanistisch

Verband Katholischer Internate und Tagesinternate

Konfession:
kath., ev., orthodox, o.B.

Sprachenfolge:
ab Klasse 5 L, ab Klasse 6 E, ab Klasse 8 F oder Gr, ab Klasse 10 bis Klasse 12 Sp

Internatsplätze:
m.: 52, Tagesheimplätze: m./w.: 500

Klassenstärke:
ca. 23

Gesamtschüler:
ca. 530

Kosten/Monat:
€ 420,– / mit Internat € 536,–

Nebenkosten/Monat:
ca. € 40,–

Pädagogische Schwerpunkte/Besonderheiten:
Ganzheitliche christliche Bildung und Erziehung, Bläser-Klasse, Chor-Klasse, Akrobatik-Klasse, Fußball-Klasse, intensive Betreuung, individuelle Förderung, methodisches und soziales Lernen, Lernbüros in den Kernfächern, Tutoren-Programm, Schüleraustausch mit Frankreich, Kanada, Peru und Indien.

Tag der offenen Tür: Samstag, 01. Februar 2020

Internat Schloss Schwarzenberg

Evangelische Internate Deutschlands

Name und Anschrift:
Internat Schloss Schwarzenberg
Schwarzenberg 14, 91443 Scheinfeld
Tel. 0 91 62/92 88-0, Fax 0 91 62/92 88-27
www.schloss-schwarzenberg.de
sekretariat@schloss-schwarzenberg.de
FB: www.facebook.com/Landschulheim.
Schule.Schloss.Schwarzenberg

Name des Trägers:
Mathilde-Zimmer-Stiftung Landschulheim
Schule Schloss Schwarzenberg e.V.

Internatsleitung: Angelika Köhler

Gesamtleitung: Arno Kaesberg

Schulstatus: private, staatlich anerkannte Realschule und Fachoberschule

Schularten: intern: Realschule und Fachoberschule; extern: Mittelschule, Gymnasium, Berufsfachschule für Hauswirtschaft, Agrarwirtschaft, Kinder- und Sozialpflege sowie Alten- und Krankenpflege

Schulische Ausrichtung:
Realschule Zweig I, II, III a (F), III b (Ku); Fachoberschule Wirtschaft und Verwaltung – Technik – Sozialwesen – Gesundheit

Konfession: nicht gebunden

Sprachenfolge: E/fakultativ F

Internatsplätze: w.: 30, m.: 50

Klassenstärke: 18–25

Externe Schüler: RS: 350; FOS: 95

Kosten/Monat: € 920,– für Real- und Mittelschule, Gymnasium, BSZ; € 980,– FOS 11. Klasse; € 1.025,– FOS 12. Klasse; jeweils für 11 Schulmonate

Nebenkosten/Monat:
Taschengeld, An- und Rückfahrt

Pädagogische Schwerpunkte/Besonderheiten:
Internat mit familiärer Struktur in sechs Häusern (einzelne Bungalows); umfangreiches Ganztagesangebot mit intensiver Förderung der Prüfungsfächer (D, M, E, Ph, F, BWR) und Hausaufgabenbetreuung; breites Sportangebot, z.B. Fußball, Schwimmen, Tennis, Tanz, Krafttraining; Musikangebot wie Schulorchester, Bläsergruppe, Gitarrenkurse; weitere Kurse wie Bewerbungstraining, Kochkurs, kreatives Basteln, Theater, u.v.a.m.; Schulpartnerschaft Ungarn; Die Schüler sollen lernen, Pflichten zu übernehmen und Anstrengungsbereitschaft zu zeigen. Groß geschrieben werden Anstand und Wertevermittlung.

Tag der offenen Tür: 26.05.2019 Schulfest von 13:00 bis 16:00 Uhr.

Internat
Realschule
Fachoberschule
Schloss Schwarzenberg

Landheim Ammersee – Stiftung Landheim Schondorf am Ammersee

LANDHEIM AMMERSEE
Internatsschulen seit 1905

Name und Anschrift:
Landheim Ammersee –
Stiftung Landheim Schondorf am Ammersee
Landheimstr. 1–14, 86938 Schondorf
Tel. 0 81 92/80 90, Fax 0 81 92/79 93
www.landheim-ammersee.de
aufnahme@landheim-ammersee.de
www.facebook.com/LandheimAmmersee

Name des Trägers:
Stiftung Landheim Schondorf am Ammersee

Stiftungsleitung:
Rüdiger Häusler

Internatsleitung: Andreas Öhlerking

Schulleitung: Matthias Bangert

Schulstatus:
ERG: staatlich anerkannt,
JLG:staatlich genehmigt,
GS: staatlich anerkannt

Schularten:
Ernst-Reisinger-Gymnasium (ERG)
Julius-Lohmann-Gymnasium (JLG)
Julie-Kerschensteiner-Grundschule (GS)

Tag der offenen Tür:
16.02.2019 und 18.05.2019

Schulische Ausrichtung: sprachlich, wirtschafts- und sozialwissenschaftlich

Konfession: nicht gebunden

Sprachenfolge:
ab Klasse 5: E, ab Klasse 6: L/F,
ab Klasse 8: F/Sp/Wirtschaft und Recht

Internatsplätze: w.: 100, m.: 100

Klassenstärke: 5–26

Externe Schüler: ca. 120 Tagesheimschüler

Kosten/Monat:
GS-Internat Kl. 1–4: € 3.142,–,
Internatsgymnasien Kl. 5–12:
€ 2.982,– bis € 3.296,–

Nebenkosten/Monat:
ca. € 150,– je nach Klassenstufe

Ansprechpartner für Anfragen (Aufnahme):
Maike Häusler Tel. 0 81 92/8 09-214:
Individuelle Beratungstermine sowie Probewohnen sind ganzjährig möglich.

Siehe auch S. 16–17

LANDHEIM AMMERSEE
Internatsschulen seit 1905

ROUND SQUARE

die internate
VEREINIGUNG e.V.

Besonderheit:

Gemeinschaft erleben. Vorbild werden.
In ruhiger Lage am Ammersee, direkt bei München, führen wir Schüler auf individuellem Weg zum Bayerischen Abitur – von Klasse 1 bis 12.
Kleine Klassen und motivierende Lernkonzepte sind unsere Basis einer exzellenten schulischen Bildung. Die sprach- und wirtschaftswissenschaftliche Ausrichtung ist tägliche Praxis durch gelebte Internationalität. Zahlreiche Werkstätten künstlerischer und sportlicher Art fördern persönliche Talente.

Wir vermitteln eine verantwortungsvolle Haltung: die des Landheim-Entrepreneurs.
Was ist das Wichtigste, das ein Internat seinen Schülern auf ihren Lebensweg mitgeben kann? Wir glauben: eine Haltung. Innere Ruhe. Und Optimismus.
Kinder werden bei uns zu jungen Persönlichkeiten mit einem starken Sinn für Gemeinschaft, mit hoher Empathie und ressourcenbewusstem Umgang. Sie erleben innere Ruhe, übernehmen altersgerecht Verantwortung und lernen Entscheidungen zu treffen. Für sich selbst und ihr Umfeld, für Organisation und Planung, Umwelt und Wirtschaftlichkeit, Unternehmungen und Unternehmen. Ein Vorbild von morgen.

Pädagogische Schwerpunkte:

- Ganzheitlicher Erziehungs- und Ausbildungsansatz: Lernen mit Kopf, Herz und Hand
- Dem Einzelnen gerecht werden durch individuelle Förderung und Herausforderung
- Ziel- und Feedbackgespräche mit Vertrauenspersonen aus Schule und Internat
- Überdurchschnittliches, betreutes Freizeitangebot auf einzigartig gelegenem Campus am Ufer des Ammersees mit eigenem Badesteg
- Über 30 Werkstätten aus den Bereichen Handwerk/Technik, Kunst/Musik und Sport
- Optimale Infrastruktur und günstige Verkehrsanbindung nach München und Augsburg
- Weiterer Schwerpunkt auf Internationalisierung (Mitgliedschaft beim globalen Schulnetzwerk Round Square und damit verbundene Austauschprogramme, www.roundsquare.org)

Gymnasium mit Internat Hohenschwangau

Name und Anschrift:
Gymnasium mit Internat Hohenschwangau
Colomanstr. 10, 87645 Schwangau
Tel. 0 83 62/93 00 50
Fax 0 83 62/9 30 05 17
www.gymnasium-hohenschwangau.de
leitung@gymnasium-hohenschwangau.de

Name des Trägers: Freistaat Bayern

Internatsleitung: StD Georg Waldmann, OStR Florian v. Polenz

Schulleitung: OStD Thomas Schauer, StD Gregor Drohmann (Stellvertreter)

Schulstatus: staatlich

Schularten: Gymnasium

Schulische Ausrichtung:
Naturwissenschaftl.-technologisches Gymnasium, Sprachliches Gymnasium

Konfession: nicht gebunden

Sprachenfolge:
E, F/L; E, L, F
I (spätbeginnende FS)

Internatsplätze: w.: 30, m.: 70

Klassenstärke: 20–30

Externe Schüler: ca. 650

Kosten/Monat: € 475,–

Nebenkosten/Monat:
je nach zusätzlichen Aktivitäten

Pädagogische Schwerpunkte/Besonderheiten:
Partnerschule des Wintersports; Leistungssportkooperationen Eishockey und Ski; Teil des Projekts "Schule gegen Rassismus – Schule mit Courage"; ausländische Gastschüler in deutsche Klassen integriert; Theater, Chor und Bigband; Sprachzertifikate DELF und CAE; Italienisch als spätbeginnende Fremdsprache (ab 10. Klasse); Europäischer Computerführerschein ECDL, MINT-freundliche Schule (MINT=Mathematik, Informatik, Naturwissenschaft, Technik); Hausaufgabenbetreuung; im Internat schulische Unterstützung durch Fachlehrkräfte am Nachmittag; für ausländ. Internatsschüler extra Deutsch als Fremdsprache (ab 10. Klasse); das Internat ist jedes Wochenende (außer in den Ferien) geöffnet.

Tag der offenen Tür:
Bitte auf der Homepage der Schule nachlesen bzw. individuellen Besichtigungstermin vereinbaren.

Schule Schloss Stein

Name und Anschrift:
Schule Schloss Stein e. V.
Schlosshof 1, 83371 Stein an der Traun
Tel. 0 86 21/80 01-114
Fax 0 86 21/80 01-110
www.schule-schloss-stein.de
info@schule-schloss-stein.de

Name des Trägers:
Schule Schloss Stein e. V.

Internatsleitung:
Sebastian Ziegler

Schulleitung:
Friedrich Flamm

Schulstatus:
staatlich anerkannt

Schularten:
Internatsgymnasium

Schulische Ausrichtung:
sprachlich
wirtschaftswissenschaftlich

Konfession:
keine

Sprachenfolge:
E-L-F bzw. E-L-Sp
E-F bzw. E-L

Internatsplätze:
w.: 50, m.: 60

Klassenstärke:
15–20

Externe Schüler:
ca. 45 Tagesheimschüler

Kosten/Monat:
Klasse 5–7: € 3.149,–
Klasse 8–10: € 3.493,–
Klasse 11–12: € 3.635,–

Nebenkosten/Monat:
ca. € 400,–

Pädagogische Schwerpunkte/Besonderheiten:
Förderung und Forderung in familiärer Atmosphäre, Unterricht in kleinen Klassen mit intensiver Hausaufgabenbetreuung und Förderkursen. Mannschaftssportarten, Tennis, Golf, Schwimmen, Rugby, eigener Reitstall, Theater, Malerei, Bildhauerei, Chor, Instrumentalunterricht. Schulkleidung, Hightech Turnhalle mit Glasschwingboden und neue Boulder- und Kletterhalle.

Studienseminar St. Michael

Das Jungeninternat in Traunstein

Siehe auch S. 32, 128

Verband Katholischer Internate und Tagesinternate

Name und Anschrift:
Studienseminar St. Michael – Jungeninternat
Kardinal-Faulhaber-Straße 6
83278 Traunstein
Tel. +49 8 61/1 66 82-0,
Fax +49 8 61/1 66 82-20
www.studienseminar-stmichael.de
info@seminar-traunstein.de

Name des Trägers: Stiftung „Erzbischöfliches Studienseminar St. Michael Traunstein"

Internatsleitung:
Direktor Wolfgang Dinglreiter

Wahlmöglichkeit aus 3 Schultypen:
Gymnasium: sprachlich/naturwissenschaftlich-technologisch
Realschule:
mathematisch-naturwissenschaftlich/wirtschaftlich-kaufmännisch/fremdsprachlich/ musisch-gestalterisch
Fachoberschule/Berufsoberschule:
Sozialzweig, Wirtschaftszweig, Technischer Zweig

Konfession: offen für alle Konfessionen

Sprachenfolge: Je nach Schultyp mehrere Möglichkeiten zur Auswahl.

Internatsplätze:
m.: 40 Betreuung in kleinen Gruppen.

Kosten/Monat: € 430,–
(Verpflegung, Unterbringung, Betreuung).
Förderungen bei Bedarf möglich.

Nebenkosten/Monat: Musikunterricht, Taschengeld, Heimfahrten, Schulmaterial

Pädagogische Schwerpunkte/Besonderheiten: **Erfolgreich zum Schulabschluss:** Einstieg ab der 5. Schulstufe, aber auch später möglich • **Mehrere Schulen zur Auswahl:** Gymnasium, Realschule, FOS/BOS • **Lernbegleitung mit modernen Lernmethoden:** Lerntypentest, Lernzielvereinbarung, lösungsorientierte Lernberatung, Lernbetreuung in kleinen Gruppen • **Sport, Musik und viele Freizeitmöglichkeiten:** Sportanlagen, Hallenbad/Naturschwimmteich, eigener Musiklehrer, Ausflüge u. a. • **Attraktive Zusatzqualifikationen, praxisnah vermittelt:** IT- und Medienkompetenz, Umweltmanagement, Handwerk und Design, Jugendgastronomie, Gartengestaltung • **Christliche Werte – zeitgemäß gelebt:** Christ sein mit Courage • **Wir sind für Ihren Sohn gerne ein „zweites Zuhause".**

Tag der offenen Tür: Zu unseren Test- und Demo-Days laden wir interessierte Jungen ein, unser Haus und unsere Pädagogen/innen kennen zu lernen. Jeweils mit zusätzlicher Eltern-Info. Gerne informieren wir Sie über die Details.

Christian-von-Bomhard Internatsschule

Evangelische Internate Deutschlands

Name und Anschrift:
Christian-von-Bomhard Internatsschule
Im Krämersgarten 9, 97215 Uffenheim
Tel. 0 98 42/93 67-212
Fax 0 98 42/93 67-255
www.bomhardschule.de
internat@bomhardschule.de
facebook.com/cvbuffenheim
instagram.com/christianvonbomhardschule

Name des Trägers:
Christian-von-Bomhard Stiftung

Internatsleitung:
Frau Dipl. Soz. M. Fella

Schulleitung:
Herr StD i.K. A. Lockl

Schulstatus:
staatlich anerkannt

Schularten:
Gymnasium, Realschule, Fachoberschule für Wirtschaft und Verwaltung sowie für Sozialwesen

Schulische Ausrichtung:
Neusprachlich, mathematisch-technologisch in Realschule alle Ausbildungsrichtungen

Konfession:
ev.; Aufnahme aller Konfessionen

Sprachenfolge:
Gymnasium: E-L-F; E-L-Sp/E-F-Sp
Realschule: E-F

Internatsplätze: 65

Klassenstärke: ca. 18–30

Externe Schüler: ca. 820

Kosten/Monat:
€ 1.170,–

Nebenkosten/Monat: ca. € 100,–

Pädagogische Schwerpunkte/Besonderheiten:
Psychologischer Fachdienst, intensive Hausaufgabenbetreuung, Sport, Theater, musisches Leben, individuelle Förderung, Schülerfirmen, ethisch-ästhetische Werteerziehung in Zusammenarbeit mit der Klassikstiftung Weimar, Kulinarik, internationale Ausrichtung.

Tag der offenen Tür: Freitag, 03.05.2019

Internate in

Berlin

10115 Berlin
Deutsche Stiftung
United World Colleges UWC
Linienstraße 151
Tel. 0 30/47 37 47 57

10409 Berlin
Staatliche Ballettschule und
Schule für Artistik
Erich-Weinert-Str. 103
Tel. 0 30/4 05 77 90

Grund- und Realschule,
Berufsfachschule, Gymnasiale Oberstufe

13053 Berlin
Haus der Athleten, Schul- und
Leistungssportzentrum Berlin (SLZB)
Fritz-Lesch-Str. 35
Tel. 0 30/9 83 18 54 00

Sportbetonte Gesamtschule mit
Grundschule und gymnasialer Oberstufe

13505 Berlin
Schulfarm Insel Scharfenberg
Schwarzer Weg 103
Tel. 0 30/43 09 44 33-0

Gymnasium

14195 Berlin-Dahlem
Königin-Luise-Stiftung
Schulen und Internat
Podbielskiallee 78
Tel. 0 30/8 41 81-3

Grundschule,
Integrierte Sekundarschule,
Gymnasium

■ **ausführliche Angaben:
Seite 157**

**14532 Kleinmachnow
(Berlin/Potsdam)**
BBIS Berlin Brandenburg
International School
Schopfheimer Allee 10
Tel. 03 32 03/80 36-0

Private, internationale,
englischsprachige Ganztagsschule
mit angegliedertem Internat,
Elementary School (3 Jahre – 5. Klasse),
Middle School (6. – 8. Klasse),
High School (9. – 12. Klasse)

■ **ausführliche Angaben:
Seite 158**

Foto: Bavaria Luftbild Verlags GmbH

Berlin

Königin-Luise-Stiftung – Schulen und Internat

Evangelische Internate Deutschlands

Name und Anschrift:
Königin-Luise-Stiftung Schulen und Internat
Podbielskiallee 78, 14195 Berlin (Dahlem)
Tel. 0 30/8 41 81-3
Fax 0 30/8 41 81-480
www.koenigin-luise-stiftung.de
internat@kls-berlin.de

Name des Trägers:
Königin-Luise-Stiftung Schulen und Internat

Internatsleitung: Eileen Leopold

Schulleitung/Ansprechpartner:
Grundschule: Alexander Kaiser,
Integrierte Sekundarschule: Claas Theesfeld,
Gymnasium: Dr. Matthias Schönleber

Schulstatus: staatlich anerkannt

Schularten:
Grund-, Integrierte Sekundarschule, Gymnasium

Schulische Ausrichtung:
grundständig – neusprachlich, Kooperation von Sekundarschule und Gymnasium

Konfession:
nicht gebunden

Sprachenfolge:
ISS: E-F-Sp
Gym: E-F/L-Sp

Internatsplätze:
56

Klassenstärke:
ca. 20

Externe Schüler:
861

Kosten/Monat:
intern: € 1.709,75
extern: Einkommensabhängig, max. € 355,–

Nebenkosten/Monat:
Klassen-/Internatsreisen, Freizeitaufenthalt (Sportverein o.ä.)

Pädagogische Schwerpunkte/Besonderheiten:
soziales Lernen, Hauptstadt-Aktivitäten, ausländische Partnerschaften, AG-Angebote, Musik, Theater, Sport, schuleigener Hort.

Tag der offenen Tür:
siehe Ankündigung auf der Homepage.

BBIS Berlin Brandenburg International School

Name und Anschrift:
BBIS Berlin Brandenburg International School
Schopfheimer Allee 10,
14532 Kleinmachnow (Berlin/Potsdam)
Tel. 03 32 03/80 36-0
Fax 03 32 03/80 36-121
www.bbis.de, office@bbis.de
www.facebook.com/BBISofficial
youtube.com/c/
BerlinBrandenburgInternationalSchoolBBIS

Name des Trägers: BBIS
Berlin Brandenburg International School GmbH

Internatsleitung:
Whitney Sterling

Schulleitung:
Direktor: Nick Hazell
Verwaltungsdirektor: Burkhard Dolata

Schulstatus:
Staatlich genehmigte Ersatzschule (1.–10. Klasse) bzw. Ergänzungsschule (11./12. Klasse), IB World School

Schularten: Private, internationale, englischsprachige Ganztagsschule mit angegliedertem Internat, Elementary School (3 Jahre – 5. Klasse), Middle School (6.–8. Klasse), High School (9.–12. Klasse)

Schulische Ausrichtung:
Künstlerische, naturwissenschaftliche, spachliche und sportliche Ausrichtung

Konfession: nicht gebunden

Sprachenfolge: E, D, F, Sp

Internatsplätze: w.: 40, m.: 40

Klassenstärke: ca. 20

Externe Schüler: ca. 620

Kosten/Monat: Internat: € 1.650,–
Schule: € 1.467,– bis € 1.567,–

Nebenkosten/Monat:
Sportbekleidung, Klassen-/Internatsreisen

Pädagogische Schwerpunkte/Besonderheiten: Anspruchsvolles englischsprachiges Schulprogramm im Rahmen des weltweit anerkannten International Baccalaureate (IB): Middle Years Program (MYP) für die Jahrgänge 9–10 und Diploma (IBDP) bzw. Career-related certificates Program (IBCP) für die Jahrgänge 11–12. Frisch renovierte Einzel- und Doppelzimmer mit privaten Bädern (en suite). Die gemütlichen Gemeinschaftsräume und das weitläufige Schulgelände bieten ein Zuhause für ca. 70 Jugendliche aus 30+ Ländern. Ein Betreuerteam lebt im Internat und beaufsichtigt die Internatsschüler morgens und abends sowie an Wochenenden. Das Internatsleben bietet u. a. ein englischsprachiges Umfeld, Hausaufgabenbetreuung, Lebenskunde und diverse Freizeitaktivitäten.

Tag der offenen Tür: Siehe Homepage bzw. Besichtigungstermin vereinbaren.

Internate in

Brandenburg

Brandenburg

03050 Cottbus
Haus der Athleten
Dresdner Straße 18
Tel. 03 55/4 99 00

Sportinternat

14943 Luckenwalde
Friedrich-Ludwig-Jahn-Oberschule
Ludwig-Jahn-Straße 27
Tel. 0 33 71/64 20 39

Gesamtschule mit gymnasialer Oberstufe,
Eliteschule des Sports

14641 Nauen
Leonardo-da-Vinci-Campus Nauen
Alfred-Nobel-Straße 10
Tel. 0 33 21/7 48 78 20

Gymnasium, Grundschule, Gesamtschule

16845 Neustadt/Dosse
Internat Schloss Spiegelberg gGmbH
Spiegelberg 34
Tel. 03 39 70/51 81 99

Gesamtschule mit besonderer Prägung,
gymnasiale Oberstufe und speziellem
sportlichen Profil Reitsport

15898 Neuzelle
Rahn Education –
Campus im Stift Neuzelle
Stiftsplatz 7
Tel. 08 00/39 39 018

Gymnasium,
Oberschule,
Sprachschule,
Musik- & Kunstschule

■ **ausführliche Angaben:
Seite 161**

14471 Potsdam
Wohnheim der Eliteschule
des Sports Potsdam
Zeppelinstr. 114–117
Tel. 03 31/2 89 82 40

Sportinternat

15834 Rangsdorf
Seeschule Rangsdorf
Stauffenbergallee 6
Tel. 03 37 08/4 49 47

Gymnasium,
Oberschule

Campus im Stift Neuzelle

Name und Anschrift:
Rahn Education – Campus im Stift Neuzelle
Dr. P. Rahn & Partner
Schulen in freier Trägerschaft
gemeinnützige Schulgesellschaft mbH
Stiftsplatz 7, 15898 Neuzelle
Kostenlose Servicenummer: 0800 39 39 018
www.internat-neuzelle.de
internatsleitung-nz@rahn.education

Campusleitung: Daniela Sahraoui

Internatsleitung: Rainer Karge

Schulstatus:
Staatlich anerkannte Ersatzschule,
Schule mit internationaler Ausrichtung,
Ganztagsschule

Schularten: Gymnasium, Oberschule, Sprachschule, Musik- & Kunstschule

Rahn Education Campus im Stift Neuzelle

VDP

Schulische Ausrichtung:
International, Naturwissenschaft, Wirtschaftswissenschaft, Sprachen, musikalisch-künstlerische Ausrichtung

Konfession: nicht gebunden

Sprachenfolge: E, Po, F, Sp, R, L

Internatsplätze: 83

Klassenstärke: 15–25

Schülerzahl insgesamt: 544

Kosten/Monat: Internat € 1.860, Gymnasium: € 173,–, Oberschule € 176,50

Pädagogische Schwerpunkte/Besonderheiten:
Interkulturalität beschränkt sich nicht allein auf Sprache. Dahinter steht eine Philosophie und Lebenshaltung aus Toleranz, Offenheit und Neugier auf Neues – all jene Dinge also, für die der Campus im Stift Neuzelle steht und die wir an unsere Schüler weitergeben.
Schülerinnen und Schüler aus über zehn Nationen lernen an unserer humanistischen Ganztagsschule mit einer sozial-kommunikativ ausgerichteten Pädagogik, durch die sie ihre sprachlichen, musisch-künstlerischen Talente weiterentwickeln können.
Wir bieten unseren Schülerinnen und Schülern ein breites Angebot an Fremdsprachen und musisch-künstlerischen Aktivitäten. So fördern wir ihre Kreativität und nicht zuletzt ihr Selbstbewusstsein in allen Lebensbereichen.
An unserem Campus können gegenwärtig folgende Abschlüsse erreicht werden: Deutsches Abitur, IB Diploma (DP), Erweiterte Berufsschulreife (EBR), Fachoberschulreife (FOR), Fachoberschulreife mit Qualifikation zum Besuch eines Gymnasiums (FORQ).

Internate in
Hessen

35469 Allendorf/Lumda
Burg Nordeck
Otto-Erdmann-Straße 6
Tel. 0 64 07/40 49-0

über Kinder- und Jugendhilfe,
Flex-Fernschule

37242 Bad Sooden-Allendorf
Sportinternat
Georg-Niege-Weg 1–3
Tel. 0 56 52/29 09

Sportinternat

34596 Bad Zwesten
CJD Jugenddorf-Christophorusschule Oberurff
Bergfreiheiter Straße 19
Tel. 0 56 26/99 84-0

Realschule,
Gymnasium

64297 Darmstadt
Schulzentrum Marienhöhe
Auf der Marienhöhe 32
Tel. 0 61 51/5 39 10

Gymnasium,
Realschule,
Grundschule,
Kolleg

■ **ausführliche Angaben: Seite 172**

64807 Dieburg
Private Tages- und Internatsschule Dieburg gGmbH
Altheimer Str. 50
Tel. 0 60 71/9 24 20

IGS Integrierte Gesamtschule,
Realschule,
Gymnasium

61209 Echzell
Internatsschule Institut Lucius
Forsthaus 1
Tel. 0 60 08/2 32

Gymnasium

■ **ausführliche Angaben: Seite 166–167**

60528 Frankfurt am Main
Haus der Athleten des Olympiastützpunktes Frankfurt am Main
Otto-Fleck-Schneise 8
Tel. 0 69/6 78 01-0 u. 6 78 01-117

Leistungssportinternat für ausgewählte Sportarten

65366 Geisenheim
Internatsschule Schloss Hansenberg
Hansenbergallee 11
Tel. 0 67 22/49 60

Für besonders leistungsmotivierte und leistungsfähige Schüler nach 9. Klasse
Oberstufeninternat

65589 Hadamar
Musisches Internat der Limburger Domsingknaben
Bernardusweg 6
Tel. 0 64 33/8 87-0

Tagesinternat für Jungen ab Klasse 1–13 (Mitglied im VKIT)

36166 Haunetal
Lietz-Internat Hohenwehrda
Schloss Hohenwehrda
Tel. 0 66 73/9 29 90

Realschule/Gymnasium bis Klasse 10/
Orientierungsstufe 5/6, Fachoberschule

■ **ausführliche Angaben: Seite 168**

36145 Hofbieber
Lietz-Internat Schloss Bieberstein
Tel. 0 66 57/79-0

Gymnasium (nur Oberstufe)

■ **ausführliche Angaben: Seite 169**

68623 Lampertheim
Privates Litauisches Gymnasium
Lorscher Straße 1
Tel. 0 62 56/3 22

Gymnasium

63225 Langen
Basketball-Teilzeit-Internat Langen
Berliner Allee 91
Tel. 0 61 03/7 94 20

Sportinternat

35321 Laubach
Laubach-Kolleg
Königsberger Str. 2
Tel. 06405 91200

Gymnasialen Oberstufe,
Realschule für Erwachsene

35041 Marburg
Daniel-Cederberg-Schule
Neuhöfe 17
Tel. 0 64 21/93 64 30

Förderschule

35043 Marburg
Steinmühle – Schule & Internat
Steinmühlenweg 21
Tel. 0 64 21/40 80

Gymnasium und externe Mittelstufenschule

■ **ausführliche Angaben: Seite 170–171**

65527 Niedernhausen
Privatgymnasium Königshofen
Niederseelbacher Str. 64
Tel. 0 61 27/57 34

Gymnasium

68589 Viernheim
Metropolitan International School
Walter-Gropius-Allee 3
Tel. 0 62 04/7 08 77 96
Grundschule und das Gymnasium

Internatsschule Institut Lucius
Gymnasium

Name und Anschrift:
Internatsschule Institut Lucius
Forsthaus 1, 61209 Echzell
Tel. 0 60 08/2 32, Fax 0 60 08/73 32
www.internat-lucius.de, info@internat-lucius.de

Name des Trägers:
Schulverein Forsthaus bei Echzell e.V.

Internatsleitung: Laura Lucius

Schulleiterin/Ansprechpartnerin:
Laura Lucius

Schulstatus: staatlich anerkannte Privatschule

Schularten: Gymnasium,
Klasse 5–9 wieder nach G9, 10–12 noch G8

Schulische Ausrichtung: Neusprachlich.
Nach den hessischen Rahmenrichtlinien

VDP

Konfession: nicht gebunden

Sprachenfolge:
Klasse 5: E, Klasse 7: F oder L, E-Phase-Sp

Internatsplätze: w. und m. gesamt: 190

Klassenstärke: Ø 20

Externe Schüler:
Ganztagsschule für Klassen 5 und 6

Kosten/Monat: Stand 01.02.2019:
Klasse 5–6: € 1.660,–,
Klasse 7–9: € 1.960,–,
Klasse 10–12: € 2.060,–;
Ganztagesschüler nur Klasse 5/6: € 1.060,–

Nebenkosten/Monat: ca. € 100,–

Pädagogische Schwerpunkte/Besonderheiten:
In der gymnasialen Oberstufe sehr kleine Leistungs- und Grundkurse. Förder- und Stützkurse in Mathematik, Physik und Deutsch. Qualifizierte Betreuung in der obligatorischen Studierzeit. Kunst-Leistungskurs. Ausgeprägtes musikalisches Leben. Ausgewogene Betreuung nach der Schule, vor allem auch für unsere Jüngsten. Darstellendes Spiel in den Klassen 7, 9, 10, Q1–Q4. Band, Theater- und Musical-AG, Chor, Instrumental- und Gesangsunterricht, Astronomie-AG. Sport: Fußball, Volleyball, Basketball, Badminton, Tennis, Leichtathletik, Beach-Volleyball, Tischtennis, Fitness. Klassen 5 und 6: In unserer kleinen Unterstufe finden unsere Schülerinnen und Schüler eine ideale Fortsetzung der behüteten, persönlichen und strukturierten Arbeitsweise der Grundschule gepaart mit den Inhalten und Ansprüchen eines staatlich anerkannten Gymnasiums.

Tag der offenen Tür: 16.02.2019 von 10 – 16 Uhr und jeder Zeit nach Vereinbarung und speziell für die Oberstufe: 04.05.2019 von 10 – 16 Uhr

Lietz Internat Hohenwehrda

Name und Anschrift:
Lietz Internat Hohenwehrda
Schloss Hohenwehrda, 36166 Haunetal
Tel. 0 66 73/9 29 90
Fax 0 66 73/9 29 940
www.internat-hohenwehrda.de
hohenwehrda@lietz-schule.de
www.facebook.com/
HermannLietzSchuleHohenwehrda

Name des Trägers:
Stiftung Deutsche Landerziehungsheime
Hermann-Lietz-Schule,
Im Grund 2, 36145 Hofbieber

Internats- und Schulleitung:
Sabine Hasenjaeger

Schulstatus:
staatlich anerkannte Privatschule

Schularten:
Realschule/Gymnasium bis Klasse 10/
Orientierungsstufe 5/6, Fachoberschule
(Schwerpunkt Sozialwesen)

HERMANN-LIETZ-SCHULE

VDP

die internate VEREINIGUNG e.V.

Schulische Ausrichtung:
Hess. Lehrplan nach ganzheitlicher
Pädagogik von Dr. Hermann Lietz

Konfession: nicht gebunden

Sprachenfolge: E, F, L, Sp

Internatsplätze: w.: 50, m.: 70

Klassenstärke: 12–16

Externe Schüler: keine

Kosten/Monat:
€ 3.075,– (Schuljahr 2019/2020)

Nebenkosten/Monat: ca. € 200,–

Pädagogische Schwerpunkte/Besonderheiten:
- Schwerpunkt Musik und Theater: Gesangs- und Chorausbildung, Instrumentalunterricht, Darstellendes Spiel
- fundiertes Integrationsprogramm für internationale Schüler (Deutsch als Fremdsprache, individuelle Stundenpläne, Anerkennung der Muttersprache als zweite Fremdsprache, kontinuierliche Wochenend- und Ferienbetreuung)

Tag der offenen Tür: zweimal im Jahr, Termin wird auf der Homepage bekannt gegeben.

Lietz Internat Schloss Bieberstein

Name und Anschrift:
Lietz Internat Schloss Bieberstein
Schloss Bieberstein, 36145 Hofbieber
Tel. 0 66 57/79-0
Fax 0 66 57/79-51
www.internat-schloss-bieberstein.de
bieberstein@lietz-schule.de
www.facebook.com/
HermannLietzSchuleBieberstein
www.instagram.com/internat_
schloss.bieberstein

Name des Trägers:
Stiftung Deutsche Landerziehungsheime
Hermann-Lietz-Schule,
Im Grund 2, 36145 Hofbieber

Internats- und Schulleitung:
Michael Meister

Schulstatus:
staatlich anerkannte Privatschule

Schularten: Gymnasium (nur Oberstufe) mit Einführungsphase und E-International

HERMANN-LIETZ-SCHULE

VDP

die internate VEREINIGUNG e.V.

Schulische Ausrichtung:
Hess. Rahmenplan nach ganzheitlicher Pädagogik von Dr. Hermann Lietz

Konfession: nicht gebunden

Sprachenfolge: E, L, F, Sp

Internatsplätze: w.: 50, m.: 60

Klassenstärke: 10–15 Schüler

Externe Schüler: keine

Kosten/Monat:
€ 3.075,– (Schuljahr 2019/2020)

Nebenkosten/Monat:
ca. € 250,– (Fahrgeld, Exkursionen etc.)

Pädagogische Schwerpunkte/Besonderheiten:
• Schwerpunktfächer neben dem gängigen Fächerkanon der hessischen Oberstufenverordnung: Wirtschaftswissensschaften und Kunst. • individuelle Fördermöglichkeiten für den einzelnen Schüler • Gilden und praktische Arbeiten mit musisch-künstlerischen und sportlichen Schwerpunkten (Theater, Goldschmiede, Klettern, Reiten, Kampfsport, ...) bilden ein umfangreiches Freizeitangebot. • In Anlehnung an Pestalozzi – Leben und Lernen mit Kopf, Herz und Hand. • E-International: Im ersten Schulhalbjahr findet schulisches Arbeiten in Verbindung mit Erfahrungslernen in vielfältigen Projekten weltweit statt während der Unterricht nach hessischem Lehrplan via E-Learning von Bieberstein aus gestaltet und betreut wird.

Tag der offenen Tür: einmal im Jahr, Termin wird auf der Homepage bekannt gegeben.

Steinmühle – Schule & Internat

die internate VEREINIGUNG e.V. VDP

Name und Anschrift:
Steinmühle – Schule & Internat
Steinmühlenweg 21
35043 Marburg
Tel. 0 64 21/4 08-0
Fax 0 64 21/4 08-40
www.steinmuehle.de
internat@steinmuehle.de

Name des Trägers:
Steinmühle – Schule & Internat

Internatsleitung:
Nils Schwandt / Anke Muszynski

Schulleitung:
Björn Gemmer / Bernd Holly

Schulstatus:
staatlich anerkanntes Gymnasium

Schularten:
Gymnasium und externe Mittelstufenschule (Realschule mit beruflichem Schwerpunkt)

Schulische Ausrichtung:
Sek I: Gebundenes Ganztagsschulkonzept mit Schwerpunkt auf individuellem Fördern und sozialem Lernen. (G8/G9 Optionsmodell); Sek II: Profiloberstufe mit breitem Leistungskursangebot, u.a. LK Kunst u. Sport

Konfession: nicht gebunden

Sprachenfolge: E ab Klasse 5; F, L oder Sp ab Klasse 7; Sp, I oder R ab der Oberstufe

Internatsplätze: 70

Klassenstärke: 15–20

Externe Schüler/innen: ca. 550

Kosten/Monat: ab € 1.790,–

Nebenkosten/Monat: ca. € 100,–

Pädagogische Schwerpunkte/Besonderheiten:
- Breites Oberstufenangebot, Sportinternat, Lernbüro
- Stabiles und soziales Umfeld für eine erfolgreiche Persönlichkeits- und Kompetenzentwicklung.
- Tägliches „Lernbüro-Angebot": Diagnose des Leistungsstandes und des individuellen Lernverhaltens, hohe Feedbackkultur
- Berufs- und Studienorientierung
- Reichhaltige Freizeitangebote, z.B. Rudern als Schul- und Leistungssport, Tennis, Reiten, Klettern, wechselndes AG-Angebot
- Erlebnispädagogisch orientierte Wochenendaktivitäten
- DGE-premiumzertifizierte Internatsküche

steinmuehle.de

Internat und Schule: ein starkes Team!

Die Steinmühle ist ein angesehenes Stadtinternat mit begehrter Privatschule (staatliches anerkanntes Gymnasium in freier Trägerschaft) und vielfältigen Lern-, Sport- und Freizeitangeboten. Idyllisch an der Lahn gelegen, bietet sie Kindern und Jugendlichen einen Lebens- und Bildungsraum, in dem sie sich zu eigenständigen, glücklichen und verantwortungsbewussten Menschen entwikkeln können.

Lage

In der Mitte von Hessen am Rande der Universitätsstadt Marburg.

Gute Verkehrsanbindung:
90 km bis Frankfurt-Flughafen,
95 km bis Kassel

Unsere Philosophie

Eigenverantwortung und Selbstwirksamkeit, Freude am Lernen, Vertrauen in sich und andere, Klarheit, Mut, Begeisterungsfähigkeit und Empathie sind wichtige Grundpfeiler für ein erfülltes Leben.

Dies möchte die Steinmühle vermitteln und damit jungen Menschen ermöglichen, sich in unterschiedlichsten Situationen zurechtzufinden und Herausforderungen neugierig, kompetent und gelassen anzunehmen.

Schulzentrum Marienhöhe

Name und Anschrift:
Schulzentrum Marienhöhe
Auf der Marienhöhe 32
64297 Darmstadt
Tel. 0 61 51/53 91-0
Fax 0 61 51/53 91-168
www.marienhoehe.de
info@marienhoehe.de

Name des Trägers:
Schulzentrum Marienhöhe gGmbH

Internatsleitung:
Caroline Naumann

Schulleitung:
Dr. Christian Noack, OStR

Schulstatus:
staatlich anerkannte Privatschule

Schularten:
Gymnasium, Realschule, Grundschule, Kolleg

Schulische Ausrichtung:
Allgemeinbildendes Schulzentrum,
Abitur, Mittlere Reife

Konfession: erwartet wird eine respektvolle Einstellung zum christlichen Glauben

Sprachenfolge: 1. Fremdsprache: E
2. Fremdsprache: F, L oder Sp

Internatsplätze: w.: 50, m.: 50

Klassenstärke: 20–24

Externe Schüler: ca. 700

Kosten/Monat:
Schülern/innen Deutschland € 1.740,– ;
international € 2.090,–

Nebenkosten/Monat:
Taschengeld, Schulmaterial, Sonderveranstaltungen

Pädagogische Schwerpunkte/Besonderheiten:
christliches ganzheitliches Menschenbild, wertschätzende pädagogische Haltung zu unseren Schülern, positive Lernatmosphäre, Zertifikat „Gesundheitsfördernde Schule" (HKM), Klimaschutzschule (BMU), Coaching-Gespräche, Lernbüro(fachlich betreute Lernzeiten), Energieagentur für Schüler, jährliches Entwicklungshilfeprojekt im Ausland, Surffreizeiten, Sportklettern, Musikbands, kostenlose Begegnungswoche für interessierte Schüler Anfang Februar 2019, vielfältige Wochenend-Aktivitäten u.v.m.

Tag der offenen Tür: 17.11.2019

Internate in

Mecklenburg-Vorpommern

17489 Greifswald
Ostseegymnasium Greifswald
Pappelallee 1
Tel. 0 38 34/87 24 50

Gymnasium

17033 Neubrandenburg
Neubrandenburger Wohnungsgesellschaft mbH – Das Internat für junge Leute
Badeweg 4
Tel. 03 95/4 50 19 50

Eliteschule des Sports

18057 Rostock
CJD Christophorusschule Rostock
Groß Schwaßer Weg 11
Tel. 03 81/8 07 11 48

Gymnasium, Eliteschule des Sports, Hochbegabtenförderung ab Kl. 9

19059 Schwerin
Internat des Sportgymnasiums
Von-Flotow-Str. 20
Tel. 03 85/79 51 91

Eliteschule des Sports

17192 Torgelow am See
Internat Schloss Torgelow
Privates Internatsgymnasium
Schlossallee 1
Tel. 0 39 91/6 24-0

Gymnasium

ausführliche Angaben: Seite 175

Internat Schloss Torgelow

Name und Anschrift:
Internat Schloss Torgelow
privates Internatsgymnasium
Schloss 1, 17192 Torgelow am See
(bei Waren/Müritz)
Tel. 0 39 91/6 24-0, Fax 0 39 91/6 24-211
www.schlosstorgelow.de
sekretariat@schlosstorgelow.de

Name des Trägers:
Familie Lehmann (Trägerfamilie)
Schloss Torgelow Helge Lehmann KG

Internatsleitung: Markus Klein

Schulleitung: Heidrun Franke

Schulstatus:
staatlich anerkanntes Gymnasium

Schularten: Gymnasium (G8)

Schulische Ausrichtung:
alle Züge

Konfession: nicht gebunden

Sprachenfolge:
E-F, E-F-Sp, E-L, E-L-Sp, E-R, R-E

Internatsplätze: w.: 118, m.: 118

Klassenstärke: 12 (höchstens)

Externe Schüler: 30

Kosten/Monat: Klasse 5–7: € 2.882,–, Klasse 8–10: € 2.998,–, Oberstufe: € 3.109

Nebenkosten/Monat: nach Verbrauch

Pädagogische Schwerpunkte/Besonderheiten: Höchstens 12 Schüler in der Klasse – Abitur nach 12 Jahren – leistungsorientierte Begabtenförderung – besondere Eignung für motivierte und interessierte Schüler – 3 ½ Monate Aufenthalt an einem englischen Internat in der 9. Klasse – Testcenter der Cambridge Universität für international anerkannte Sprachzertifikate – bis zu 4 moderne Fremdsprachen – Berufsvorbereitungsangebote in Seminarform – MINT-Schwerpunkt – Wirtschaftsschwerpunkt mit Teilnahme an business@school – Juniorstudium – Abiturdurchschnitt 2018: 1,66 – Klassen mit interaktiven Smartboards – ein eigenes Internatshaus für die 5. bis 7. Klasse – moderne Internatszimmer – komplett renovierte Mensa direkt am Torgelower See – mehr als 80 außerschulische Aktivitäten nach Wahl – u.a. Golf-, Tennis-, Reit-, Theater-, Fußball-, Leichtathletik-, Video-, Modedesign-, Outdooradventure-, Triathlon-, Judo- und Segelprojekte, Copterbau, Gedächtnistraining, Astronomie. Mehr Informationen und Videos unter: www.schlosstorgelow.de.

Tag der offenen Tür: Eine individuelle Terminvereinbarung ist jederzeit möglich. Zusätzlich wird in jedem Monat ein Informationstag angeboten. Termine unter www.schlosstorgelow.de.

Internate in

Niedersachsen

27624 Bad Bederkesa
Niedersächsisches Internatsgymnasium
Bad Bederkesa
Seminarstr. 8
Tel. 0 47 45/9 28 70

Gymnasium

38667 Bad Harzburg
Burgberg-Gymnasium
Alter Kaiserweg 3
Tel. 0 53 22/9 65 70

Gymnasium, Realschule

■ **ausführliche Angaben: Seite 180**

38667 Bad Harzburg
Niedersächsisches Internatsgymnasium
Bad Harzburg
Amsbergstr. 16
Tel. 0 53 22/96 63 30

Gymnasium

37441 Bad Sachsa
Pädagogium Bad Sachsa
Ostertal 1–5
Tel. 0 55 23/3 00 10

Gymnasium, Realschule

■ **ausführliche Angaben: Seite 181**

38102 Braunschweig
CJD Braunschweig
Leonhardplatz 6
Tel. 05 31/7 07 80

International School Braunschweig-Wolfsburg (IS) und Gymnasium Christophorusschule

■ **ausführliche Angaben: Seite 182**

21368 Dahlem-Marienau
Schule Marienau
Neetzetalstraße 1
Tel. 0 58 51/9 41-0

Gymnasium

■ **ausführliche Angaben: Seite 183 und Seite 24–25**

31008 Elze
CJD Jugenddorf- Christophorusschule
Elze Begabten- und Neigungsförderung
Dr. Martin-Freytag-Str. 1
Tel. 0 50 68/46 61 47

Gymnasium

26427 Esens
Niedersächsisches
Internatsgymnasium
Auricher Str. 58
Tel. 0 49 71/91 30

Gymnasium

49584 Fürstenau-Schwagstorf
Mädcheninternat im St. Marienstift
Kellinghausen 1
Tel. 0 59 01/3 09-320

Hauptschule und Realschule
mit Klasse 10 für Mädchen,
Ersatzschule
(Mitglied im VKIT)

30169 Hannover
Sportinternat am Olympiastützpunkt
Niedersachsen
Ferdinand-Wilhelm-Fricke-Weg 10
Tel. 05 11/1 26 83 50

Leistungssportinternat für
ausgewählte Sportarten

29693 Hodenhagen
Gutshof Hudemühlen gGmbH
Gutsweg 1
Tel. 0 51 64/97 11 71

Förderschule Schwerpunkt
geistige Entwicklung

37603 Holzminden
Internat Solling
Einbecker Straße 1
Tel. 0 55 31/1 28 70

Gymnasium

■ **ausführliche Angaben:
Seite 186**

26474 Spiekeroog
Hermann Lietz-Schule
Spiekeroog
Hellerpad 2
Tel. 0 49 76/9 10 00

Gymnasium

■ **ausführliche Angaben:
Seite 184–185 und Seite 14–15**

49832 Thuine
Jungeninternat Thuine
Mühlenstr. 1
Tel. 0 59 02/5 01-313

Grund- und Hauptschule,
Realschulabschluss möglich
(Mitglied im VKIT)

Burgberg-Gymnasium

Name und Anschrift:
Burgberg-Gymnasium und -Realschule
Alter Kaiserweg 3, 38667 Bad Harzburg
Tel. 0 53 22/9 65 70
Fax 0 53 22/96 57 30
www.burgberg-gymnasium.de
organisation@burgberg-gymnasium.de

Name des Trägers:
Schulverein Burgberg-Gymnasium e.V.

Internatsleitung:
Holger Heinrich

Schulleitung/Ansprechpartner:
Maika Maaß

Schulstatus:
staatlich anerkannte Ersatzschule

Schularten:
Gymnasium, Realschule

Konfession:
nicht gebunden

Sprachenfolge:
E ab Klasse 5; L/F ab Klasse 6

Internatsplätze:
45

Klassenstärke:
15–20

Externe Schüler:
ca. 200

Kosten/Monat:

Klasse 5–6:	€ 1.522,–
Klasse 7–9:	€ 1.542,–
Klasse 10–12:	€ 1.582,–

Nebenkosten/Monat:
keine

Niedersachsen

Pädagogische Schwerpunkte/Besonderheiten:
Beschulung von Klasse 5–12, Ganztagsschule, Legasthenikerbetreuung, individuelle Fördermaßnahmen, Hausaufgabenbetreuung in Schule und Internat, vielfältige Arbeitsgemeinschaften, Computerraum und Internetzugang in Schule und Internat, Lage des Internats unmittelbar am Nationalpark Harz. Soziales Profil im Realschul-Zweig.

Tag der offenen Tür:
jeweils im Frühjahr.

Pädagogium Bad Sachsa

Name und Anschrift:
Internatsgymnasium
Pädagogium Bad Sachsa
Ostertal 1–5
37441 Bad Sachsa
Tel. 0 55 23/30 01-0
Fax 0 55 23/30 01-44
www.internats-gymnasium.de
kontakt@internats-gymnasium.de
www.facebook.com/paeda

Name des Trägers:
Waldheimschule Pädagogium Bad Sachsa
Kulenkampffstiftung e.V.

Internatsleitung:
Torsten Schwark, StD i. Pr.

Schulleitung:
Sido Kruse, OStD i. Pr.

Schulstatus:
staatlich anerkannte Privatschule, älteste Schule in Nord- und Mitteldeutschland in freier Trägerschaft (gegr. 1890)

VDP

Schularten: Gymnasium
(Abitur mit eigener Prüfungskommission),
Realschule (Besuch der öffentlichen Schule)

Schulische Ausrichtung:
neusprachlich, mathematisch/naturwissenschaftlich, gesellschaftswissenschaftlich

Konfession: nicht gebunden

Sprachenfolge: E-F oder E-L oder
ab Klasse 11 F oder L

Internatsplätze: w.: 20, m.: 30

Klassenstärke: ca. 16–26

Externe Schüler: 270

Kosten/Monat: (Geschwisterermäßigung)
Kl. 5–10: € 1.750,–, Kl. 11–13: € 1.850,–

Nebenkosten/Monat: ca. € 75,–

Pädagogische Schwerpunkte/Besonderheiten: Abitur im Hause (eigene Prüfungskommission), Prüfungszentrum für Sprachzertifikate (Cambridge, DELF), Vorbereitung auf Bio-Olympiade, intensive Förderung und Hausaufgabenbetreuung, Bläser- und Streicherklasse, Bigband, Musical, Konzentrations- und Entspannungstraining, Lernmethodik, vielfältige Arbeitsgemeinschaften, Informatikkurse, Rhetorik- und Bewerbungstraining, Berufsfindung (pers. Beratung und Seminare vor Ort, Besuch von Bildungsmessen), Computerführerschein (ECDL) im Haus, Gewaltprävention, Mensa, Cafeteria.

Tag der offenen Tür: siehe Homepage.

CJD Braunschweig

Name und Anschrift:
CJD Braunschweig
Internat | Wohnbereich
Leonhardplatz 6
38102 Braunschweig
www.internat-braunschweig.de
www.bildungskompass-braunschweig.de

Name des Trägers: CJD Braunschweig

Internatsleitung: Bianca Wassermann, Mirjam Schmidt, Ann-Marie Baucke

Schulstatus: staatlich anerkannt, certified Cambridge school and IB World School (nur International School Braunschweig - Wolfsburg)

Angegliederte Schulen:
International School Braunschweig-Wolfsburg, Dr. Wilhelm-Meyer-Gymnasium (Christophorusschule)

Konfession: nicht gebunden

Internatsplätze:
(International School + Gymnasium): 134

Klassenstärke:
20–24 (je nach Schule und Jahrgang)

Externe Schüler: 1.000 (beide Schulen)

Kosten/Monat: ab € 1.445,–

Pädagogische Schwerpunkte/Besonderheiten: Die Devise unseres Internats lautet „living diversity – Vielfalt leben". Die Schülerinnen und Schüler unterschiedlichster Herkunft bilden eine besondere internationale Gemeinschaft. Dabei verstehen wir uns als aktiver und verlässlicher Partner. Mit besonderen Programmen, konzipiert und umgesetzt von einem multiprofessionellen Team, untermauern wir diesen Anspruch. Kinder und Jugendliche mit einem besonderen Betreuungsbedarf sind ebenso willkommen wie Schülerinnen und Schüler, die ein gutes Abitur oder das IB Diploma anstreben. Im Herbst 2018 sind wir in einen Neubau mit modernen, großzügigen und freundlichen Räumen gezogen. Die beiden Schulen, der Hauptbahnhof und die Innenstadt sind fußläufig gut erreichbar. Unser Internat ist Bestandteil des bundesweit beachteten integrativen Stadtviertels „Quartier St. Leonhard". Dort erleben Menschen generationsübergreifend eine unterstützende Nachbarschaft, in der sie wohnen, arbeiten und lernen können – auch wenn sie mit Einschränkungen leben. Unsere Angebote beinhalten **Erlebnispädagogik** und zahlreiche Sportmöglichkeiten, Förderunterricht zur individuellen Unterstützung sowie Programme für **Hochbegabte**. Im Rahmen unseres **Bildungskompasses** ermöglichen wir interessierten Schülerinnen und Schülern eine Probewoche mit Schullaufbahnberatung. Während der erlebnisreichen sechs Tage erarbeiten wir unter anderem ein individuelles Begabungsprofil der Teilnehmerinnen und Teilnehmer.

Tag der offenen Tür: 29.11.2019 (14–18 Uhr): Christophorusmarkt im CJD Braunschweig

Schule Marienau

Siehe auch S. 24–25

die internate VEREINIGUNG e.V.

Name und Anschrift:
Schule Marienau
Neetzetalstraße 1, 21368 Dahlem-Marienau
Tel. 0 58 51/9 41-0
Fax 0 58 51/9 41-30
www.marienau.de, sekretariat@marienau.de
FB: www.facebook.com/Marienau
www.instagram.com/internat_marienau/

Name des Trägers:
Schule Marienau e.V.

Leiterin: Heike Elz

Internatsleiter: Tobias Karrasch

Kaufmännischer Leiter: Maik Lüdemann

Schulstatus: staatlich anerkannt

Schularten: Gymnasium

Schulische Ausrichtung: Sprachliches, naturwissenschaftliches, künstlerisches und gesellschaftswissenschaftliches Profil

Konfession:
nicht gebunden

Sprachenfolge:
E ab Klasse 5, F, Sp oder L ab Klasse 6
Sp als 3. Fremdsprache ab Klasse 11

Internatsplätze: 140

Tagesheimplätze: 55

Klassenstärke: ca. 16

Externe Schüler: 70

Kosten/Monat:
Klasse 5–10: € 2.945,–
Oberstufe: € 3.020,–

Nebenkosten/Monat:
ca. € 125,–

Pädagogische Schwerpunkte/Besonderheiten: UNESCO-Projektschule, „High Seas High School", mehrfach ausgezeichnete Umweltschule, Austausch mit mehreren Schulen im Ausland, kleine Klassen, individuelle Förderung, LRS-Förderung, schulische Wettbewerbe, Förderkurse in den Hauptfächern von Klasse 5–10. Internationales Team, Deutsch als Fremdsprache, Abiturvorbereitungskurse, Methodik. Zahlreiche AGs: Reiten, Tennis, Golf, Klettern, Bogenschießen, Rope-Skipping, Trampolin, Theater, Kunst, Offene Werkstatt, Kochen etc.

Tag der offenen Tür: 11. Mai 2019 / Altschüler Treffen: 29./30. Mai 2019, Infoveranstaltung der künftigen 5. Klasse 09. Feb. 2019, Sommerfest 06./07. Juli 2019, Lern-Erlebniskurs 14. Juli – 03. August 2019.

Hermann Lietz-Schule Spiekeroog

Siehe auch S. 14–15

Name und Anschrift:
Hermann Lietz-Schule Spiekeroog
Hellerpad 2, 26474 Spiekeroog
Tel. 0 49 76/91 00-0
Fax 0 49 76/91 00-91
www.lietz-spiekeroog.de
info@lietz-spiekeroog.de

Name des Trägers:
Hermann Lietz-Schule Spiekeroog gGmbH

Internatsleitung:
Fabian Johannsmeier, Dipl.-Päd.

Schulleitung:
Florian Fock OStD

Schulstatus:
staatlich anerkanntes Gymnasium

Schularten:
Gymnasium ab Klasse 5,
Klasse 5-7 Orientierungsstufe

die internate VEREINIGUNG e.V.

Schulische Ausrichtung:
sprachlich, sportlich, naturwissenschaftlich, gesellschaftswissenschaftlich, künstlerisch

Konfession: nicht gebunden

Sprachenfolge: E ab 5. Klasse;
F, Sp oder L ab 6. Klasse; Sp ab 10. Klasse.
Schüleraustausch mit Neuseeland

Internatsplätze: gesamt 98

Klassenstärke: Ø 12–18

Externe Schüler: ca. 20

Kosten/Monat: Kl. 5-10: € 2.870
Kl. 11-13: € 2.970

Nebenkosten/Monat: ca. € 150

Pädagogische Schwerpunkte/Besonderheiten:

- Reformpädagogik nach Lietz. Kleine Schule, ca. 100 Schüler. Große Gemeinschaft. Lernen in kleinen Gruppen mit ca.12-18 Schülern (Lehrer-Schüler-Relation 1:5). Intensive Förderung & Betreuung.
- Gilden & AGs: Handwerkliche, kreative Fähigkeiten erwerben im Deichbau, Bootsbau, Tierhaltung, Beathaus u.a.
- Leben in familiären Gruppen: Freunde finden, Familie leben, Geborgenheit erfahren. Miteinander in Familiengruppen zu je 5-7 Schülern plus ein/e LehrerIn mit Partner und deren eigenen Kindern.
- Großes Sportangebot: Segeln, Surfen, Tennis, Beachvolleyball, Reiten, Handball, Unihoc, Schwimmen etc.
- Leben im UNESCO Weltnaturerbe Wattenmeer: Umweltbildungsarbeit im schuleigenen „Nationalpark-Haus Wittbülten" mit Forschungszentrum. In Kooperation mit Uni Oldenburg (Inst. f. Chemie & Biologie d. Meeres).
- Aussergewöhnliche Projekte: High Seas High School - Das segelnde Klassenzimmer / Sommer-Insel-Uni

Tag der offenen Tür: 27. April 2019 / 22. Juni 2019 / 09. Nov. 2019 / 15. Feb. 2020

Das segelnde Klassenzimmer

Ein Projekt der Hermann Lietz-Schule Spiekeroog

Name und Anschrift:
High Seas School – Das segelnde Klassenzimmer gGmbH am Internat Hermann Lietz-Schule Spiekeroog
Hellerpad 2, 26474 Spiekeroog
www.high-seas-high-school.de
info@high-seas-high-school.de

Name des Trägers:
Hermann Lietz-Schule Spiekeroog

Geschäftsführer: Jan Gerd Reiners

High Seas High School – jährlich:

- Jeden Herbst stehen bis zu 30 Schüler für sieben Monate mit einem traditionellen Großsegler in See. Über den Atlantik, in die Karibik, nach Panama, Costa Rica und Kuba und wieder zurück nach Norddeutschland
- Gemeinsam den Atlantik überqueren, ferne Länder entdecken & Menschen am anderen Ende der Welt kennenlernen kennenlernen.
- Fertigkeiten der Seemannschaft erlernen – Navigation, Segelführung, Wetterkunde.
- In Mittelamerika: in Gastfamilien leben, auf einer Finca arbeiten, tauchen lernen, Exkrusionen im Regenwald

Vorraussetzung zur Bewerbung:
Schüler & Schülerinnen aus ganz Deutschland und dem Ausland, die im Frühjahr des Bewerbungsjahres in der 9. oder 10. Klasse einer weiterführenden Schule sind; Segelvorkenntnisse nicht erforderlich.

Termin High Seas High School:
jedes Jahr, ca. 7 Monate von Oktober – Mai

Unterricht an Bord:
Die Schüler werden an Bord von Lehrern unterrichtet. Unterrichtsinhalte orientieren sich am niedersächsischen gymnasialen Lehrplan; Besonderheiten und Abweichungen anderer Bundesländer werden berücksichtigt. Die Teilnahme an der High Seas High School ist schulrechtlich anerkannt. Am Ende wird ein Zeugnis ausgestellt.

Bewerbungsfrist:
jedes Jahr bis Ende März

Kosten: € 23.800,– für ca. 7 Monate, zzgl. Taschengeld

Noch Fragen? Bitte eine E-Mail mit Tel.-Nr. schicken: kontakt@high-seas-high-school.de
Wir rufen zurück.

Ausserdem – Summer HSHS: In den Sommerferien drei Wochen Ostsee-Segeltörn mit Englischunterricht für SchülerInnen der 7./8. Klasse auf einer 2-Mast-Gaffelketsch.
Weitere Infos zur High Seas High School & SUMMER High Seas High School:
www.high-seas-high-school.de

Internat Solling

die internate VEREINIGUNG e.V.

Name und Anschrift:
Internat Solling
Einbecker Straße 1, 37603 Holzminden
Tel. 0 55 31/12 87-0, Fax 0 55 31/12 87-88
www.internatsolling.de, info@internatsolling.de

Name des Trägers: Gemeinnützige Stiftung Landschulheim am Solling

Internats- und Schulleitung:
Helga Volger

Schulstatus: staatlich anerkanntes Gymnasium in freier Trägerschaft

Schularten: Gymnasium

Schulische Ausrichtung: Alle fünf Oberstufenprofile (sprachl., naturwissenschaftl., gesellschaftwissenschaftl., musisch-künstl., sportl.), MINT-EC Schule, UNESCO-Projektschule, Sportfreundliche Schule

Konfession:
nicht gebunden

Sprachenfolge:
Klasse 5 E, Klasse 6 F/L/Sp,
ab Einführungsphase Oberstufe Sp

Internatsplätze:
w.: 100, m.: 100

Klassenstärke: 10–20

Externe Schüler: 50

Kosten/Monat: € 2.902,–

Nebenkosten/Monat:
Taschengeld, Exkursionen usw.

Pädagogische Schwerpunkte/Besonderheiten: Stärkung und Förderung von Jugendlichen im Sinne ganzheitlicher Bildung, die Leben und Lernen, akademische Bildung und Charakterbildung als Einheit versteht. Über 20 Leistungsstipendien für besonders begabte Jugendliche. MINT-EC- & UNESCO-Schule, in der nicht nur die Lehre, sondern forschendes eigenverantwortliches Lernen gefragt ist. In einem familiären und zugleich internationalen, weltoffenen Miteinander werden positive Schulerfahrungen gemacht, Talente entdeckt und Freundschaften für's Leben geknüpft. Klare Strukturen und Rituale geben Halt und verlässliche Orientierung. Der übliche Fächerkanon wird durch Kompetenzkurse von „Lernen lernen" bis zu „Rhetorik" und durch Neigungsfächer wie Theater, Menschenrechte u.v.m ergänzt. Zahlreiche AGs und ein vielfältiges Sport- und Freizeitprogramm (z.B. eigene FN-zertifizierte Reitanlage, Tennisplätze, Fitnessraum, Beachvolleyballplatz) bilden ein wichtiges Gegengewicht zur intellektuellen Anstrengung. Wir wollen unsere Schüler zu geistiger Neugier und Leistung anregen, damit sie sich zu starken und mündigen Persönlichkeiten entwickeln.

Tag der offenen Tür: 12.05.2019

Internate in

Nordrhein-Westfalen

52066 Aachen-Siegel
Internat des Berufskollegs für Wirtschaft und Verwaltung, Sonderschule für Körperbehinderte
Kalverbenden 91
Tel. 02 41/60 04-0

Berufsfachschule mit Internat

57439 Attendorn
Erzbischöfliches Internat für Jungen
Collegium Bernardinum
Nordwall 26
Tel. 0 27 22/63 48 86-0

Haupt- und Realschule, Gymnasium, Sekundarschule
(Mitglied im VKIT)

53604 Bad Honnef
Schloss Hagerhof
Menzenberg 13
Tel. 0 22 24/9 32 50

Gymnasium, Realschule, Ganztagesschule

■ **ausführliche Angaben: Seite 194**

57334 Bad Laasphe
Institut Schloß Wittgenstein
Schloß Wittgenstein
Tel. 0 27 52/4 74 30

Realschule, Gymnasium

■ **ausführliche Angaben: Seite 192–193**

53902 Bad Münstereifel
Apostolische Schule der Legionäre Christi e.V.
Linnerijstraße 25
Tel. 0 22 53/54 69 20

Gymnasium
(Mitglied im VKIT)

59909 Bestwig
Julie-Postel-Haus
Bergkloster
Tel. 0 29 04/8 08-201 oder -174

Berufsfachschule mit Internat

44866 Bochum
Haus der Athleten
Hollandstraße 95
Tel. 0 23 27/9 48 20

Versch. Schwerpunktsportarten einschließlich Behindertensportabteilung für Leichtathletik

53177 Bonn
Aloisiuskolleg – GONZAGAprep
Elisabethstraße 18
Tel. 02 28/82 00 32 01

Gymnasium
(Mitglied im VKIT)

■ **ausführliche Angaben: Seite 195**

53177 Bonn
Collegium Josephinum Bonn – PM
Kölnstraße 413
Tel. 02 28/5 55 85-305

Realschule, Gymnasium, Jungenschule, katholische Privatschule
(Mitglied im VKIT)

53227 Bonn
Privates Ernst-Kalkuhl-Gymnasium Internatsschule für Jungen und Mädchen
Königswinterer Str. 534
Tel. 02 28/97 09 00

Gymnasium

■ **ausführliche Angaben: Seite 196**

33178 Borchen
Landschulheim
Schloss Hamborn
Schloss Hamborn 5
Tel. 0 52 51/38 91 04

Waldorfschule mit Abiturklasse, Waldorfförderschule für emotionale und soziale Entwicklung und für Lernen mit Kompetenzförderung ab Klasse 9, Berufskolleg

33142 Büren-Wewelsburg
Internat Gut Böddeken
Tel. 0 29 55/66 25

Private Grundschule in Ganztagsform, öffentliche weiterführende Schulen

■ **ausführliche Angaben: Seite 197**

41539 Dormagen
Teilinternat Dormagen
Am Höhenberg 40
Tel. 0 21 33/51 46 20

Leistungssportinternat für ausgewählte Sportarten

44225 Dortmund
WIHOGA – Wirtschaftsschulen und Berufsfachschule für Hotellerie und Gastronomie
Am Rombergpark 38–40
Tel. 02 31/7 92 20 70

Wirtschafts- und Berufsfachschule

48249 Dülmen-Buldern
Internat Schloss Buldern
Dorfbauerschaft 22
Tel. 0 25 90/9 90

Gymnasium und Aufbaugymnasium

■ **ausführliche Angaben: Seite 198**

40489 Düsseldorf
Theodor-Fliedner-Internat
Alte Landstr. 104
Tel. 02 11/4 09 37 98

Gymnasium, Hauptschule, Realschule, Berufskolleg, Gesamtschule

40699 Erkrath-Hochdahl
Bergisches Internat
Gut Falkenberg 5–7
Tel. 0 21 04/94 08 80

Gesamtschule mit Haupt- und Realschule, Gymnasium

32339 Espelkamp
Bischof-Hermann-Kunst-Schulen
Privatschul-Internat
Präses-Ernst-Wilm-Str. 2
Tel. 0 57 72/56 41 15

Hauptschule, Förderschule Lernen, Gymnasium

45130 Essen
Sportinternat Essen
Von-Einem-Str. 77, Tel. 02 01/8 77 72 08

Gymnasium, Eliteschule des Sports

53879 Euskirchen
Villa Schillerstein
Boenerstr. 3, Tel. 0 22 51/89 89-0

ab Grundschule, Kleinstinternat

47574 Goch
Collegium Augustinianum Gaesdonck
Gaesdoncker Straße 220
Tel. 0 28 23/9 61-0

Gymnasium
(Mitglied im VKIT)

■ **ausführliche Angaben: Seite 199**

59073 Hamm
Schloss Heessen
Tel. 0 23 81/68 50

Gymnasium

■ **ausführliche Angaben: Seite 200 und Seite 31**

40721 Hilden
Internat im ev. Schulzentrum Hilden
Gerresheimer Straße 74
Tel. 0 21 03/3 63-500

Realschule,
Gymnasium

52393 Hürtgenwald
Franziskus-Internat Vossenack
Franziskusweg 1
Tel. 0 24 29/3 08-41

Hauptschule,
Realschule,
Gymnasium

58636 Iserlohn
Privates Aufbaugymnasium Iserlohn
Reiterweg 26–32
Tel. 0 23 71/90 43-0

Aufbaugymnasium

■ **ausführliche Angaben: Seite 201 und Seite 29**

41363 Jüchen
Studienheim der Oblaten
Nikolauskloster
Tel. 0 21 82/40 55

Schülerheim für katholische
Priesteramtskandidaten

32689 Kalletal-Varenholz
Internat Schloss Varenholz
Schloss Varenholz
Tel. 0 57 55/96 20

Private Sekundarschule in Ganztagsform

■ **ausführliche Angaben: Seite 202**

50859 Köln
Internationale Friedensschule Köln/
Cologne International School –
IFK Boarding House
Am Aspelkreuz 30
Tel. 02 21/31 06 34-0

Gymnasium und International School

■ **ausführliche Angaben: Seite 203**

53639 Königswinter
CJD Königswinter
Cleethorpeser Platz 12
Tel. 0 22 23/92 20

Realschule,
Gymnasium mit integrierter
Hochbegabtenförderung,
Business-Akademie

49504 Lotte
KRÜGER Internat und Schulen
Westerkappelner Straße 66
Tel. 05404 9627-0

Haupt- und Realschule,
Berufskolleg,
Berufsfachschulen,
Berufliches Gymnasium für
Wirtschaft und Verwaltung

■ **ausführliche Angaben: Seite 204 und Seite 28**

51597 Morsbach-Alzen
Internat Alzen
Stockshöher Weg 1
Tel. 0 22 94/71 19

Realschule/Gymnasium

■ **ausführliche Angaben: Seite 206–207**

48346 Ostbevern
Die Loburg Collegium Johanneum
Schloss Loburg, Loburg 15
Tel. 0 25 32/8 71 59

Gymnasium und Sprachinstitut auf dem Campus; Aufnahme in die örtliche Sekundarschule möglich.
(Mitglied im VKIT)

■ **ausführliche Angaben: Seite 205**

33098 Paderborn
Jugendhaus Salesianum
Busdorfwall 28
Tel. 0 52 51/18 77-18

Schülerheim
(Mitglied im VKIT)

48734 Reken
Haus Don Bosco – Kinder- und Jugendheim
Meisenweg 15
Tel. 0 28 64/8 89-0

Schülerheim

52159 Roetgen
Privatschule Conventz GbR
Greppstraße 48a
Tel. 0 24 71/92 00 10

Co-educational private boarding school

57392 Schmallenberg
Internat Fredeburg gGmbH
Kapellenstr. 5–8
Tel. 0 29 74/9 62 10

Arbeit mit AD(H)S-Kindern

42555 Velbert-Langenberg
Villa Wewersbusch
Wewersbusch 15
Tel. 0 20 52/92 66 29-10

Gymnasium, Realschule

■ **ausführliche Angaben: Seite 208–209 und Seite 18–19**

33775 Versmold
CJD Versmold
Ravensberger Str. 33
Tel. 0 54 23/2 09-100

Gymnasium, Sekundarschule, Hauptschule ab 7. Klasse

■ **ausführliche Angaben: Seite 210**

47877 Willich
Carpe Diem
Hausbroicher Str. 222
Tel. 0 21 56/95 353 01

Realschule mit integriertem Gymnasialzweig

■ **ausführliche Angaben: Seite 211 und Seite 215**

53909 Zülpich-Füssenich
Internat St.-Nikolaus-Stift
Brüsseler Str. 68
Tel. 0 22 52/94 36-0

Berufskolleg mit Internat

www.wittgenstein.de

Institut Schloß Wittgenstein

VDP

Name und Anschrift:
Institut Schloß Wittgenstein
57334 Bad Laasphe
Tel. 0 27 52/4 74 30
Fax 0 27 52/47 43 30
www.wittgenstein.de, info@wittgenstein.de
FB: www.facebook.com/internatschlosswittgenstein

Name des Trägers:
Internat: Institut Schloß Wittgenstein Josef Kämmerling GmbH & Co. KG,
Schulen: Schulverein Wittgenstein e.V.

Internatsleitung:
pädagogische Leitung Kerstin Kreß

Schulleitung:
Leitung Gymnasium: Christian Tang,
Leitung Realschule: K.D. Teuchert

Schulstatus:
staatlich anerkanntes privates Gymnasium, staatlich anerkannte private Realschule, angeschlossenes Internat

Schularten: Gymnasium, Realschule

Schulische Ausrichtung:
Mittl. Bildungsweg, Differenzierung in den Klassen 9 und 10 in naturw., sozialwiss., techn. und fremdsprachl. Zweig

Konfession: nicht gebunden

Sprachenfolge:
E ab Klasse 5, F oder L ab Klasse 6, bilingualer Unterricht Klasse 7

Internatsplätze: w.: 40, m.: 40

Klassenstärke: kleine Klassen

Kosten/Monat: € 2.100,–

Nebenkosten/Monat:
Aufnahmegebühr: € 250,–
Hausrechnung ca. € 75,– bis € 100,–

Pädagogische Schwerpunkte/Besonderheiten:
Die individuelle Förderung unserer Schüler ist uns wichtig. Während der Silentien wird die Hausaufgabenbetreuung von Lehrern begleitet. In Lerngruppen und Förderkursen sowie der Nachhilfe nehmen sich unsere Erzieher, Betreuer und Lehrer Zeit für ihre Schüler. Vielfältige Freizeitangebote in zahlreichen Arbeitsgemeinschaften machen das Leben in unserem Internat abwechslungsreich. Die persönliche Karriereberatung durch unsere Pädagogen wird an unserer Realschule und dem Gymnasium durch die eigenen Berufsorientierungsbüros (BOB) unterstützt.

Schloss Hagerhof

Name und Anschrift:
Schloss Hagerhof
Menzenberg 13, 53604 Bad Honnef
Tel. 0 22 24/9 32 50
Fax 0 22 24/93 25 25
www.hagerhof.de, info@hagerhof.de
www.facebook.com/SchlossHagerhof

Name des Trägers:
Schloss Hagerhof GmbH & Co. KG

Geschäftsführer: Michael Laufer

Internatsleitung: Yvonne Schmidt

Schulleitung: Dr. Sven Neufert

Schulstatus:
staatlich genehmigte priv. Ersatzschule des Landes NRW (staatlich anerkannt)

Schularten:
Gymnasium, Realschule, Ganztagesschule

Schulische Ausrichtung:
Erfahrungsschule des sozialen Lebens, Individualisierung des Lernens

BUNDES STÜTZPUNKT BASKETBALL RHEINLAND

VDP

SCHLOSS HAGERHOF
Privatschule mit Montessori-Pädagogik

Schule der Zukunft
Bildung für Nachhaltigkeit

Konfession: nicht gebunden

Sprachenfolge: E (Klasse 5), F oder L (Klasse 6), WP Sp (Klasse 8), neueinsetzende Fremdsprache (Jahrgangsstufe 10) Sp

Internatsplätze: w.: 60, m.: 60

Klassenstärke: ca. 23

Externe Schüler: ca. 450 Tagesschüler

Kosten/Monat: € 1.450,– (Vollzeitinternat) € 390,– (Tagesinternat)

Nebenkosten/Monat:
Gruppen- und Taschengeld

Pädagogische Schwerpunkte/Besonderheiten:
Montessori-Pädagogik: Freiarbeit, selbsttätiges Lernen, Projektarbeit.
Musik- und Musicalschule: Gesangs-, Instrumental-, Schauspiel- und Tanzunterricht.
Leistungssport: Basketball, Golf, Tennis: individuell abgestimmte Unterrichts- und Trainingspläne. Bildung für nachhaltige Entwicklung mit Engagement für Umwelt- und soziale Projekte.

Tag der offenen Tür:
- Samstag, 4. Mai 2019, 11.00–16.00 Uhr (Schwerpunkt Internat)
- Samstag, 9. November 2019, 13.30–17.00 Uhr (Schule und Internat)
- Hagerhof-Fest: Samstag, 28. September, 14–18 Uhr

Aloisiuskolleg – GONZAGAprep

Name und Anschrift:
Aloisiuskolleg – GONZAGAprep
Elisabethstraße 18, 53177 Bonn
Tel. 02 28/8 20 03-201
Fax 02 28/8 20 03-202
www.aloisiuskolleg.de
internat@aloisiuskolleg.de

Name des Trägers: Jesuitenorden

Internatsleitung: Torsten Liebscher

Schulleitung: Walter Odekerken

Schulstatus:
staatl. anerkannte Privatschule

Schularten: Gymnasium mit International Baccalaureate (IB)

Schulische Ausrichtung:
Jesuitenkolleg (Ignatianisch)

ALOISIUSKOLLEG GONZAGA*prep*

Verband Katholischer Internate und Tagesinternate

International Baccalaureate

Konfession:
katholisch, andere Bekentnisse willkommen

Sprachenfolge (Oberstufe): E, L, I, F, Gr

Internatsplätze:
ausschließlich Oberstufe, w.: 10, m.: 20

Kursstärke: ca. 15 – 25

Externe Schüler: ca. 700

Kosten/Monat: € 1.800,– (zzgl. € 80,– Spende Solidarbeitrag für Stipendien)

Nebenkosten/Monat: keine

Pädagogische Schwerpunkte/Besonderheiten/Freizeitangebote des Internates:
Wir begleiten unsere Oberstufenschülerinnen und -schüler auf dem Weg zu reifen und selbständigen Persönlichkeiten, die Verantwortung übernehmen wollen. In bereichernder Gemeinschaft wird der Einzelne mit seinen Stärken und Schwächen wertgeschätzt und gefördert. Der akademisch anspruchsvolle Schulunterricht kann, zusätzlich zum Abitur, auch zum International Baccalaureate (IB) führen.
Pädagogische Schwerpunkte: intensive Begleitung und Förderung des schulischen Lernens mit Blick auf eine folgende universitäre Ausbildung, Beratung zum Übergang zu Studium oder auch zur Berufsausbildung
Kulturelle Angebote: Theater, Orchester, Chor, Big Band, musikalischer Einzelunterricht
Sportliche Angebote: Fußball, Basketball, Hockey, Tennis, Rudern, Tanzen u.a.m., breites Angebot an technischen, handwerklichen und erlebnispädagogischen Aktivitäten

Tag der offenen Tür: siehe Terminplan auf www.aloisiuskolleg.de.

Privates Ernst-Kalkuhl-Gymnasium

Internatsschule für Jungen und Mädchen • gegründet 1880

VDP

Name und Anschrift:
Privates Ernst-Kalkuhl-Gymnasium
Königswinterer Straße 534, 53227 Bonn
Tel. 02 28/97 09 00
Fax 02 28/9 70 90-99
www.ernst-kalkuhl-internat.de
int-sekretariat@kalkuhl.de

Name des Trägers:
StD Ernst-Martin Heel

Internatsleitung:
StD Ernst-Martin Heel

Schulleitung:
OStD Dr. Ulrich Drescher

Schulstatus:
staatlich anerkannte Privatschule

Schularten: Gymnasium

Konfession: nicht gebunden

Sprachenfolge:
E ab Klasse 5, L, F ab Klasse 6,
Sp und F im Wahlbereich ab Klasse 8
+ ab Jahrgangsstufe 10 (neu einsetzend, auch für Realschüler nach Klasse 10)

Internatsplätze:
w.: 50, m.: 50

Klassenstärke:
15–23

Externe Schüler: ca. 550

Kosten/Monat: € 1.950,–

Nebenkosten/Monat: ca. € 50,–

Pädagogische Schwerpunkte/Besonderheiten:
Pädagogischer Schwerpunkt ist die fachlich kompetente Betreuung am Nachmittag/Abend. Fachsilentium bis zum Abitur, Förderkurse der Lehrer des Gymnasiums, viele Freizeit¬ange¬bote im musischen, sportlichen und kulturellen Bereich, Internatsbetreuer verfügen über Gymnasiallehrerausbildung oder sind Diplompädagogen. Die Schüler der Klassen 6–9 werden in einer eigenen Internatsklasse gemeinsam von ihren Lehrern und Internatspädagogen unterrichtet und betreut. Durch diese Teambildung kann auf die individuelle Förderung und die speziellen Bedürfnisse der Kinder besonders eingegangen werden. Die Klassengröße von 15–23 Schülern ermöglicht einen modernen, methodenorientierten Unterricht. Die Silentiumsarbeit und besondere Freizeitaktivitäten sind in diese Konzeption integriert.

Internat Gut Böddeken

Name und Anschrift:
Gut Böddeken – Jugendhilfeeinrichtung mit Internat und Privater Grundschule
Gut Böddeken, 33142 Büren-Wewelsburg,
Tel. 0 29 55/66 25
Fax 0 29 55/60 25
www.gut-boeddeken.de
info@gut-boeddeken.de

Name des Trägers:
Wohngrundschule: OWL Gemeinnützige Privatschulgesellschaft mbH;
Internat: Fachinstitute Blauschek

Internatsleitung:
Dipl. Sozialpädagoge Eduard Kloppenburg

Schulleitung:
Anne Böttcher

Schulstatus:
staatlich genehmigte Ersatzschule

Schularten:
Private Grundschule in Ganztagsform, öffentliche weiterführende Schulen

Schulische Ausrichtung:
Die Kinder lernen in der Wohngrundschule in kleinen, jahrgangsübergreifenden Klassen. Hier fühlen sich die Kinder wohl und können sich entfalten, denn jedes Kind wird gezielt, individuell und entsprechend seiner Fähigkeiten gefördert. In der Schule des Gemeinsamen Lernens sind auch Schüler mit sonderpädagogischem Förderbedarf jederzeit willkommen.

Konfession: nicht gebunden

Sprachenfolge: E ab Klasse 1

Internatsplätze: w.: 5, m.: 20

Klassenstärke: 8–15

Externe Schüler: ca. 30 %

Kosten/Monat:
Preis auf Anfrage. Eine Übernahme der Internatskosten durch öffentliche Kostenträger ist bei Erfüllung der Voraussetzungen möglich.

Nebenkosten/Monat: keine

Pädagogische Schwerpunkte/Besonderheiten: Vom Grundschulalter an finden Kinder und Jugendliche auf Gut Böddeken durch das persönliche Engagement der pädagogischen Fachkräfte und durch einen sehr hohen Betreuungsschlüssel aussichtsreiche Perspektiven für ihre Schullaufbahn und für ihre Entwicklung vor. Verbunden mit unserer langjährigen Erfahrung profitieren hiervon besonders Schülerinnen und Schüler, die aufgrund von ADHS, Autismus, FAS, Teilleistungsstörungen wie LRS und Dyskalkulie, Verhaltensauffälligkeiten oder Belastungen im Familiensystem einer zusätzlichen Unterstützung bedürfen.

Internat Schloss Buldern

Name und Anschrift:
Internat Schloss Buldern
Dorfbauerschaft 22, 48249 Dülmen
Tel. 0 25 90/99-0
Fax 0 25 90/99-14
www.schloss-buldern.com
internat@schloss-buldern.com

Name des Trägers: Landschulheim Schloss Buldern GmbH & Co. KG

Internatsleitung:
Herr StD Stefan Schrade

Schulleitung:
Herr OStD Wolfgang Keßler

Schulstatus: staatlich anerkannt

Schularten:
Gymnasium (G8/G9)
und Aufbaugymnasium (G9)

Konfession:
nicht gebunden

Sprachenfolge:
Gymnasium: Klasse 5: E,
Klasse 6/7: F oder L, Klasse 11: L/F/Sp/Gr
Aufbaugymnasium (beginnt mit Kl. 7):
ab Klasse 7: E und gleichzeitig L oder F

Internatsplätze: w.: 60, m.: 120

Klassenstärke: Ø 15–20

Externe Schüler: ca. 200

Kosten/Monat:
Klasse 5–9: € 2.195,–
Klasse 10–13: € 2.295,–,
Tagesschüler € 710,–, Teilstipendien möglich,
Aufnahme jederzeit möglich

Nebenkosten/Monat:
€ 60,– für Veranstaltungen und dergleichen

Pädagogische Schwerpunkte/Besonderheiten:
Zwei Schwerpunkte sind die Basis des Erfolgs unserer Schüler: Schulische Ausbildung und Entfaltung der individuellen Persönlichkeit. Das Zusammenspiel dieser beiden Aspekte bietet die optimale Ausgangsposition für die Lebensperspektive Ihres Kindes. Der Erfolg zahlreicher Schüler beweist dies. Weitere Besonderheiten: Breites Kursangebot in der Oberstufe, ausgewogene Betreuung neben der Schule durch qualifizierte Silentien, Berufsberatung, individuelle LRS-Förderung, Musik, Kunst, Theater, Kochen, Themenabende, Dinnertime, breites Sportangebot, eigener Fitnessraum, Reiten, Skifreizeiten, Boxen, Tischtennis, Schwimmen.

Tag der offenen Tür: 30. Juni 2019

Collegium Augustinianum Gaesdonck

Name und Anschrift:
Collegium Augustinianum Gaesdonck
Gaesdoncker Straße 220, 47574 Goch
Tel. 0 28 23/9 61-0, Fax 0 28 23/9 61-130
www.gaesdonck.de
poststelle@gaesdonck.de
FB: www.facebook.com/gaesdonck

Name des Trägers:
Stiftung Collegium Augustinianum Gaesdonck

Direktorat: Herr Dr. Oberdörster (Direktor), Herr Gysbers (Internatsleiter), Frau Mann (Schulleiterin)

Schularten: Bischöfliches Internatsgymnasium

Schulische Ausrichtung:
Kopf. Herz. Charakter.
Wir bieten insbesondere gut motivierten Schülerinnen und Schülern eine exzellente Bildung in einer positiven, lebendigen Lernatmosphäre.

Collegium Augustinianum GAESDONCK

Verband Katholischer Internate und Tagesinternate

Konfession: röm.-kath.
(Aufnahme ist nicht an Konfession gebunden)

Sprachenfolge: Klasse 5: E, Klasse 7: F/L, Klasse 8: F, Klasse 11: Sp

Internatsplätze:
Vollinternat: 120, Tagesinternat: 150

Klassenstärke:
25–30 (LK Oberstufe ca. 10–20)

Externe Schüler: ca. 525

Kosten/Monat:
Vollinternat € 1.749,–, Tagesinternat € 538,–; Schüler aus dem Ausland € 2347,–, zzgl. Nebenkosten; Stipendienvergabe an geeignete Bewerber möglich

Pädagogische Schwerpunkte/Besonderheiten:
Selbstverständlich ermöglichen wir als Internatsschule in freier Trägerschaft unseren Schülerinnen und Schülern eine ausgezeichnete Vorbereitung auf das Abitur. Unsere Abiturergebnisse sind seit Jahren kontinuierlich besser als der Landesdurchschnitt. Das Bildungsangebot an der Gaesdonck geht jedoch weit über das gymnasiale Curriculum hinaus! Die renommierten **Exzellenz-Kurse** der Gaesdonck sind ein ganz besonderes Angebot – und in vielen Aspekten einzigartig: Auf akademischem Proseminar-Niveau bieten sie für Oberstufenschülerinnen und -schüler bereits parallel zum Abitur eine frühzeitige intensive Vorbereitung auf ein erfolgreiches Studium in den Bereichen Kunst/Design, Ökonomie und – neu ab 2019 – Medizin. Zahlreiche qualifizierende und freizeitgestaltenden Campus-Angebote aus Musik, Kunst, Sport und vielen anderen Bereichen runden das Profil der Gaesdonck ab.

Tag der offenen Tür: 15.06.19, Individuelle Beratungstermine und Probewohnen jederzeit möglich.

Schloss Heessen Leben und Lernen in einer familiären Privatschule mit internationaler Prägung

Siehe auch S. 31

Name und Anschrift:
Schloss Heessen – Privatschule und Internat
Schlossstraße 1, 59073 Hamm
Tel. 0049 23 81/6 85-0
Fax 0049 23 81/6 85-167,
www.schloss-heessen.de
info@schloss-heessen.de
www.facebook.de/SchlossHeessen

Name des Trägers: Landschulheim Schloss Heessen e. V. (gemeinnützig)

Internatsleitung: Sebastian Morche Staatl. anerk. Erzieher/Anti-Gewalt- und Deeskalationstrainer

Schulleitung/Ansprechpartner:
OStD Jürgen Heimühle

Schulstatus: staatlich anerkanntes privates Tagesgymnasium und Internat

Schularten: Gymnasium

Schulische Ausrichtung: Ganztagsgymnasium mit differenzierter Oberstufe

Konfession:
nicht gebunden

Sprachenfolge:
1. Fremdsprache: E
2. Fremdsprache: L oder F
3. Fremdsprache Oberstufe: Sp

Internatsplätze: w.: 35, m.: 65

Klassenstärke:
Sek I ca. 10–18, Sek II ca. 8–15

Externe Schüler:
Tagesheimschüler/-innen ca. 200

Kosten/Monat:
Internat: Klasse 5+6: € 1.895,–,
Klasse 7: € 1.950,–, Klasse 8: € 2.000,–,
Klasse 9: € 2.050,–, Klasse 10–12: € 2.270,–

Nebenkosten/Monat:
€ 500,–; Tagesschule € 150,–

Pädagogische Schwerpunkte/Besonderheiten: Individuelle Hausaufgabenbetreuung – Förderung im Rahmen des Ganztagsunterrichtes auf der Basis kleiner Klassen und Kurse (Begabungen fördern und Defizite ausräumen) – Ausgleichs- und Vertiefungskurse in den JgSt 10/11 – Teilnahme an Wettbewerben und Olympiaden – Berufsorientierung mit Schwerpunkt Sek II – sorgfältige Erziehung in kleinen Gruppen durch fachausgebildete Erzieher – neues Oberstufenzentrum für Schule und Internat mit moderner technischer Ausstattung – Zertifiziertes Mittagessen aus der hauseigenen Frischküche.

Tag der offenen Tür: Individuelle Beratungstermine jederzeit.

Privates Aufbaugymnasium Iserlohn

Siehe auch S. 29

Name und Anschrift:
Privates Aufbaugymnasium Iserlohn
staatl. anerk. Aufbaugymnasium
für Jungen und Mädchen
Reiterweg 28–32, 58636 Iserlohn
Tel. 0 23 71/90 43-0
Fax 0 23 71/90 43-70
www.privatgymnasium-iserlohn.de
info@privatgymnasium-iserlohn.de

Name des Trägers:
Privates Aufbaugymnasium Iserlohn GmbH

Internatsleitung:
Susanne Hartken-Rohe

Schulleitung: Karl-Heinz Marx

Geschäftsführer:
Özgür Gökce, Iris Hermann

Schulstatus: staatlich anerkannt

Schularten:
Aufbaugymnasium nach G9

VDP

Schulische Ausrichtung:
Gymnasium mit 9-jährigem Bildungsgang

Konfession: nicht gebunden

Sprachenfolge: E ab Klasse 5,
L/F ab Klasse 7, Sp ab Klasse 11

Internatsplätze: 130

Klassenstärke: bis ca. 20, Ø ca. 15

Externe Schüler: z. Zt. 64 Tagesschüler

Kosten/Monat: Klasse 7–9 € 2.200,–,
Klasse 10–13 € 2.450,–,
einmalige Aufnahmegebühr: € 500,–,
ab 2. Schulhalbjahr € 1.000,–
Stipendien möglich

Nebenkosten/Monat: Taschengeld (nach Jahrgangsstufen gestaffelt), Schreibmaterial, Veranstaltungen: ca. € 75,–

Pädagogische Schwerpunkte/Besonderheiten:
Beaufsichtigte Lernzeitbetreuung in allen Klassen durch Betreuer und Lehrer, Förderkurse, fachl. Gruppengespräche, indiv. Förderung, Kurs „Lernen lernen" für Kl. 7 und 11, personal Coaching. Freizeitangebote: Kultur (Theater, Film, Kino usw.), Sport (Golf, Reiten, Tennis, Basket- und Fußball, Schwimmen, Eishockey usw.), Betriebsbesichtigungen, AGs (Billard, Kochen, Kreativwerkstatt, Zeichnen, Song of Style , Schülercafe usw.). Vereinbarkeit von Leistungssport und Schule.

Tag der offenen Tür: 15. Juni 2019, 10–14 Uhr
Schnuppertag für Schüler der sechsten Klasse am 22. Mai 2019

Internat Schloss Varenholz

Name und Anschrift:
Schloss Varenholz – Jugendhilfeeinrichtung mit Internat und Privater Sekundarschule
Schloss Varenholz, 32689 Kalletal-Varenholz
Tel. 0 57 55/96 20
Fax 0 57 55/4 24
www.schloss-varenholz.de
info@schloss-varenholz.de

Name des Trägers:
OWL Gemeinnützige Privatschulgesellschaft mbH und Schloss Varenholz GmbH, Internatsgesellschaft für Kinder- und Jugendhilfe

Internatsleitung:
Dipl. Sozialpädagoge Peter Greitemann

Schulleitung: Jan-Helge Kuhn

Gesamtleitung:
Thomas Blauschek M. A., Frederic Blauschek

Schulstatus:
staatlich genehmigte Ersatzschule

Schularten:
Private Sekundarschule in Ganztagsform

VDP

Schulische Ausrichtung: Mittl. Bildungsweg, Vorbereitung auf die Berufsausbildung und die Sekundarstufe II; alle Abschlüsse der Sekundarstufe I werden vergeben. Extern: Fachhochschulreife oder Hochschulreife an mit Schloss Varenholz kooperierenden Schulen.

Konfession: nicht gebunden

Sprachenfolge: E ab Klasse 5, F ab Klasse 6

Internatsplätze: w.: 50, m.: 110

Klassenstärke: ca. 10–20 SchülerInnen

Externe Schüler: ca. 15 %

Kosten/Monat: € 2.250;
Schloss Varenholz ist ein anerk. Träger der freien Jugendhilfe. Deshalb ist bei Erfüllung der Voraussetzungen eine Kostenübernahme durch öffentl. Kostenträger möglich.

Nebenkosten/Monat: ca. € 50,–

Pädagogische Schwerpunkte/Besonderheiten: Besondere Hilfen bei ADHS, Autismus/Asperger, allg. Lern- und Leistungsproblemen, Schulverweigerung, Entwicklungsverzögerungen oder Verhaltensauffälligkeiten; in unsere Schule des Gemeinsamen Lernens können je nach Eignung auch Förderschüler aufgenommen und intensiv gefördert werden; Rhythmisierung und Strukturierung des Ganztagsbetriebes durch Blockunterricht, Binnendifferenzierung, verbindliche Kooperationen mit einem Gymnasium und ortsnahen Berufskollegs, mehrwöchige Praxiszeiten zur Vorbereitung auf die Berufsausbildung in den Klassen 8, 9 und 10, wöchentliche Heimfahrten möglich.

Tag der offenen Tür: Infotag am 18. Mai 2019 von 12.00 – 17.00 Uhr

Internationale Friedensschule Köln/ Cologne International School

Name und Anschrift:
Internationale Friedensschule Köln/
Cologne International School,
IFK Boarding House, Am Aspelkreuz 30,
50859 Köln
Tel. 02 21/31 06 34-0, Fax 02 21/31 06 34-10
www.if-koeln.de, info@if-koeln.de
FB: www.facebook.com/school.cologne

Name des Trägers:
Internationale Friedensschule Köln gGmbH

Internatsleitung: Marion Wagenbach

Schulleitung/Ansprechpartner:
Jan Hülsmann, Dr. Petra Stratmann

Schulstatus: staatlich anerkanntes Gymnasium (Ersatzschule) und staatlich anerkannte International School (Ergänzungsschule und IB World School)

Schularten:
Gymnasium und International School

VDP

Schulische Ausrichtung:
international und mehrsprachig

Konfession: nicht gebunden

Sprachenfolge:
E, S, F oder individuelle Sprachlaufbahn

Internatsplätze: 16

Klassenstärke: maximal 20,
in der Oberstufe derzeit durchschnittlich 8

Externe Schüler: 550 (Stand Januar 2019)

Kosten/Monat: € 3.167,–

Nebenkosten/Monat:
nur persönlicher Bedarf

Pädagogische Schwerpunkte/Besonderheiten:
Schüler ab 15 Jahre können das Internat besuchen und entweder ihr Abitur am bilingualen Gymnasium oder ihr IB-Diplom an der International School ablegen. Die Schule ist international und interreligiös ausgerichtet und hat einen hohen akademischen Anspruch. Neben einer großen Bandbreite extracurricularer Angebote bietet sie Studien- und Berufswahlvorbereitung und Sprachzertifikatskurse. Der Schulcaterer beliefert auch das Internat. Im IFK Boarding House leben die Schüler in hochwertig eingerichteten kleinen Appartements. Die Zahl von 16 Internatsplätzen macht eine intensive und individuelle Betreuung möglich, auch an den Wochenenden. Mit Ausnahme der Sommer- und Winterferien bleibt das Internat stets geöffnet.

Tag der offenen Tür: aktuelle Daten unter www.if-koeln.de

KRÜGER Internat und Schulen

Siehe auch S. 28

Name und Anschrift:
Krüger Internat und Schulen,
Westerkappelner Straße 66, 49504 Lotte
Tel. 05404 9627-0, Fax 05404 9627-60
www.internat-krueger.de, info@internat-krueger.de
www.facebook.com/KruegerInternat

Name des Trägers: Friedrich Krüger Stiftung

Internatsleitung: Diplom-Sozialarbeiter/Sozialpädagoge (FH) Jörn Litsche, Petra Mittag-Krüger

Schulleitung: StD André Soßna

Schulstatus: staatlich anerkannte Ersatzschule

Schularten: Das Berufskolleg im Bereich Wirtschaft und Verwaltung bietet folgende Abschlüsse an: Hauptschulabschluss nach Klasse 10, Fachoberschulreife (Realschulabschluss), Fachhochschulreife (Fachabitur) und Allgemeine Hochschulreife (uneingeschränktes Abitur); Der Besuch der örtlichen Haupt-, Real- und Gesamtschule ermöglicht alle Abschlüsse der allgemeinbildenden Schulen

Schulische Ausrichtung:
Schwerpunkt Wirtschaft und Verwaltung/ComputerNRW- und ECDL-Computerführerschein/KMK-Sprachenzertifikat

Konfession:
nicht gebunden

Sprachenfolge: E-Sp

Internatsplätze: w.: 20, m.: 60

Klassenstärke: 15–25 Schüler

Externe Schüler: 200

Kosten/Monat: ca. € 2.100,–

Nebenkosten/Monat: ca. € 115,–

Pädagogische Schwerpunkte/Besonderheiten: Generell gehen wir auf individuelle Stärken und Schwächen der Jugendlichen mit Angeboten und Fördermaßnahmen ein und vermitteln durch das Zusammenleben im Internat soziale Kompetenzen, die den Einstieg in ein erfolgreiches (Berufs-)Leben erleichtern. Ein flexibles und durchlässiges Schulsystem unterstützt hierbei unser erfolgreiches Konzept. Die örtlichen Schulen (Haupt-, Real- und Gesamtschule) sind unsere Kooperationspartner und befinden sich in unmittelbarer Nachbarschaft unseres Internats. Schüler ohne Hauptschulabschluss, aber mit 10 Schulbesuchsjahren und einem Mindestalter von 18 Jahren können den Hauptschulabschluss nachholen. Eine Dipl.-Psychologin steht für begleitende Maßnahmen zur Verfügung. Breitgefächerte Freizeitangebote sorgen für Abwechslung und stärken den Teamgeist: Tischtennis, Bowling, Tennis, Fußball, Basketball, Badminton, Fitness, Schwimmen, Eislaufen, Golf, Beachvolleyball und andere; Informatik, Musik-AG, Kunstatelier.

Tag der offenen Tür: Wir beraten Sie gerne individuell nach vorheriger Terminvereinbarung.

Die Loburg Collegium Johanneum

Internat für Mädchen und Jungen

INTERNAT SCHLOSS LOBURG

VKIT Verband Katholischer Internate und Tagesinternate

Name und Anschrift:
Die Loburg Collegium Johanneum
Schloss Loburg, Loburg 15, 48346 Ostbevern
Tel. 0 25 32/8 71 59, Fax 0 25 32/8 71 55
www.internat-loburg.com
internat@die-loburg.de

Name des Trägers:
Stiftung Collegium Johanneum

Internatsleitung: Dr. Oliver Niedostadek

Schulleitung: Michael Bertels OStD i.K.

Schulstatus:
staatlich anerkannte katholische Privatschule

Schularten: Gymnasium und Sprachinstitut auf dem Campus; Aufnahme in die örtliche Sekundarschule möglich.

Schulische Ausrichtung:
Gymnasium mit bilingualem Zweig (Englisch), hohes akademisches Niveau

Konfession: nicht gebunden

Sprachenfolge:
Klasse 5: E, Klasse 7: L/F,
Diff. Klasse 9: F oder Sp,
Klasse 10 Sp,
zzt. Abi nach 12 Jahren (ab 5. Klasse 2018/19 – G9 – Abi nach 13 Jahren)

Internatsplätze: w.: 65, m.: 65

Klassenstärke: ca. 28;
Sprachunterricht in Kleingruppen

Externe Schüler: 900 koedukativ

Kosten/Monat:
€ 1.600,– bzw. für ausländische Schüler*innen € 2.000,–
(www.internat-loburg.com/aufnahme)

Nebenkosten/Monat:
€ 15,– für kulturelle Veranstaltungen

Pädagogische Schwerpunkte/Besonderheiten: Exzellente Bildung für Ihr Kind! Das ist der Maßstab, an dem wir uns messen lassen. Ein hohes akademisches Niveau und zahlreiche Formen der schulischen Förderung und Unterstützung bieten unseren Schülerinnen und Schülern alle Chancen auf eine erstklassige schulische Ausbildung. Dabei ist es von herausragender Bedeutung, dass den Jugendlichen eine Atmosphäre geboten wird, in der sie sich wohlfühlen. Dies zeichnet die Loburg in besonderem Maße aus.

Tag der offenen Tür: siehe Homepage

Internat Alzen

Name und Anschrift:
Internat Alzen – die Schule auf dem Land –
51597 Morsbach-Alzen
Tel. 0 22 94/71 19
Fax 0 22 94/85 79
www.internatalzen.de
sekretariat@internat-alzen.de
Unsere Schule ist Mitglied des Verbandes deutscher Privatschulen/NRW

Name des Trägers:
Bernward Uhlenküken M.A.

Internatsleitung: Anne Steimle

Schulleitung:
Bernward Uhlenküken M. A.

Schulstatus:
staatlich anerkannte Ergänzungsschule

Schularten:
Realschule/Gymnasium

Schulische Ausrichtung:
allgemeinbildend

Konfession: nicht gebunden

Sprachenfolge: E, F

Internatsplätze: 35

Klassenstärke: 6–15

Externe Schüler: 50

Kosten/Monat:
Internat: Klasse 5–10 € 1.850,–
Tagesschüler: Klasse 5–10 € 790,–
Klasse 11–13 € 880,–

Nebenkosten/Monat: keine

Pädagogische Schwerpunkte/Besonderheiten:
Ein den Prinzipien der Aufklärung verpflichtetes Welt- und Menschenbild ist Grundlage der Konzeption unserer kleinen Schule. Erziehung zu verantwortlichem Handeln und aktiver Teilhabe an der Gesellschaft sind Ziele unserer pädagogischen Arbeit.

Wir bieten:
qualifizierte, sozialpädagogische Betreuung und individuelle Unterrichtsbetreuung in kleinen Lern-Gruppen, Methodentraining, PC-gestützter Unterricht, Wahlpflichtfächer (z.B. Theater, musikpädagogische Projekte, Erlebnispädagogik), Silentien, AGs. Regelmäßige Klassenfahrten nach England und Frankreich etc.

Internat Alzen – „Lernen im Grünen"

Zurückgreifend auf eine jahrzehntelange Erfahrung in Erziehung und Bildung setzen wir auf bewährte Handlungskonzepte in Pädagogik, Didaktik und Methodik. Schule ist ein dynamischer und lebensbegleitender Prozess, der genutzt werden sollte, Kindern und Jugendlichen nicht nur Wissen zu vermitteln, sondern vor allem Orientierung zu geben. Aktive Teilhabe in Selbstbestimmtheit und sozialer Verantwortung ist das große Ziel jeder Persönlichkeitsbildung und der Schwerpunkt unserer pädagogischen Arbeit.

Im Grundsatz geht es darum, zusammen mit den Schülerinnen und Schülern neue Perspektiven zu schaffen, Vorhaben umzusetzen und Ziele zu erreichen. Dabei soll Schule wieder Spaß machen und Neugier wecken, das Denken schärfen und besonders das Selbstbewusstsein stärken, damit man auch Verantwortung übernehmen kann.

Der kleine und überschaubare Rahmen unserer Internatsschule bietet den Kindern und Jugendlichen dabei ein gutes Übungsfeld und sichere Strukturen. Vertrauensvolle Beziehungen helfen ihnen, sich einzulassen und mitzumachen, schließlich ihren Weg zu finden.

Die besondere Atmosphäre unseres Hauses wird vor allem geprägt von engagierten Menschen, die sich fürsorglich zuwenden und zur Seite stehen. Dazu trägt besonders auch die Lage des Internat Alzen bei, das mitten im schönen oberbergischen Land zu finden ist. So wird den Schülerinnen und Schülern ein reizarmer Konzentrationsraum geboten, der ihnen ein Lernen im Grünen ermöglicht.

Villa Wewersbusch

Siehe auch S. 18–19

VDP

Name und Anschrift:
Privatschule und Internat Villa Wewersbusch
Wewersbusch 15, 42555 Velbert-Langenberg
Tel. 0 20 52/9 26 62 91-0
kontakt@villawewersbusch.de
www.villawewersbusch.de

Name des Trägers:
Florian Kesseler

Internatsleitung:
Tanja George

Schulleitung:
Michael Löser

Schulstatus:
staatlich anerkannte Ergänzungsschule

Schularten:
Gymnasium / Realschule

Schulische Ausrichtung:
Ganztagsschule mit differenzierter Oberstufe, kompetenzorientiert, individuelle Förderung

Konfession:
nicht gebunden

Sprachenfolge:
E, Sp

Internatsplätze:
100

Klassenstärke:
Ø 16

Externe Schüler:
100

Kosten/Monat:

Internat:	Klasse 5–10 € 1.850,–
	Klasse 11–13 € 1.950,–
Schule:	Klasse 5–10 € 850,–
	Klasse 11–13 € 950,–

Nebenkosten/Monat:
Eventuelle Nebenkosten entnehmen Sie bitte unserer Webseite.

Pädagogische Schwerpunkte/Besonderheiten:
Unterricht mit dem iPad, MINT-Bereich, Sprachen, individuelles Förder- und Forder-Programm.
Internat: Einzel- oder Doppelzimmer mit eigenem Bad, TV und WLAN.

Fortsetzung folgende Seite

Besuchen Sie uns!

Besuchen Sie uns am Tag der offenen Tür.

Den nächsten Termin finden Sie auf unserer Webseite.

Vereinbaren Sie einen unverbindlichen Besichtigungstermin.

Ein Wechsel zu uns ist jederzeit möglich.

Pädagogische Schwerpunkte / Besonderheiten / Freizeitangebote:

Die Villa Wewersbusch versteht sich als Schule, die ihre Schüler in ihren individuellen Interessen durch ein eigens angepasstes, frei wählbares Förder- und Forder-Programm stärkt. Eine Besonderheit ist der digitale Unterricht. Dazu gehört neben modernster Technik auch das iPad, mit welchem jeder Schüler ausgestattet ist. So kann ein moderner, kreativer und kompetenzorientierter Unterricht garantiert werden.

In der Internatsfreizeit warten verschiedene Aktivitäten, wie Schwimmen, Kanufahren, Mountainbiking, Reiten, Golf, sowie kulturelle Angebote in Theatern, Museen und Kulturstätten im Ruhrgebiet auf die Schüler. Die im eigenen Park gelegene historische Villa Wewersbusch bietet viel Raum für Ruhe und Entspannung am Ende des Schultages.

Telefon 02052 9266291-0
kontakt@villawewersbusch.de

Distinguished School

Recognised by Apple as a distinguished school for continuous innovation in learning, teaching, and the school environment.

VdP
Verband Deutscher Privatschulen Nordrhein-Westfalen e.V.

CJD Versmold

Name und Anschrift:
CJD Versmold
Ravensberger Straße 33, 33775 Versmold
Tel. 0 54 23/2 09-0, Fax 0 54 23/2 09-101
www.cjd-versmold.de, cjd.versmold@cjd.de

Name des Trägers:
Christliches Jugenddorfwerk Deutschland e. V.

Gesamtleitung:
Knud Schmidt, Klaus-Peter Brell

Pädagogische Leitung:
Andrea Klare, Anika Schüler

Schulleitung:
Gym: Karsten Jochmann
Sekundarschule: Klaus Blenk
HS: Annika Harke

Schulstatus:
staatlich anerkannte Ersatzschulen

Schularten:
Gymnasium, Sekundarschule, Hauptschule ab 7. Klasse

cjd die-chancengeber.de

Evangelische Internate Deutschlands

Schulische Ausrichtung: GYM: musisch, neusprachlich; Sekundarschule: gemeinsamer Unterricht/Neigungsdifferenzierung; HS: Sprachförderung, Motivationsförderung

Konfession: alle Bekenntnisse

Sprachenfolge: GYM: Klasse 5: E; Klasse 7: F/L; Klasse 9: Sp; Klasse EF neu: L, R, S Sekundarschule: Klasse 5: E, Klasse 6: F, Klasse 9: Sp; HS: Klasse 7: E

Internatsplätze: w.: 50, m.: 50

Klassenstärke: GYM ca. 23–30, Sekundarschule 22–25, HS ca. 12–20

Externe Schüler: GYM ca. 740, Sekundarschule ca. 700, HS ca. 50

Kosten/Monat: Getragen.

Nebenkosten/Monat: persönliche Ausgaben

Pädagogische Schwerpunkte/Besonderheiten:
Differenzierte Wohngruppen als anerkannter Träger nach SGB VIII. Schulverweigerung. Schulvermeidung. Motivationsförderung. Hauptschule: Überschaubare Schule mit kleinen Klassenverbänden ermöglicht lernen in engen pädagogischen Bindungen. Sekundarschule: Längeres gemeinsames Lernen; FORD-Programm zur Unterstützung des eigenverantwortlichen Denkens und verantwortungsbewussten Handelns in der Schule.

Tag der offenen Tür: Gymnasium 30.11.2019, Sekundarschule 16.11.2019

Carpe Diem

Siehe auch S. 215

CARPE DIEM
PRIVATE GANZTAGSSCHULE MIT INTERNAT
WILLICH/DÜSSELDORF

Name und Anschrift:
Privatschule Carpe Diem Haus Broich GmbH
Hausbroicher Str. 222, 47877 Willich
Tel. 0 21 56/95 353 01
Fax 0 21 56/95 353 03
www.privatschule-carpediem.de
info@carpediem-willich.de

Name des Trägers:
Privatschule Carpe Diem Haus Broich GmbH

Gesamtleitung:
Luca Bonsignore

Schulleitung: Luca Bonsignore

Schulstatus:
staatlich anerkannte Ergänzungsschule

Schularten:
Realschule mit integriertem Gymnasialzweig

Schulische Ausrichtung:
Mittlere Reife und Abitur

Konfession: nicht gebunden

Sprachenfolge:
5. Klasse E; 7. Klasse F/L/Sp/I; 9. Klasse NL

Internatsplätze: 80

Klassenstärke:
4–12

Externe Schüler: 120

Kosten/Monat:
Schulgeld externe Schüler (5–13): € 1.150,–
Internat und Schule (5–13): € 2.200,–
Anerkannter Träger der freien Jugendhilfe

Nebenkosten/Monat:
keine

Pädagogische Schwerpunkte/Besonderheiten:
Staatlich anerkannter Sekundarabschluss I (Fachoberschulreife) und Abiturprüfung (extern); familienähnliche Strukturen; ganzheitliche Erziehung; Unterricht in kleinen Klasse von 4 bis 12 Schülern; internationale Ausrichtung; Schulsozialarbeiterin; gesundes und ausgewogenes Essen in Familientradition; Dyskalkulie- und LRS-Training; Konzentrationstraining; Förderunterricht; Erwerb von Sprachzertifikaten und ECDL; Internet-Schulplattform; professionelle IT-Ausstattung; iPad-Klassen; besondere Aktivitäten wie Klettern, Theater, Kochen, Reiten, Biking im Internat; historisches Gebäude mit großzügiger Parkanlage; etablierte Schwesterschule mit Internat in Bad Neuenahr-Ahrweiler.

Internate in

Rheinland-Pfalz

55232 Alzey
Staatliches Aufbaugymnasium Alzey/
Landeskunstgymnasium Rheinland-Pfalz
Ernst-Ludwig-Str. 47–51
Tel. 0 67 31/9 60 10

Aufbaugymnasium ab 10. Klasse
Kunstgymnasium ab 10. Klasse

53474 Bad Neuenahr-Ahrweiler
Carpe Diem
Hardtstr. 3
Tel. 0 26 41/91 81-0

Realschule, Gymnasium

■ **ausführliche Angaben: Seite 215 und Seite 211**

67295 Bolanden
Internat Gymnasium Weierhof
An der Aula 1
Tel. 0 63 52/40 05-39

Gymnasium auf dem Campus,
Realschule+, Grundschule ab Klasse 4,
Berufsbildende Schulen

■ **ausführliche Angaben: Seite 216**

67663 Kaiserslautern
Staatliches Heinrich-Heine-Gymnasium
Im Dunkeltälchen 65
Tel. 06 31/20 10 40

Aufbaugymnasium, Sportgymnasium (Fördersportarten: Badminton, Fußball, Judo, Radsport, Tennis), Eliteschule des Sports, Eliteschule des Fußballs, Hochbegabtenschule, Internationale Schule

■ **ausführliche Angaben: Seite 217**

56073 Koblenz
Sportinternat Koblenz
Bahnhofsweg 6
Tel. 02 61/4 15 83

Leistungssportinternat für
ausgewählte Sportarten

76829 Landau
Tagesinternat Maria-Ward-Schule
Cornichonstr. 1
Tel. 0 63 41/92 30 18

Gymnasium und Realschule
(Mitglied im VKIT)

56410 Montabaur
Landesmusikgymnasium
Rheinland-Pfalz
Humboldtstr. 6
Tel. 0 26 02/13 49 80

Gymnasium

54673 Neuerburg
Staatliches Eifel-Gymnasium
Pestalozzistr. 19–21
Tel. 0 65 64/9 67 30

Gymnasium ab Kl. 7, Aufbaugymnasium,
Sprachkurse für Migranten,
Abitur auf dem zweiten Bildungsweg

■ **ausführliche Angaben: Seite 218**

67105 Schifferstadt
Sportinternat Schifferstadt
Am Sportzentrum 6
Tel. 0 62 35/21 58

Sportinternat für Ringen

Carpe Diem

Siehe auch S. 211

Name und Anschrift:
Privatschule Carpe Diem GmbH
Hardtstr. 3, 53474 Bad Neuenahr-Ahrweiler
Tel. 0 26 41/91 81-0
Fax 0 26 41/91 81-20
www.privatschule-carpediem.de
info@privatschule-carpediem.de

Name des Trägers:
Privatschule Carpe Diem GmbH

Gesamtleitung: Luca Bonsignore

Schulleitung: Luca Bonsignore

Schulstatus:
staatlich anerkannte Ergänzungsschule

Schularten: Realschule
mit integriertem Gymnasialzweig

Schulische Ausrichtung:
Mittlere Reife und Abitur

CARPE DIEM
PRIVATE GANZTAGSSCHULE MIT INTERNAT
BAD NEUENAHR-AHRWEILER

Konfession: nicht gebunden

Sprachenfolge:
5. Klasse E; 7. Klasse F/L;
9. Klasse und Oberstufe Sp, I, P

Internatsplätze: 80

Klassenstärke: 4–14

Externe Schüler: 120

Kosten/Monat:
Schulgeld externe Schüler (5–13): € 1.150,–
Internat und Schule (5–13): € 2.200,–
Anerkannter Träger der freien Jugendhilfe

Nebenkosten/Monat: keine

Pädagogische Schwerpunkte/Besonderheiten:
Staatlich anerkannter Qualifizierter Sekundarabschluss I im eigenen Haus und Abiturprüfung; familienähnliche Strukturen; ganzheitliche Erziehung; Unterricht in Klassen von 4 bis 14 Schülern; internationale Ausrichtung; integrierte Sprachschule; Schulsozialarbeiterin; gesundes und ausgewogenes Essen in Familientradition; Dyskalkulie- und LRS-Training; Konzentrationstraining; Förderunterricht; Erwerb von Sprachzertifikaten und ECDL; Internet-Schulplattform; professionelle IT-Ausstattung; iPad-Klassen; Smartboards; Kursfahrten nach London, Rom, Peking; großes Angebot in den Bereichen Kunst, Musik, Sport. Zusatzleistungen im Bereich Coaching, Lerntherapie und Nachhilfe.

Tag der offenen Tür: jederzeit, nach persönlichem Termin.

Internat Gymnasium Weierhof

Name und Anschrift:
Internat Gymnasium Weierhof
An der Aula 1, 67295 Bolanden
Tel. 0 63 52/40 05-39, Fax 0 63 52/40 05-21
www.weierhof.de, internat@weierhof.de
FB: www.facebook.com/weierhofinternat

Name des Trägers: Schulverein Weierhof

Internatsleitung: Wolfgang Huber

Schulleitung: StD Michael Scholz

Schulstatus: staatlich anerkannte Privatschule, Ganztagsschule

Schularten: G8/GTS-Gymnasium auf dem Campus, Realschule+, Grundschule ab Klasse 4, Berufsbildende Schulen

Schulische Ausrichtung:
ganzheitliches Bildungsangebot

Evangelische Internate Deutschlands

Konfession: nicht gebunden

Sprachenfolge:
E oder F ab Klasse 5, F oder L ab Klasse 6, ab Klasse 8 L, F, Sp oder J (fakultativ)

Internatsplätze:
90, davon 35 für Kinder & Jugendliche mit Diabetes mellitus Typ 1

Klassenstärke:
abhängig von jeweiliger Schulart

Externe Schüler: 900

Kosten/Monat: ab € 1.510,–

Nebenkosten/Monat: keine

Pädagogische Schwerpunkte/Besonderheiten: Neben einer individuellen schulischen Förderung, einer engen Kooperation mit den umliegenden Schulen und intensiver Betreuung durch pädagogisches und medizinisches Fachpersonal ist uns die psychosoziale Förderung ein besonderes Anliegen. Erziehung zur Selbstständigkeit, Verstärkung sozialer Kompetenzen und viele Freizeitmöglichkeiten (Reiten, Hip-Hop, Fußball, Basketball, Tischtennis, Leichtathletik, Schwimmen, Musik, Tierheim, Kreativgruppe etc.) runden unser Angebot ab. Probewohnen ist jederzeit möglich. Das Gymnasium Weierhof ist eine Ganztagsschule mit über 50 Neigungsgruppen/AG`s. Besondere Förderung der Schüler in halben Klassen in den Lernzeiten der Schule. Austauschprogramme mit Frankreich, Kanada, England, Japan, Spanien, China. Schule und Internat bieten ein Sonderprogramm für chinesische Schüler mit dem Bildungsziel Abitur an. Eine zusätzliche Sprachförderung sowie weitere Unterstützung wird geboten. Ein Schwerpunkt des Internats ist die integrative Betreuung von Kindern & Jugendlichen mit Diabetes mellitus Typ 1.

Tag der offenen Tür: Sa. 25.5.19 und Sa. 1.2.20, Besichtigung nach Terminvereinbarung.

Heinrich-Heine-Gymnasium

Name und Anschrift:
Staatl. Heinrich-Heine-Gymnasium
Im Dunkeltälchen 65, 67663 Kaiserslautern
Tel. 06 31/20 10 40
Fax 06 31/2 01 04 23
www.hhg-kl.de, info@hhg-kl.de

Name des Trägers: Land Rheinland-Pfalz

Internatsleitung: Josef Schüller

Schulleitung: OStD Dr. Ulrich Becker

Schulstatus: staatliches Gymnasium

Schularten: Gymnasium ab Klasse 5

Schulische Ausrichtung:
Aufbaugymnasium, Sportgymnasium (Fördersportarten: Badminton, Fußball, Judo, Radsport, Tennis), Eliteschule des Sports, Eliteschule des Fußballs, Hochbegabtenschule, Internationale Schule

Konfession:
nicht gebunden

Sprachenfolge:
E, F/L, L/F/Sp
Neu einsetzende Fremdsprachen in der 11. Jahrgangsstufe für Absolventen der Haupt- und Realschulen: F/L

Internatsplätze:
gesamt: 172

Klassenstärke:
15–25

Externe Schüler:
692

Kosten/Monat:
€ 335,–

Nebenkosten/Monat:
Taschengeld, Heimfahrten

Pädagogische Schwerpunkte/Besonderheiten:
Erziehung zur Eigenverantwortung, Förderklassen für Sportler und Hochbegabte, Unterbringung in 4 Internatsgebäuden ausschließlich in Einzel- und Doppelzimmern mit Dusche und WC, Gruppenräume und Küchen auf jeder Etage. Betreuung durch ausgebildetes pädagogisches Fachpersonal, Lage des Internates und der Schule unmittelbar am Naturpark Pfälzer Wald und der Technischen Universität, Hausaufgabenbetreuung, schulpsychologische Beratung, Mensa, Internetcafé, vielfältige sportliche und musische Freizeitangebote (Reiten, Fußball, Tanzen, Joggen, Schwimmen, Kochen, Basteln, Töpfern, Holzarbeiten etc.), diverse Freizeiträume (Kreativwerkstatt, Holzwerkstatt, Snoezel- bzw. Entspannungsraum, Billard- und Tischtennisraum, Sauna, Sporthalle, Kleinspielfeld, Spielplatz, Grillplatz, Computerräume).

Tag der offenen Tür: jährlich im November.

Staatliches Eifel-Gymnasium

Name und Anschrift:
Staatliches Eifel-Gymnasium Neuerburg
Pestalozzistr. 19-25, 54673 Neuerburg
Tel. 0 65 64/96 73-0
Fax 0 65 64/96 73-31
www.eifel-gymnasium.de
schule@eifel-gymnasium.de

Name des Trägers: Land Rheinland-Pfalz

Internatsleitung: Martin Burgard

Schulleitung: OStD Dr. Jens Kemper

Ansprechpartnerin: StD' Sonja Lessel

Schulstatus:
Staatliches Gymnasium und Kolleg

Schularten: Gymnasium ab Klasse 7, Aufbaugymnasium, Sprachkurse für Migranten, Abitur auf dem zweiten Bildungsweg (an unserem Eifel-Kolleg)

STAATLICHES
EIFEL-GYMNASIUM
NEUERBURG

Schulische Ausrichtung:
Qualifizierter Sekundarabschluss I, allgemeine Hochschulreife (Abitur)

Konfession: nicht gebunden

Sprachenfolge:
1. FS E, 2. FS F/L, 3. FS Sp (freiwillig)

Internatsplätze: ca. 150

Klassenstärke: 4–32

Externe Schüler: 400

Kosten/Monat: € 300,– Internat & Schule

Nebenkosten/Monat: keine

Pädagogische Schwerpunkte/Besonderheiten:
- Vermittlung zentraler Werte wie Gemeinschaft, Respekt, Toleranz und Eigenständigkeit
- Entwicklung wichtiger Kompetenzen und Fähigkeiten wie der Erwerb von Teamfähigkeit, Rücksichtnahme und die Übernahme sozialer Verantwortung für das spätere Berufsleben
- Klar strukturierter Tagesplan hilft in der Entwicklung und gibt orientierenden Rahmen
- Außerunterrichtliche Projekte und Freizeitgestaltung: Sport (Kunstrasenplatz, Karate, hauseigenes Schwimmbad, Fitnessstudio), Musik (Schulchor, Bigband) und Kunst (AG Druckgrafiken)
- Besondere Sprachförderkurse für Nicht-Muttersprachler mit anschließender Schullaufbahn
- Aufbauklasse und Eifel-Kolleg als alternative Wege zur Fachhochschulreife und zum Abitur

Tag der offenen Tür:
immer am Samstag nach Pfingsten; jederzeit nach persönlicher Terminabsprache.

Internate in

Sachsen

01773 Altenberg
Internat Altenberg
Fritz-Große-Str. 22
Tel. 03 50 56/3 23 32

Gymnasium,
Eliteschule des Sports

09125 Chemnitz
Internat am
Sportgymnasium Chemnitz
Reichenhainer Str. 202
Tel. 03 71/4 88 46 70

Sportgymnasium

01309 Dresden
Sächsisches Landesgymnasium
für Musik Dresden
CARL MARIA VON WEBER
Mendelssohnallee 34
Tel. 03 51/31 56 05-21

Gymnasium

■ **ausführliche Angaben: Seite 222**

01067 Dresden
Sportschulinternat Dresden
Messering 2a
Tel. 03 51/2 06 22 00

Eliteschule des Sports

01277 Dresden
Kapellknabeninstitut der Kathedrale
St. Trinitatis
Wittenberger Str. 88
Tel. 03 51/3 10 00 60

Internat und musikalische
Ausbildungsstätte des Knabenchores
(Mitglied im VKIT)

02177 Dresden
Dresdner Kreuzchor
Dornblüthstr. 4
Tel. 03 51/31 53 56 0

Grundschule,
Gymnasium

04668 Grimma
Internat St. Augustin
zu Grimma
Klosterstr. 1
Tel. 0 34 37/91 13 09

Gymnasium

08248 Klingenthal
Eliteschule des Sports
Floßgrabenweg 1
Tel. 03 74 65/4 56 80

Mittelschule,
Gymnasium,
Sportinternat – nordischer Skisport

04109 Leipzig
Internat des Landesgymnasium für Sport
und der Sportoberschule Leipzig
Marschnerstr. 30
Tel. 03 41/9 85 76 50

Eliteschule des Sports und des Fußballs

09484 Kurort Oberwiesenthal
Eliteschule des Sports
Dr.-Jäger-Str. 2
Tel. 03 73 48/2 27 19 und 83 16

Mittelschule,
Gymnasium,
Sportinternat –
nordischer und alpiner Skisport,
Rennschlitten etc.

01662 Meißen
Sächsisches Landesgymnasium Sankt Afra
Hochbegabtenförderung
Freiheit 13
Tel. 0 35 21/4 56-0

Gymnasium (7.–12. Klasse),
Hochbegabtenförderung

■ **ausführliche Angaben: Seite 223**

08393 Meerane
Europäisches Gymnasium Meerane
Pestalozzistr. 25
Tel. 0 37 64/23 31

Gymnasium,
Oberschule,
Jugendkunstschule

01796 Pirna
Internat des
Friedrich-Schiller-Gymnasiums
Schlossstr. 13
Tel. 0 35 01/46 62 30

Gymnasium

08396 Waldenburg
Europäisches Gymnasium
Waldenburg
Altenburger Str. 44a
Tel. 03 76 08/4 02 00 10

Gymnasium,
Oberschule,
Jugendkunstschule

Sächsisches Landesgymnasium für Musik

Name und Anschrift:
Sächsisches Landesgymnasium
für Musik Dresden
CARL MARIA VON WEBER
Mendelssohnallee 34,
01309 Dresden
Tel. 03 51/31 56 05-40
Fax 03 51/31 56 05-50
Internat: Tel. 03 51/31 56 05-21
Fax 03 51/31 56 05-22
www.landesmusikgymnasium.de
info@musikgym.smk.sachsen.de

Name des Trägers:
Freistaat Sachsen

Internatsleitung:
Dipl.-Soz.-Päd. Jens Neutsch

Schulleitung/Ansprechpartner:
OStD Mario Zecher,
Ekaterina Sapega-Klein

Schulstatus: öffentliches Gymnasium

Schularten: Gymnasium

Schulische Ausrichtung:
vertiefte musikalische Ausbildung

Konfession:
nicht gebunden

Sprachenfolge: E-F

Internatsplätze: 75

Klassenstärke: bis 23

Kosten/Monat:
Miete/Betreuung: € 205,–
Verpflegung: ca. € 130,–

Nebenkosten/Monat: ca. € 50,–

Pädagogische Schwerpunkte/Besonderheiten:
Begabtenförderung, parallele Vorbereitung auf Abitur und Musiker- bzw. musikverwandte Berufe, Verbindung von schulisch-gymnasialer und musikalisch-künstlerischer Ausbildung, musikalische Ausbildung durch die Hochschule für Musik Dresden.

Tag der offenen Tür:
November 2019

Sächsisches Landesgymnasium Sankt Afra
Hochbegabtenförderung

Name und Anschrift:
Sächsisches Landesgymnasium Sankt Afra – Hochbegabtenförderung
Freiheit 13, 01662 Meißen
Tel. 0 35 21/4 56-0, Fax 0 35 21/4 56-1 99
www.sankt-afra.de, mail@sankt-afra.de

Name des Trägers: Freistaat Sachsen

Internatsleitung: Tino Wiedemann

Schulleitung/Ansprechpartner:
Dr. Ulrike Ostermaier

Schulstatus: Schule in Landesträgerschaft

Schularten: Gymnasium 7.–12. Klasse
Hochbegabtenförderung,
Aufnahme in Klasse 7 und 9

Schulische Ausrichtung:
Hochbegabtenförderung

Konfession:
ev. u. kath. Religion werden unterrichtet

Sprachenfolge:
7. Klasse: 3 Fremdsprachen, darunter L/Gr (opt. 9. Klasse: Sp/R). Je nach „mitgebrachten" Fremdsprachen sind individuelle Lösungen möglich.

Internatsplätze: w.: 144, m.: 144

Klassenstärke:
ca. 24; Kursbildung bei geringerer Stärke

Externe Schüler: keine

Kosten/Monat: ca. € 410,–. Der Freistaat fördert sächsische Schüler. Darüber hinaus sind Sozial- und Leistungsstipendien sowie Stiftungsstipendien möglich.

Nebenkosten/Monat: keine

Pädagogische Schwerpunkte/Besonderheiten: Förderung mehrfach Begabter; Mittelstufe: Jahrgangsprofile – „Exploratives" Wissensverständnis: Grundlagen- und Vertiefungsunterricht – Verstärkter Fremdsprachen- und naturwissenschaftlicher Unterricht – Akzentuierungen von Werkstätten/Sozialen Diensten und Schülermitverantwortung – fünf Vertiefungsschwerpunkte: musikalisch, sprachlich-gesellschaftswissenschaftlich, mathematisch- naturwissenschaftlich, künstlerisch-ästhetisch, vierte Fremdsprache; weitere Vertiefungsmöglichkeiten: Chor und Kammerorchester sowie Theater – regelmäßige Teilnahme an Wettbewerben in allen Vertiefungsbereichen; Oberstufe: 3 Leistungskurse; obligatorisch: „Besondere Lernleistung"; Angebot an fächerübergreifendem Vertiefungswissen; IB World School: International Baccalaureate parallel zum Abitur als zusätzliches Angebot.

Tag der offenen Tür: im Januar 2020

Internate in

Sachsen-Anhalt

Sachsen-Anhalt

06722 Droyßig
CJD Christophorusschule Droyßig
Zeitzer Str. 3
Tel. 03 44 25/2 14 86

Gymnasium,
Gemeinschaftsschule

■ **ausführliche Angaben: Seite 227**

06110 Halle
Sportschulen Halle mit Internat
Amselweg 49
Tel. 03 45/13 19 80

Gymnasium und Sekundarschule

Sachsen-Anhalt

06628 Naumburg OT Schulpforte
Landesschule Pforta
Schulstraße 12
Tel. 03 44 63/3 51 71

Gymnasium

■ **ausführliche Angaben: Seite 228**

39387 Oschersleben OT Hadmersleben
Internatsschule Hadmersleben
Planstr. 36
Tel. 03 94 08/9 31 00

Gymnasium

■ **ausführliche Angaben: Seite 229**

38871 Veckenstedt
Landschulheim Grovesmühle
Grovesmühle 1
Tel. 03 94 51/60 80

Grundschule, Gymnasium,
Realschule, Fachoberschule

■ **ausführliche Angaben: Seite 230–231 und Seite 33**

CJD Christophorusschule Droyßig

Name und Anschrift:
CJD Christophorusschule Droyßig
Zeitzer Straße 3, 06722 Droyßig
Tel. 03 44 25/2 14 86
Fax 03 44 25/2 14 83
www.cjd-droyssig.de
direktion@cjd-droyssig.de

Name des Trägers:
Christliches Jugenddorfwerk Deutschlands gemeinnütziger e.V.

Internatsleitung: Bernhard Schmerschneider

Schulleitung/Ansprechpartner:
Gymnasium: Dr Stefan Auerswald
Gemeinschaftsschule: Susanne Jugl-Sperhake

Schulstatus:
staatlich anerkannte Schule in priv. Trägerschaft

Schularten: Gymnasium, Gemeinschaftsschule

Schulische Ausrichtung: Förderung Hochbegabung; neusprachlich, naturwissenschaftlich, wirtschaftswissenschaftlich; bilinguale Angebote

cjd
die-chancengeber.de

Evangelische Internate Deutschlands

Konfession:
christliche Grundlage; überkonfessionell

Sprachenfolge:
5. Klasse: E, 7. Klasse: F/R/L
9. Klasse: F/R/L/Sp

Internatsplätze: w./m.: 26

Klassenstärke: 20–26

Externe Schüler: 590

Kosten/Monat:
€ 708,– inkl. Schulgeld
(Wocheninternat von Sonntagabend auf Freitagnachmittag)

Nebenkosten/Monat:
Mittagessen, Taschengeld, Fahrtkosten für Familienheimfahrten, außerordentliche Veranstaltungen

Pädagogische Schwerpunkte/Besonderheiten: ganzheitliche Persönlichkeitsbildung; Hochbegabtenarbeit (auch mit Underachievern); Lerncoaching; Sozialkompetenztraining; Arbeitsgemeinschaften; Instrumentalunterricht; Hausaufgabenbetreuung; Projekt- und Modularbeit; Schullandheimaufenthalt auf Borkum (Jahrgangsstufe 6); Erlebnissportcamp (Jahrgangsstufe 8); Seminararbeit und Seminarfahrten in der Oberstufe; internationale Kontakte und Programme; Christlicher Jahreskreis; Wirtschaftswissenschaftliches Teilprofil.

Tag der offenen Tür: Das Internat schließt zum 31.07.2021

Landesschule Pforta

Name und Anschrift:
Landesschule Pforta, Schulstraße 12,
D-06628 Naumburg OT Schulpforte
Tel. 03 44 63/3 51 71, Fax 03 44 63/2 68 39
www.landesschule-pforta.de
info@landesschule-pforta.de
FB: Landesschule Pforta

Name des Trägers: Land Sachsen-Anhalt (bundesweite Bewerbungen möglich)

Internatskoordination: Ulrich Ixmeier

Schulleitung: Thomas Schödel

Schulstatus: 1543 gegründetes staatliches Internatsgymnasium ab Jahrgang 9 (Aufnahme nach Eignungsprüfung)

Schularten: Humanistisches Gymnasium mit Begabtenförderung in drei Zweigen: Musik, Naturwissenschaften oder Sprachen

Schulische Ausrichtung:
allgemeine Hochschulreife bei erhöhter Stundenzahl und erweitertem inhaltlichem Angebot in Schwerpunktzweigen:

– im Musikzweig z.B. Stimmbildung, Instrumental- und Chorleiterausbildung
– im Sprachzweig z.B. vier verpflichtende Fremdsprachen und bilinguale Angebote
– im NaWi-Zweig z.B. ein Forschungspraktikum in der Industrie oder in Forschungsinstituten; Informatik/Astronomie

Konfession: nicht gebunden (ev. u. kath. Religionsunterricht sowie Ethik)

Sprachenfolge: Die Sprachenfolge muss im Einzelfall geprüft werden. Das Sprachangebot umfasst E, F, Gr, L, R und Sp (Hebräisch als AG-Zusatzangebot)

Internatsplätze: 300

Klassenstärke: bis 26; variable Kursgrößen

Externe Schüler: keine

Kosten/Monat:
€ 250,– für Landeskinder und € 350,– für Nichtlandeskinder (10 Monatsraten pro Jahr, Teil- und Vollstipendien für sozial benachteiligte Schüler und Leistungsträger)

Pädagogische Schwerpunkte/Besonderheiten: • Prinzip der Einheit von Bildung und Erziehung: Die Betreuung im für alle verpflichtenden Internat erfolgt durch die Lehrerinnen und Lehrer der Schule. • Begabungsförderung mit dem Ziel, junge Menschen zu allseitig gebildeten und verantwortungsbewusst handelnden Persönlichkeiten zu bilden und zu erziehen. • Nutzen der Synergien, die sich aus dem gemeinsamen Lernen und dem Zusammenleben von jungen Menschen mit unterschiedlichen besonderen Begabungen und Talenten an einem ganz besonderen Ort ergeben. • Sozialpraktikum in Klasse 10, internationaler Schüleraustausch.

Tag der offenen Tür: im Januar und November jedes Jahres.

Internatsschule Hadmersleben

Sachsen-Anhalt

Name und Anschrift:
Internatsschule Hadmersleben
Planstr. 36,
39387 Oschersleben OT Hadmersleben
Tel. 03 94 08/9 31 00
Fax 03 94 08/9 31 02
www.privatgymnasium.de
info@privatgymnasium.de

Name des Trägers:
Internatsschule Hadmersleben gGmbH

Internatsleitung:
Astrid von Smuda
Frank Melsbach

Schulleitung:
Astrid von Smuda
Frank Melsbach

Schulstatus:
anerkannte Ersatzschule

Schularten:
Gymnasium

VDP

Schulische Ausrichtung:
allgemeinbildend

Konfession:
nicht gebunden

Sprachenfolge:
E-F/R

Internatsplätze:
70

Klassenstärke: ca. 15

Externe Schüler: ca. 70

Kosten/Monat:
Klasse 5–9: € 1.780,–
Klasse 10–12: € 1.850,–

Nebenkosten/Monat:
Taschengeld, Fahrtkosten

Pädagogische Schwerpunkte/Besonderheiten:
Erziehung und Bildung als Einheit, intensive schulische Förderung, aktive Freizeitgestaltung, individuelle Betreuung, klar strukturierter Tagesablauf.

Tag der offenen Tür:
10.09.2019

Landschulheim Grovesmühle

Siehe auch S. 33

Sachsen-Anhalt

Name und Anschrift:
Landschulheim Grovesmühle
Grovesmühle 1,
38871 Nordharz OT Veckenstedt
Tel. 03 94 51/608-0
Fax 03 94 51/608-20
www.grovesmuehle.de
info@grovesmuehle.eu
www.facebook.com/Grovesmuehle

Name des Trägers:
Landschulheim Grovesmühle

Internatsleitung: Thomas Riedel

Schulleitung:
Dr. Rolf Warnecke

Schulstatus: staatlich anerkanntes Gymnasium und Sekundarschule, staatlich anerkannte Fachoberschule

Schularten:
Grundschule, Gymnasium, Realschule, Fachoberschule

die internate VEREINIGUNG e.V.

VDP

Konfession: keine

Sprachenfolge:
E in GS u. ab Klasse 5, F und L ab Klasse 7, Sp ab Klasse 7, R ab Klasse 10 für Realschüler ohne 2. Fremdsprache

Internatsplätze: w.: 33, m.: 33

Klassenstärke: ca. 20

Externe Schüler: 250

Kosten/Monat:
Schuldgeld Gymnasium und Realschule: € 350,–;
Schulgeld Fachoberschule: € 235,–;
Internatsbeitrag: € 1.800,–

Nebenkosten/Monat:
ca. € 80,–

Pädagogische Schwerpunkte/Besonderheiten:
Individuelle Förderung, Talente und Begabungen entdecken und entfalten, Schüleraustausch mit deutschen Schulen in Mexiko und Argentinien, großes außerschulisches Freizeitangebot wie Reiten, Fußball, Schwimmen, Rettungsschwimmen, Klettern, Mountain-Biken, Ski-Freizeiten, Sanitätsdienst, Musik, Theater.... Professionelle Unterstützung bei LRS und Dyskalkulie, bei Bedarf psychologische Unterstützung, Aufnahme nach § 34 und 35a des SGB VIII

Tag der offenen Tür: Sommerfest 25. Mai 2019

LANDSCHULHEIM GROVESMÜHLE

Dem Einzelnen gerecht werden

Die wichtigsten Vorgaben für unsere Schule sind die uns anvertrauten Kinder - so, wie sie sind.
An der Grovesmühle werden die Schülerinnen und Schüler in jeder Entwicklungsstufe als selbstständig denkende Persönlichkeiten angenommen und gefördert.
Dies gelingt uns durch:

- Einen intensiven Austausch zwischen Schülern, Lehrern und Erziehenden.
- Die Förderung von individuellen Interessen u.a. durch Gilden wie Theater, Sport, Musik, Reiten, Tierpflege uvm..
- Eine intensive Berufs- und Laufbahnbetreuung.

Das andere Lernen

Aus Lernen muss Bildung werden! Der Unterricht an der Grovesmühle soll nicht nur Wissen vermitteln, sondern die Ausbildung der individuellen Persönlichkeit fördern. Gleichzeitig soll der Unterricht auch ein großes Maß an Praxisbezug und Raum für die Selbsterprobung ermöglichen. Erreicht wird dies durch offene Unterrichtsmethoden wie Stationenlernen, Thementage, fächerübergreifender Unterricht, Wochenplanarbeit sowie einem Methodenkompetenztraining. Handwerkliche Fähigkeiten werden im Unterrichtsfach "Praktische Arbeit" sowie in den Gilden trainiert.
Individualisierte Lernstunden, Förderplangespräche, betreute Lernzeiten im Internat und kleine Klassen geben den Schülerinnen und Schülern das sichere Gefühl, mit ihrer Individualität angenommen zu werden.

Heranwachsen zu verantwortungsvollen Persönlichkeiten

Das Konzept der Ganztagsschule mit Internat vereint Lernen und Zusammenleben in Schule und Freizeit.
Gegenseitige Achtung, Höflichkeit und Verlässlichkeit sind Werte, die zu einem ausgewogenen Klima des Wohlbefindens beitragen. Zu jedem Zeitpunkt des Schul- und Internatsalltags stehen diese Werte im Vordergrund.
Sie werden speziell gefördert durch:

- Sozialkompetenztraining.
- Das Leben in der Heimfamilie.
- Übernahme von Selbst- und Fremdverantwortung, durch z.B. "Schüler helfen Schülern" oder der Vergabe von Privilegien.

Geregelte Tagesabläufe mit einer harmonischen Balance aus Freizeit und Freiraum sowie gemeinschaftlichen Regeln, Verpflichtungen und festen Lernzeiten.

Internate in

Schleswig-Holstein

24357 Güby
Stiftung Louisenlund
Louisenlund 9
Tel. 0 43 54/9 99-333

Ganztagsgymnasium,
IB World School,
Grundschule,
plus-MINT Internat

■ **ausführliche Angaben: Seite 235**

23821 Rohlstorf
Internat Schloss Rohlstorf
Am Gut 1
Tel. 0 45 59/10 56

Gemeinschaftsschule

■ **ausführliche Angaben: Seite 236**

25826 St. Peter-Ording
nsi Nordsee-Internat
Pestalozzistraße 72
Tel. 0 48 63/47 11-0

Gymnasium (G9) mit
Gemeinschaftsschulteil

■ **ausführliche Angaben: Seite 237 und Seite 22–23**

Stiftung Louisenlund

LOUISENLUND
LERNEN LEISTEN LEBEN

Name und Anschrift:
Stiftung Louisenlund
Louisenlund 9, 24357 Güby
Tel. 0 43 54/9 99-333
Fax 0 43 54/9 99-352
www.louisenlund.de
aufnahme@louisenlund.de
www.xing.com/companies/stiftunglouisenlund
www.facebook.com/stiftung.louisenlund

Name des Trägers: Stiftung Louisenlund

Leitung: Dr. Peter Rösner

Schulleitung: Dr. Kerstin Tschekan (Schulleitung Gymnasium), Damien Vassallo (Leiter IB)

Schulstatus:
Staatlich anerkanntes Gymnasium in freier Trägerschaft, IB World School

Schularten: Ganztagsgymnasium, IB World School, Grundschule, plus-MINT Internat

+MINT
INTERNAT LOUISENLUND

ROUND SQUARE

Schulische Ausrichtung: Ganzheitlicher pädagogischer Ansatz in einem internationalen Umfeld sowie MINT-Talentförderung.

Konfession: nicht gebunden

Sprachenfolge: E: Klasse 5; optional alle Fächer auf E ab Klasse 10 im IB; F &/oder Sp ab Klasse 6; L als 3. Fremdsprache optional ab Klasse 8 möglich; Sp & Chin. als Neubeginn nach Bedarf in der Oberstufe

Internatsplätze: gesamt: 350

Klassenstärke: max. 18 Schüler/-innen

Externe Schüler: 90

Kosten/Monat:
€ 170,– bis € 3.500,– zzgl. Nebenkosten

Pädagogische Schwerpunkte/Besonderheiten:
Kleine Lerngruppen mit vielseitigen und profilierten, bilingual orientierten Lern- und Erfahrungsmöglichkeiten. Großes Angebot an nachmittäglichen Bildungsangeboten zur Entwicklung persönlicher Stärken und Talente, darunter Segeln, eigenes Forschungsschiff, Theater, Orchester, Chor, Feuerwehr & THW, Altenpflege, Politikgilde, viele Sportgilden uvm. Internationale Austauschmöglichkeiten mit Round Square in über 30 Ländern. Prüfungszentrum für die offiziellen Zertifikate für Spanisch und Französisch als Fremdsprache (DELE/DELF). Deutsch als Zweitsprache (DaZ) & Wirtschaftsenglisch. Stipendienprogramm für überdurchschnittlich engagierte und leistungsfähige Ganztagsschüler/-innen ab Klasse 5.

Tag der offenen Tür: 11. Mai 2019, 25. Januar 2020, 9. Mai 2020
Weitere Termine unter: www.louisenlund.de/termine

Internat Schloss Rohlstorf

Name und Anschrift:
Internat Schloss Rohlstorf
Gut 1, 23821 Rohlstorf
Tel. 0 45 59/10 56
Fax 0 45 59/18 86 20
www.schloss-rohlstorf.de
info@schloss-rohlstorf.de

Name des Trägers: Verein zur Förderung pädagogischer Initiativen e.V.

Geschäftsführer: Michael Roelofs

Vorstandsvorsitzende:
Annette von Rantzau

Internatsleitung: Frank Hoier

Schulleitung: Barbara Werner

Schulstatus:
genehmigte Ersatzschule (Privatschule)

Schularten: Gemeinschaftsschule

Schulische Ausrichtung:
Erster allgemeinbildender Schulabschluss (EAS), Mittlerer Bildungsabschluss (MSA)
Sprachen: Englisch, Spanisch

Internatsplätze: 75

Klassenstärke: max. 18

Internatskosten/Monat: € 2.275,–

Schulkosten/Monat: € 225,–

Pädagogische Schwerpunkte/Besonderheiten:
- Lernen und Leben bedeutet mehr als Schule und Freizeit.
- Hochqualifizierte Pädagogen und Lehrkräfte
- Individuelle Betreuung
- Förderung von Begabungen und Talenten
- „Stärken stärken" – „Schwächen schwächen" (AvR)
- Möglichkeiten für jeden Schulabschluss (in Kooperation mit der Gemeinschaftsschule Schulzentrum in Bad Segeberg)
- Einzigartiges Freizeitangebot
- Reizvolle Umgebung direkt am See

Als Team bieten Lehrer, Lernbegleiter und Sozialpädagogen Ihrem Kind Verlässlichkeit, Halt und Orientierung.

Philosophie: „Wir mögen dich so, wie du bist. Wir vertrauen auf deine Fähigkeiten. Wenn du uns brauchst, sind wir da. Versuche es zunächst einmal selbst!"

nsi Nordsee-Internat

Siehe auch S. 22–23

Name und Anschrift:
nsi Nordsee-Internat
Pestalozzistraße 72, 25826 St. Peter-Ording,
Tel. 0 48 63/47 11-0
Fax 0 48 63/47 11-10
www.nsi-spo.de, info@nsi-spo.de
www.facebook.com/NordseeInternat
www.twitter.com/NordseeInternat

Name des Trägers: Verein

Internatsleitung:
Rüdiger Hoff (Pädagogischer Leiter), Dr. Till Ergenzinger (Kaufmännischer Leiter)

Schulleitung: Nils-Ole Hokamp

Schulstatus: öffentliche Schulen

Schularten:
Gymnasium (G9) mit Gemeinschaftsschulteil

Konfession: nicht gebunden

Sprachenfolge: Gymnasium: E, L/F, Sp
Gemeinschaftsschule: E, F

Internatsplätze: 150

Klassenstärke: Ø 22

Externe Schüler: keine

Kosten/Monat: € 1.560,– monatlich

Nebenkosten/Monat: € 100,– bis € 165,– Schulkostenbeitrag für minderjährige Schüler, die mit erstem Wohnsitz nicht in Schleswig-Holstein gemeldet sind.

Pädagogische Schwerpunkte/Besonderheiten:
Erfolgreich lernen und Lernen lernen
Gesund denken und nachhaltig leben
Herausforderungen setzen und Ziele erreichen
Ganzheitliche Unterstützung – rund um die Uhr

Lernen, Lernen lernen und gesund denken – immer gemeinsam und immer mit viel Spaß. Das Konzept des Nordsee-Internats ist angenehm normal. Schule und Internatsleben sind bewusst eigenständig und ermöglichen so ein besonders vertrauensvolles Verhältnis zwischen den Schülern und Pädagogen. Das bedeutet für die Kinder und Jugendlichen viel persönliche Freiheit, aber auch mehr Verantwortung. Dazu gibt es jede Menge Freizeit- und Weiterbildungsmöglichkeiten, frische Seeluft und das gute Gefühl willkommen zu sein – natürlich auch für Kinder mit Diabetes. Eben ein echtes LernZuhause.

Internate in

Thüringen

Thüringen

99096 Erfurt
Pierre-de-Coubertin-Gymnasium
Mozartallee 4
Tel. 03 61/3 48 13

Spezialschule für Sport mit angegliederten Regelschulklassen

99089 Erfurt
Albert-Schweitzer-Gymnasium
Vilniuser Str. 17a
Tel. 03 61/2 62 83 00

Gymnasium

98663 Haubinda
Lietz Internatsdorf Haubinda
Stiftung 01
Tel. 03 68 75/67 10

Grundschule, Hauptschule, Realschule, Fachoberschule (Informationstechnik, Wirtschaft und Verwaltung), Berufliches Gymnasium (Schwerpunkt Wirtschaft)

■ **ausführliche Angaben: Seite 241**

98693 Ilmenau
Goetheschule Ilmenau
Staatliches Gymnasium
Herderstr. 44
Tel. 0 36 77/6 75 31

Gymnasium, mathem.-naturwiss. Richtung und Universitätskolleg, Spezialinternat

07749 Jena
Sportgymnasium Jena „Johann Chr. Fr. GutsMuths"
Wöllnitzer Str. 40
Tel. 0 36 41/3 81 50

Gymnasium, Eliteschule des Sports

98559 Oberhof
Sportgymnasium Oberhof
Am Harzwald 3
Tel. 03 68 42/26 80

Gymnasium

06571 Roßleben
Klosterschule Roßleben
Klosterschule 5
Tel. 03 46 72/9 82 00

Gymnasium

■ **ausführliche Angaben: Seite 242**

07407 Rudolstadt OT Keilhau
Fröbel Internat
Robert-Birkner-Straße 17–27
Tel. 0 36 72/46 96 0

Thüringer Gemeinschaftsschule, gymnasialer Abschluss in Kooperation

■ **ausführliche Angaben: Seite 243**

99880 Waltershausen
Salzmannschule Schnepfenthal
Klostermühlenweg 2–8
Tel. 0 36 22/9 13-0

Spezialgymnasium für Sprachen

99425 Weimar
Musikgymnasium Schloss Belvedere
Staatliches Spezialgymnasium
Schloss Belvedere 1
Tel. 0 36 43/86 63 10

Gymnasium

Lietz Internatsdorf Haubinda

Name und Anschrift:
Lietz Internatsdorf Haubinda
Stiftung 01, 98663 Haubinda
Tel. 03 68 75/67 10, Fax 03 68 75/67 150
www.internatsdorf.de, haubinda@lietz-schule.de
www.facebook.com/HermannLietzSchuleHaubinda

Name des Trägers: Stiftung Deutsche Landerziehungsheime, Hermann-Lietz-Schule, Im Grund 2, 36145 Hofbieber

Internats- und Schulleitung:
Burkhard Werner

Schulstatus: staatlich anerkannte Privatschule

Schularten:
Grundschule, Hauptschule, Realschule, Fachoberschule (Informationstechnik, Wirtschaft und Verwaltung), Berufliches Gymnasium (Schwerpunkt Wirtschaft)

Schulische Ausrichtung: Thür. Lehrplan nach ganzheitlicher Pädagogik von Dr. Hermann Lietz

Konfession: nicht gebunden

Sprachenfolge: E, Sp

Internatsplätze: w.: 40, m.: 80

Klassenstärke: ca. 14–18

Externe Schüler:
Regelschule: 160
Grundschule: 60
Fachoberschule: 45
Berufliches Gymnasium: 35

Kosten/Monat:
Klassen 1–10: € 2.551,– (Schuljahr 2019/2020)
Klassen 11–13: € 2.654,– (Schuljahr 2019/2020)

Nebenkosten/Monat: ca. € 200,–

Pädagogische Schwerpunkte/Besonderheiten:
- Leben und Lernen im Internatsdorf: eigenes Haus für jede Internatsfamilie, Dorfladen, Backhaus, Schneiderei, Gärtnerei mit Gewächshaus, großer Bauernhof, Werkstatt für Holz- und Metallarbeiten
- Schwerpunkt Landwirtschaft: Fürsorge und Pflege der Hoftiere (Schafe, Pferde, Kaninchen, Schweine, Enten), Einbringen der Ernte, Ökologie im Unterricht
- kultureller Schwerpunkt: Theater- und Chorausbildung, Klavier- und Schlagzeugunterricht
- Schulstaat: SchülerInnen lernen eigenverantwortlich die Regeln der Demokratie
- Internationale Wochenenden: Internationale SchülerInnen werden während den Heimfahrwochenenden betreut und gehen dann gemeinsam auf Reisen

Tag der offenen Tür: einmal pro Jahr, Termin wird auf der Homepage bekannt gegeben.

Klosterschule Roßleben

Name und Anschrift:
Klosterschule Roßleben
Klosterschule 5, 06571 Roßleben
Tel. 03 46 72/9 82 00
Fax 03 46 72/9 82 06
www.rossleben.com
info@klosterschule.de
www.facebook.com/Klosterschule.Rossleben

Name des Trägers:
Stiftung Klosterschule Roßleben

Internatsleitung:
Mr. David Lucius-Clarke

Schulleitung: Herr Gernot Gröppler

Schulstatus: staatlich anerkannte Schule in freier Trägerschaft

Schularten:
Gymnasium mit Ganztagsgymnasium

Schulische Ausrichtung:
mathem.-naturw. und neusprachlich, mit stark musikalischer Prägung

Konfession: nicht gebunden

Sprachenfolge: E, F, L, Sp, R

Internatsplätze: gesamt 110

Klassenstärke: ca. 20

Externe Schüler:
100 Tagesschüler, 200 Halbtagesschüler

Kosten/Monat: Klasse 5–10: € 1.850,–, Neuaufnahme in Klasse 11: € 1.950,–

Nebenkosten/Monat:
ca. € 50,– bis € 100,–

Pädagogische Schwerpunkte/Besonderheiten: Traditionsschule, die seit 460 Jahren von der Familie v. Witzleben geführt wird. Die Persönlichkeit der SchülerInnen steht in Roßleben im Mittelpunkt. Förderung ihrer schulischen Fähigkeiten, Stärken und Interessen definieren Roßleben als Schule und Internat, Freundschaften werden hier fürs Leben geknüpft. Tradition im Einklang mit modernem Internatsalltag, innovative und handlungsorientierte Lehransätze sowie Vertrauen auf traditionelle und christliche Werte bereiten auf die Herausforderungen des Lebens vor: Bilinguales Internat, Musik- und Kunstakademie, Mentorensystem, Hausaufgabenbetreuung, Sozialdienste, Sport- und Kreativgilden. Mitglied der internationalen Round-Square-Vereinigung mit Möglichkeit des Schüler-und Lehreraustausches.

Tag der offenen Tür: siehe aktuelle Veranstaltungshinweise auf der Website.

Summercamp: 13. bis 20. Juli 2019

Fröbel Internat

Name und Anschrift:
Fröbel Internat
Robert-Birkner-Straße 17–27
07407 Rudolstadt OT Keilhau
Tel. 0 36 72/46 96 0
Fax 0 36 72/46 96 10
www.froebel-internat.de
info@froebel-internat.de

Name des Trägers:
Jugendsozialwerk Nordhausen e.V.

Internatsleitung:
Maike Schipke

Schulleitung:
Jens Dathe

Schulstatus:
staatlich anerkannte Privatschule

Schularten:
Thüringer Gemeinschaftsschule,
gymnasialer Abschluss in Kooperation

Schulische Ausrichtung:
Thür. Lehrplan nach Pädagogik
von Friedrich W.A. Fröbel

Konfession:
nicht gebunden

Sprachenfolge:
E, R

Internatsplätze:
gesamt 36

Klassenstärke:
18–24

Externe Schüler: ja

Kosten/Monat:
€ 2.040,–,
zzgl. € 150,– einmalige Aufnahmegebühr

Nebenkosten/Monat:
schülerabhängig

Pädagogische Schwerpunkte/Besonderheiten:
Lernen und Leben am historischen Ort, in der von Friedrich W. A. Fröbel 1817 gegründeten „Allgemeinen Deutschen Erziehungsanstalt".
• Epochenunterricht • Projektorientierter Unterricht • Besuch der Gemeinschaftsschule am Campus • sehr enge Kooperation zwischen Internat, Schule und Wirtschaft • Leben in kleinen individuellen Wohngruppen • familienähnliche Grundstrukturen • angebotene AG´s: Metall- und Holzwerkstatt, Schmiede, Töpfern, Gärtnerei- und Waldwerkstatt, Museum- und Theateratelier, Fahrradwerkstatt

Tag der offenen Tür:
Infotage mehrmals im Jahr, die Termine werden auf unserer Homepage bekannt gegeben

Internate in der

Schweiz

Schweiz

Deutschsprachige Schweiz

CH-3802 Beatenberg
Institut Beatenberg alpen internat
Glunten 699
Tel. 00 41/33/8 41 81 81

(Mitglied des VSP)

CH-6440 Brunnen
Theresianum Ingenbohl
Klosterstrasse 14
Tel. 00 41/41/8 25 26 00

(Mitglied des VSP)

■ **ausführliche Angaben: Seite 249**

CH-7180 Disentis/Mustér
Gymnasium & Internat Kloster Disentis
Via Claustra 1
Tel. 00 41/81/9 29 68 68

■ **ausführliche Angaben:**
Seite 250–251 und Seite 36

CH-8840 Einsiedeln
Stiftsschule Einsiedeln
Tel. 00 41/55/4 18 63 01

CH-6390 Engelberg
Stiftsschule Engelberg
Benediktinerkloster 5
Tel. 00 41/41/6 39 61 00

■ **ausführliche Angaben: Seite 252**

CH-7551 Ftan
Hochalpines Institut Ftan
Tel. 00 41/81/8 61 22 11

(Mitglied des VSP)

■ **ausführliche Angaben:**
Seite 254–255

CH-3814 Gsteigwiler bei Interlaken
Christliches Internat Gsteigwiler
Bühl 12
Tel. 00 41/33/8 27 81 00

(Mitglied des VSP)

CH-6085 Hasliberg Goldern
Ecole d'Humanité
Tel. 00 41/33/9 72 92 92

(Mitglied des VSP)

■ **ausführliche Angaben:**
Seite 253

CH-8546 Kefikon
Schule Schloss Kefikon –
Schule und Internat
für Mädchen und Jungen
Schlossweg 1
Tel. 00 41/52/3 75 12 25

(Mitglied des VSP)

CH-8645 Rapperswil-Jona/Bollingen
Mädcheninternat am See
Telefon 00 41/55/225 49 00

(Mitglied im VKIT)

CH-3792 Saanen/Gstaad
John F. Kennedy
International School
Chilchegasse
Tel. 00 41/33/7 44 13 72

(Mitglied des VSP)

CH-7503 Samedan
Academia Engiadina
Quadratscha 18
Tel. 00 41/81/8 51 06 12

CH-9000 St. Gallen
Institut auf dem Rosenberg
Höhenweg 60
Tel. 0041/71/277 77 77

(Mitglied des VSP)

CH-6314 Unterägeri
Privatschule Dr. Bossard
Zugerstrasse 15
Tel. 00 41/41/7 50 16 12

CH-6300 Zug
Institut Montana Zugerberg
Schönfels 5
Tel. 00 41/41/729 11 99

CH-6300 Zug
Kollegium St. Michael
Zugerbergstrasse 3
Tel. 00 41/41/7 27 12 10

(Mitglied des VSP)

CH-7524 Zuoz
Lyceum Alpinum Zuoz
Tel. 00 41/81/8 51 30 00

(Mitglied des VSP)

Französischsprachige Schweiz

CH-1807 Blonay
Ecole Chantemerle
Tel. 00 41/21/9 43 11 93

(Mitglied des VSP)

CH-1885 Chesières/Villars
Aiglon College
Tel. 00 41/24/4 96 61 61

(Mitglied des VSP)

CH-1885 Chesières/Villars-sur-Ollon
La Garenne International School
Tel. 00 41/24/4 95 24 53

(Mitglied des VSP)

CH-1885 Chesières/Villars
Pré Fleuri International Alpine School
Tel. 00 41/24/4 95 23 48

(Mitglied des VSP)

CH-1815 Clarens/Montreux
St. George's School in Switzerland
Ch. de St. Georges 19
Tel. 00 41/21/9 64 34 11

(Mitglied des VSP)

CH-3963 Crans-sur-Sierre, Crans-Montana
Le Chaperon Rouge
Tel. 00 41/27/4 81 25 00

(Mitglied des VSP)

CH-1470 Estavayer
Centre de Formation du Sacré-Coeur
Tel. 00 41/26/6 63 96 63

(Mitglied des VSP)

CH-1206 Genève
Privates Gymnasium Rudolph Töpffer
21, avenue Eugène-Pittard
Tel. 00 41/22/7 03 51 20

(Mitglied des VSP)

CH-1823 Glion sur Montreux
Institut Villa Plierrefeu SA
Route de Caux 28
Tel. 00 41/58/7 50 07 50

(Mitglied des VSP)

CH-1663 Gruyères
Institut „La Gruyère"
Tel. 00 41/26/9 21 82 00

(Mitglied des VSP)

CH-1005 Lausanne
Brillantmont International School
16, avenue Charles-Secrétan
Tel. 00 41/21/3 10 04 00

(Mitglied des VSP)

CH-1001 Lausanne
École Lémania
Chemin de Preville 3
Tel. 00 41/21/3 20 15 01

(Mitglied des VSP)

CH-1010 Lausanne
École française de Lausanne Valmont
Route d'Oron 47
Tel. 00 41/21/6 52 37 33

(Mitglied des VSP)

CH-1000 Lausanne 12
Ecole Nouvelle de la Suisse Romande
Chemin de Rovéréaz 20
Tel. 00 41/21/6 54 65 00

(Mitglied des VSP)

CH-1854 Leysin
Leysin American School in Switzerland
Tel. 00 41/24/4 93 37 77

(Mitglied des VSP)

CH-1820 Montreux-Territet
Institut Monte Rosa
Avenue de Chillon 57
Tel. 00 41/21/9 65 45 45

(Mitglied des VSP)

CH-1820 Montreux
Surval Montreux
56, rte de Glion
Tel. 00 41/21/9 66 16 16

(Mitglied des VSP)

CH-1009 Pully
Collège Champittet
Ch. de Champittet, Postfach 622
Tel. 00 41/21/7 21 05 05

(Mitglied des VSP)

CH-1180 Rolle et 3780 Gstaad
Institut Le Rosey
Château du Rosey
Tel. 00 41/21/8 22 55 00

(Mitglied des VSP)

CH-1290 Versoix (Genève)
Collège du Léman
74, route de Sauverny
Tel. 00 41/22/7 75 55 55

(Mitglied des VSP)

CH-1884 Villars-sur-Ollon
Collège Alpin Beau Soleil
Route du Village 1
Tel. 00 41/24/4 96 26 26

(Mitglied des VSP)

Theresianum Ingenbohl

Name und Anschrift:
Theresianum Ingenbohl, Schule und Internat
CH-6440 Brunnen
Tel. 0041/41/825 26 00
www.theresianum.ch, info@theresianum.ch

Name des Trägers:
Stiftung Theresianum Ingenbohl

Internatsleitung: Sylvia Guggisberg

Rektorin: Christine Hänggi-Widmer

Schulstatus:
Privatschule und 5-Tages-Internat

Schularten:
Sekundarschule: 7. bis 9. und 10. Schuljahr, Gymnasium: Schweizer Matura, auf Wunsch zweisprachig D/E: Bilingual (English Advanced CAE) oder Bilingual+ (English Proficiency CPE), Fachmittelschule: Fachmittelschulausweis, Fachmaturitäten: Pädagogik, Gesundheit und Soziale Arbeit.
Sekundarschule, Gymnasium u. Internat sind nur für junge Frauen zugänglich, die Fachmittelschule steht beiden Geschlechtern offen.

Konfession: nicht gebunden

Sprachenfolge: D, E, F

Internatsplätze: 50 Einer- und 35 Doppelzimmer für junge Frauen

Klassenstärke: ca. 20

Externe Schüler: ca. 400

Kosten/Monat:
Schulgeld ab CHF 2'165 und
Pensionsgeld ab CHF 1'420

Nebenkosten/Monat: ca. CHF 100

Pädagogische Schwerpunkte/Besonderheiten:
Wir fördern die Eigeninitiative und das selbstverantwortliche Handeln. Dabei schenken wir Aspekten wie Frauen in Beruf, Gesellschaft, Politik und Familie grosse Beachtung. Wir behalten unsere Eigenheit bei, die Sekundarschule (7.–9. Schuljahr) das 10. Schuljahr, das Gymnasium und das Internat nur für junge Frauen anzubieten. Weltweite Untersuchungen und unsere eigenen Erfahrungen zeigen, dass junge Frauen an geschlechtsspezifischen Schulen deutlich selbstsicherer heranwachsen. Entsprechend selbstbewusst bestimmen sie ihre Studienziele. Gerade in den naturwissenschaftlichen MINT-Fächern (Mathematik, Informatik, Naturwissenschaft und Technik) beweisen junge Frauen ihre Intelligenz und Kompetenz überzeugend, wenn sie entsprechend gefördert und motiviert werden. Ein grosses Anliegen des Theresianums ist zudem die fachkundige und begeisternde Vermittlung von Kunst, Kultur und Theater.

Tag der offenen Tür: Informationsveranstaltungen siehe www.theresianum.ch/agenda

Gymnasium & Internat Kloster Disentis

Siehe auch S. 36

Name und Anschrift:
Gymnasium & Internat Kloster Disentis
Via Claustra 1, CH-7180 Disentis
Tel. 00 41/81/9 29 68 68
Fax 00 41/81/9 29 68 01
www.gkd.ch
matura@gkd.ch
www.facebook.com/
gymnasiuminternatklosterdisentis

Name des Trägers:
Benediktinerabtei Kloster Disentis

Internatsleitung:
Hans-Jürgen Müller

Schulleitung:
Roman Walker

Schulstatus:
Staatlich anerkannte Privatschule mit internationalem, renommiertem Internat inkl. überregionale Mittelschule

Schularten:
Gymnasium inkl. Weekend-Vollbetreuung

Schulische Ausrichtung:
Struktur, Werte, Perspektiven – Verbindlich! Gemeinschafts- und verantwortungsorientierte Maturitätslehrgänge, benediktinisch christlich-humanistische Werteprägung.

Schwerpunktfächer:
Biologie & Chemie, Musik, Physik und Anwendung der Mathematik, Wirtschaft & Recht, Spanisch.

Option:
zweisprachige Matura (Abitur) Deutsch/Engl.

Das GKD bietet interessierten Jugendlichen sechs- bzw. 12 Monate dauernde akademische GAP-Kurse an. Er schliesst in der Regel ans neunte Schuljahr an und ermöglicht aus sprachlicher Sicht mit dem Diplom B1 in Deutsch den Eintritt ins Gymnasium.

Sprachenfolge:
D, E, I, L, F, Sp, (Romanisch)

Internatsplätze:
w.: 40, m.: 40

Klassenstärke:
20

Externe Schüler:
130

Kosten/Monat:
Siehe www.gkd.ch

Nebenkosten/Monat:
CHF ca. 100,– (Schulbücher, Exkursionen)

Fortsetzung auf der folgenden Seite.

Pädagogische Schwerpunkte/Besonderheiten:

- Struktur, Werte, Perspektiven
- Verbindlichkeit!
- zweisprachige Matura (= Abitur) Deutsch/Englisch (als Option)
- nach abgeschlossener Gymnasialausbildung (= Matura): prüfungs freier Zugang u.a. an international führende Schweizer Universitäten und Hochschulen (ETH, HSG, EPFL, Uni Zürich, Uni Basel etc.)
- Akademisches GAP-Jahr. Anschluss an 9. Schuljahr: Breites Fächerangebot, internationale Sprachzertifikate, fundierte Vorbereitung auf Gymnasium/weiterführende Schulen
- beaufsichtigte Studienzeiten, täglich individuelle Lernunterstützung
- Betreuung inkl. Weekendaktivitäten durch sozialpäd. ausgebildetes Fachpersonal
- Persönlichkeitsbildung durch regelmässige Feedbackgespräche
- gemeinschaftlicher Essenstisch in familiärer Atmosphäre
- moderne, architektonisch international prämierte Wohnbereiche mit baulich klarer Trennung zwischen Knaben und Mädchen, Einzelzimmer mit je eigener Nasszelle, grosszügige Gemeinschaftsräume
- jährliche Chor-Tournee und hochklassige Auftrittsorte der rund 100 Sänger/-innen des Gymnasiums
- bald 1400-jährige Lehrerfahrung mit erstklassigem Erfolgsausweis
- ideale Entfaltungsmöglichkeiten für Sport, Kultur und Musik in inspirierender Umgebung

Verband Katholischer Internate und Tagesinternate

Stiftsschule Engelberg

Stiftsschule Engelberg

Abbey School Since 1120

Name und Anschrift:
Stiftsschule Engelberg
Benediktinerkloster 5
CH-6390 Engelberg
Tel. 00 41/41/6 39 61 00
www.stiftsschule-engelberg.ch
info@stiftsschule-engelberg.ch

Name des Trägers:
Benediktinerkloster Engelberg

Internatsleitung:
Franziska Bachmann Pfister

Schulleitung:
Matthias Nüssli

Schulstatus:
Staatlich anerkannte Privatschule, Regionale Mittelschule, IB World School

Schularten:
Gymnasium mit Internat:
International Baccalaureate (IB) und Zweisprachige Matura (Deutsch/Englisch) mit Doppelabschluss, Sekundarschule (Integrierte Orientierungsschule)

Schulische Ausrichtung: Zeitgemässe Klosterschule mit internationaler Prägung, christliche Wertevermittlung im benediktinischen Geist, Gemeinschaftbildung, Schwerpunktfächer: Physik und Anwendungen der Mathematik (PAM), Wirtschaft u. Recht, Latein und Griechisch, Ergänzungsfächer: Chemie, Religionslehre, kombinierter Abschluss der zweisprachigen Schweizer Matura (D/E) und des International Baccalaureate (IB).

Konfession: nicht gebunden

Sprachenfolge: D, E, F, L

Internatsplätze: w.: 40, m.: 60

Klassenstärke: Ø 19

Externe Schüler: 70

Kosten/Monat:
sFr. 3.350,– (Untergymnasium),
sFr. 3.600,– (Obergymnasium)

Nebenkosten/Monat: gem. Verbrauch, Wochenendbetreuung sFr. 460,–

Pädagogische Schwerpunkte/Besonderheiten:
Individuelle Betreuung, familiärer Schulgeist, Lerncoaching, geregelter Tagesablauf mit festen Studienzeiten, vielfältiges Freizeitangebot (Sport, Musik, Gesang, Theater). Wochenendunterbringung in Gastfamilien. Alpine Landschaft im Sommer- und Wintertourismusort, gute Erreichbarkeit im Zentrum der Schweiz (40 Minuten von Luzern), grosszügige und moderne Infrastruktur.

Tag der offenen Tür: Schnuppertage nach Vereinbarung

Ecole d' Humanité

Name und Anschrift:
Ecole d'Humanité
CH-6085 Hasliberg Goldern
Tel. +41 (0) 33 972 92 92
Fax +41 (0) 33 972 92 11
www.ecole.ch, ecole@ecole.ch
www.facebook.com/EcoleDHumanite.OfficialPage

Name des Trägers:
Ecole d'Humanité Genossenschaft

Schulleitung: Katja Maike Braun

Schulstatus:
Staatlich anerkannte Privatschule

Schularten: Internationale Gesamtschule

Anerkannte Abschlüsse (bzw. Qualifikationen):
• Schweizer Sekundarabschluss • Vorbereitung auf weiterführende Schulen z.B.: Fachmittelschulen (FMS), Berufsmittelschulen (BMS) oder Zugang zu Vorkursen an Schulen für Gestaltung • 10. Schuljahr als Vorbereitung auf den Berufseinstieg • Abschluss mit der Schweizer Matura, die den Zugang zu allen Universitäten ermöglicht • US-High-School-Abschluss; Zugang zu Studienplätzen an Universitäten in den USA und Europa • Advanced Placement International Diploma (APID), ermöglicht das Studium an Universitäten in Europa • Anerkanntes Prüfungscenter für SAT-, AP- und PTE General-Prüfungen

Konfession: keine

Sprachenfolge: D und E als Alltagssprache, u.a. F, sowie temporär Sp und I

Internatsplätze:
w.: 50, m.: 50 intern, 20 extern

Kursstärke: ca. 6–8 SchülerInnen

Kosten/Monat:
sFr. 5.000,– bis sFr. 7.000,– (10 Monate)

Nebenkosten/Monat: ca. sFr. 300,– für Schulbücher, Taschengeld, Exkursionen etc.

Pädagogische Schwerpunkte/Besonderheiten: • Soziales Lernen in einer internationalen Lebensgemeinschaft durch Mitverantwortung und Gestaltung des Schullebens • Individuelle Förderung und Coaching im Kurssystem sowie durch TutorInnen; morgens akademische Kurse, nachmittags handwerkliche, musische und sportliche Ausrichtung des Unterrichts • 6-Tage-Schulwoche, MitarbeiterInnen wohnen mit den Jugendlichen in Wohngruppen auf dem Campus • Individuelle Berichte anstelle von Noten • Tanz- und Theaterprojekte • Erlebnispädagogische Ausrichtung durch Schneesport, alpine und hochalpine Wanderungen, Mountainbiking, Ski- und Snowboardtouren sowie Klettern • Ökologisch orientierte Lebensweise

Hochalpines Institut Ftan

Name und Anschrift:
Hochalpines Institut Ftan, CH-7551 Ftan
Tel. 00 41/81/8 61 22 11
Fax 00 41/81/8 61 22 12
www.hif.ch, admissions@hif.ch

Name des Trägers: Hochalpines Institut Ftan AG mit ca. 570 Aktionären

Schulleitung: Beat Sommer, Direktor

Internatsleitung: Joe Zangerl

Schulstatus: Staatl. anerkannte Privatschule mit internationalen Lehrgängen und Internat, regionale Mittelschule des Unterengadins, Trainingsstützpunkt der regionalen Wettkampfsportförderung und Regionales Leistungszentrum RLZ Swiss Ski

Schularten: Gymnasium mit Schweizer Matura Deutsch-Englisch, Cambridge IGCSE, International Baccalaureate ab SJ 2020/21, Sekundarschule Deutsch-Englisch, Integrationsjahr, Sommercamp

Schulische Ausrichtung:
Schwerpunktfächer: Physik und Anwendungen der Mathematik, Wirtschaft und Recht, *Ergänzungsfächer*: Informatik, Sport, Musik

Konfession: nicht gebunden

Sprachenfolge: D, E, F, I, L

Internatsplätze: w.: 50, m.: 50

Klassenstärke: Ø 15

Externe Schüler:
ca. 50 in allen Schultypen

Kosten/Monat:
CHF 4.000,– bis CHF 5.000,– (Unterricht, Betreuung, Beherbergung, Verpflegung); CHF 200,– bis CHF 500,– Sportklasse Wettkampf- oder Funsport

Nebenkosten/Monat:
ca. CHF 100,– bis CHF 200,–; Schulbücher, Unterrichtsmaterial, Exkursionen etc.

Pädagogische Schwerpunkte/Besonderheiten: Fach Leadership – Persönlichkeitsbildung, individuelles Beratungs- und Betreuungskonzept, individuelle Lernförderung und Lerncoaching, familiäres Klima, geregelter Tagesablauf mit betreuten Studienzeiten, Internatsbetreuung während 7 Tagen und rund um die Uhr, 5-Tage-Schulwoche, kleine Klassen, gemeinsamer Unterricht mit einheimischen Jugendlichen. Hochalpine Lage (1.700 m.ü.M.) auf einer Sonnenterrasse mit herrlichem Panoramablick auf die Bergwelt des Unterengadins, vielfältige Freizeitmöglichkeiten, Sportförderung auf höchstem Niveau für Leistungs- und Freizeitsportler/-innen in den Disziplinen Langlauf, Snowboard Alpin/Freestyle, Ski Alpin/Freestyle, Eishockey, Golf.

Tag der offenen Tür:
Besichtigungen, individuelle Beratungsgespräche und Schnuppertage sind jederzeit möglich.

HOCHALPINES INSTITUT OTALPIN FTAN ENGADIN

HOCHALPINES INSTITUT FTAN

SWISS INTERNATIONAL BOARDING SCHOOL AND SPORTS ACADEMY

«Am HIF konnte ich die Matura erfolgreich abschliessen und mich gleichzeitig voll auf den Spitzensport konzentrieren.»

Nevin Galmarini Olympiasieger 2018 Snowboard und ehemaliger Schüler des HIF

UNSERE TRADITION, UNSERE VERPFLICHTUNG

Das Hochalpine Institut Ftan (HIF), Swiss International Boarding School and Sports Academy, gegründet im Jahr 1793, ist eine koedukative Schule auf Sekundar- und Gymnasialstufe, die eine Reihe von Lehrgängen für Schülerinnen und Schüler der Klassen 7 bis 12 anbietet. Das HIF ist vom Kanton Graubünden für die Vorbereitung und Durchführung der Schweizer Maturitätsprüfung anerkannt und ist ein Zentrum für das International General Certificate of Secondary Education (IGCSE) der Cambridge Assessment Organisation. Das Wohlbefinden und der Erfolg unserer Schülerinnen und Schüler, sei es sportlich oder schulisch, ist für alle am HIF das erste und wichtigste Anliegen.

GYMNASIUM MIT MATURA DEUTSCH / ENGLISCH

Optimale Vorbereitung auf ein Studium in der Schweiz oder an internationalen Universitäten.

SEKUNDARSCHULE DEUTSCH / ENGLISCH

Grundausbildung mit vielseitigen Perspektiven und Übertrittsmöglichkeit ins Kurzgymnasium.

INTERNATIONALE LEHRGÄNGE

Pre-IGCSE / IGCSE / IB Diploma* / Integration Year
Das internationale Sprungbrett mit Zulassung zu Universitäten weltweit.

*Das HIF bewirbt sich für die Zulassung zum International Baccalaureate (IB) Diploma Programme und strebt die Anerkennung als IB World School für das Schuljahr 2020/21 an.

SUMMERCAMP

HIF International Summer Adventure Camp: Deutsch und Englisch lernen, Sport treiben und neue Freunde finden in der wunderschönen Urlaubsregion des Engadins.

DAS MACHT UNS EINMALIG: DIE SPORTS ACADEMY

Die HIF Sports Academy ermöglicht Schülerinnen und Schülern, Wettkampf- und Freizeitsport mit einem internationalen akademischen Lehrgang zu kombinieren. Sport fördert die Gesundheit und das Wohlbefinden, aber auch Widerstandskraft, Selbstdisziplin und Teamgeist – wesentliche Qualitäten zukünftiger Führungskräfte.

Unser Sportangebot:

- Ski nordisch
- Snowboard Alpin und Freestyle
- Ski Alpin und Freestyle
- Eishockey and Golf

KONTAKT

Rufen Sie uns an oder schreiben Sie uns, wenn Sie mehr wissen möchten, wir beantworten Ihre Fragen gerne. Oder noch besser: Besuchen Sie uns im wunderschönen Engadin und überzeugen Sie sich selbst von der Qualität unserer Schule.

HOCHALPINES INSTITUT FTAN AG
Chalchera 154 • 7551 Ftan
Tel. +41 (0) 81 861 22 11 • Fax +41 (0) 81 861 22 12
admissions@hif.ch
www.hif.ch • facebook.com/HochalpinesInstitutFtan

Internate in Großbritannien

EF Academy Oxford

Pullens Lane Headington
Oxford OX3 0DT, UK

Kontakt in Deutschland:
Tel. 02 11/6 88 57-350
privatschulen.de@ef.com

Privatschulen mit Internatsunterbringung

■ **ausführliche Angaben: Seite 258**

EF Academy Torbay

EF House, Castle Road
Torquay TQ1 3BG, UK

Kontakt in Deutschland:
Tel. 02 11/6 88 57-350
privatschulen.de@ef.com

Privatschule mit Internats- und Gastfamilienunterbringung

■ **ausführliche Angaben: Seite 259**

EF Academy Oxford

Name und Anschrift:
EF Academy Oxford
Pullens Lane Headington
Oxford OX3 0DT, Großbritannien
Tel. 02 11/6 88 57-350
Fax 02 11/6 88 57-101
www.ef.com/academy
privatschulen.de@ef.com
www.facebook.com/EFAcademyGermany

Name des Trägers:
EF International Academy Limited.
In Deutschland: EF Education (Deutschland) GmbH, Königsallee 92 a, 40212 Düsseldorf

Akademische Leitung:
Dona Jones/Michael Liggins

Schulleitung:
Dr. Paul Ellis

Schulstatus: Private Schule mit Internats- und Gastfamilienunterbringung

Schularten: A-Levels, IB World School

Schulische Ausrichtung:
sprachlich, hum.-naturw., wirtschaftswissenschaflich, künstlerisch

Konfession: nicht gebunden

Sprachenfolge:
Unterrichtssprache: Englisch,
Sprachunterricht anderer Sprachen wählbar

Klassenstärke: 10–15

Kosten/Jahr:
Klasse 11/12 (A-Levels): ab GBP 30.750
Klasse 11/12 (IB): ab GBP 30.750

Pädagogische Schwerpunkte/Besonderheiten:
Schüler aus mehr als 75 Ländern, gezielte Englischvorbereitung, Universitätsvorbereitung und -vermittlung, enge und individuelle Betreuung durch Tutoren, international ausgerichtete Lehrer, Netzwerk aus vier Schulstandorten, internationale Projekte und Praktika, Ganztagesprogramm mit Balance zwischen akademischen und außerschulischen Aktivitäten (Theater, Business Club, Literatur Club, Debattierclub, Model UN, Musik-Band, TOEFL, Football Club u.v.m.), Teilnahme am Duke of Edinburgh Programm.

Aufnahme der Schüler und persönliche Betreuung durch Mitarbeiter der EF Academy in Deutschland.

Tag der offenen Tür:
Individuelle Beratungen auf Anfrage.

EF Academy Torbay

Name und Anschrift:
EF Academy Torbay
EF House, Castle Road
Torquay TQ1 3BG, Großbritannien
Tel. 02 11/6 88 57-350
Fax 02 11/6 88 57-101
www.ef.com/academy
privatschulen.de@ef.com

Name des Trägers:
EF International Academy Limited.
In Deutschland: EF Education (Deutschland) GmbH, Königsallee 92 a, 40212 Düsseldorf

Akademische Leitung: Louise Blondell

Schulleitung/Ansprechpartner:
Mark Howe

Schulstatus: Privatschule mit Internats- und Gastfamilienunterbringung

Schularten:
IB World School, A-Levels, IGCSE

Schulische Ausrichtung:
sprachlich, hum.-naturw., wirtschaftswissenschaflich, künstlerisch

Konfession:
nicht gebunden

Sprachenfolge:
Unterrichtssprache: Englisch, Sprachunterricht anderer Sprachen wählbar

Klassenstärke:
10–15

Kosten/Jahr:

Klasse 9/10 (IGCSE):	ab GBP 26.250
Klasse 11/12 (A-Levels):	ab GBP 26.250
Klasse 11/12 (IB):	ab GBP 26.250

Pädagogische Schwerpunkte/Besonderheiten:
Schüler aus mehr als 75 Ländern, gezielte Englischvorbereitung, Universitätsvorbereitung und -vermittlung, enge und individuelle Betreuung durch Tutoren, international ausgerichtete Lehrer, Netzwerk aus drei Schulstandorten, internationale Projekte und Praktika, Ganztagsprogramm mit Balance zwischen akademischen und außerschulischen Aktivitäten (Fußball, Basketball, Fotografie-Club, Cooking Club, Schülerzeitung, Musik-Club, TOEFL u.v.m.), Teilnahme am Duke of Edinburgh Programm.

Aufnahme der Schüler und persönliche Betreuung durch Mitarbeiter der EF Academy in Deutschland.

Internat in den USA

EF Academy New York

582 Columbus Avenue
Thornwood
New York 10594, USA

Kontakt in Deutschland:
Tel. 02 11/6 88 57-350, privatschulen.de@ef.com
Privatschule mit Internatsunterbringung

■ **ausführliche Angaben: Seite 261**

EF Academy New York

Name und Anschrift:
EF Academy New York
582 Columbus Avenue
Thornwood, NY 10594, USA
Tel. 02 11/6 88 57-350
Fax 02 11/6 88 57-101
www.ef.com/academy
privatschulen.de@ef.com

Name des Trägers:
EF International Academy Limited.
In Deutschland: EF Education (Deutschland) GmbH, Königsallee 92 a, 40212 Düsseldorf

Akademische Leitung:
Matthew Gonzales

Schulleitung: George Stewart

Schulstatus: Privates Internat

Schularten:
IB World School, IGCSE, American High School Diploma

Schulische Ausrichtung:
sprachlich, hum.-naturw., wirtschaftswissenschaflich, künstlerisch

Konfession:
nicht gebunden

Sprachenfolge:
Unterrichtssprache: Englisch, Sprachunterricht anderer Sprachen wählbar

Klassenstärke: 10–15

Kosten/Jahr:

Klasse 9/10 (IGCSE):	ab USD 35.250
Klasse 11/12 (IB):	ab USD 41.000

Pädagogische Schwerpunkte/Besonderheiten:
Schüler aus mehr als 75 Nationen, Unterbringung auf dem Campus, Universitätsvorbereitung und -vermittlung, enge und individuelle Betreuung durch Tutoren, international ausgerichtete Lehrer, Netzwerk aus drei Schulstandorten, internationale Projekte und Praktika, Ganztagsprogramm mit Balance zwischen akademischen und außerschulen Aktivitäten (Tennis, Golf, Fußball, Basketball, Musical AG, Art Club, Business Club, Debattierclub, u.v.m.).

Aufnahme der Schüler und persönliche Betreuung durch Mitarbeiter der EF Academy in Deutschland.

Tag der offenen Tür:
Individuelle Beratungen auf Anfrage.

USA

Ausgewählte Internate in Österreich

A-5500 Bischofshofen
Tourismusschulen Salzburg-Bischofshofen
Südtiroler Straße 75
Tel. Schule: 00 43/64 62/34 73
Tel. Internat: 00 43/64 62/26 85

Schule für Tourismus und Hotelfach

A-6900 Bregenz
Collegium Bernardi
Privates Gymnasium und Internat Mehrerau
Mehrerauerstr. 68
Tel. 00 43/(0)55 74/7 14 38

Gymnasium

A-8010 Graz
Bischöfliches Internat Graz
Lange Gasse 2
Tel. 00 43/316/8 03 19-90

Gymnasium und weiterführende Schulen
(Mitglied im VKIT)

A-1040 Wien
Stiftung „Theresianische Akademie"
Favoritenstraße 15
Tel. 00 43/1/5 05 15 71

Gymnasium

A-1130 Wien
Bundesinternat Wien
Himmelhofgasse 17–19
Tel. 00 43/1/8 77 12 45

Realgymnasium

Internat in den

Niederlanden

NL-7731 PJ Ommen
International School Eerde
Kasteellaan 1
Tel. 00 31/5 29/45 14 52

Grundschule,
Mittlere Reife,
(ICGSE) Abitur, (IB),
Post Graduated Sport program

Internat in

Tschechien

CZE-36001 Karlovy Vary
Carlsbad International School
Slovenska 477/5
Tel. +420 353 22 73 87

Gymnasium,
IB World School,
IB Diploma Programme

Ausgewählte

HOCHSCHULEN

im „INTERNATE-FÜHRER"

Die beste Ausbildung für eine sichere Zukunft

Hochschulen im Internate-Führer

Junge Menschen, die für ein paar Jahre im Internat gelebt haben, bringen die idealen Voraussetzungen für ein anschließendes Studium mit. Das im Internat erworbene selbstständige Arbeiten, die Teamfähigkeit, Kreativität, Eigenverantwortung und das hohe Maß an sozialer Kompetenz befähigen insbesondere ehemalige Internatsschüler/-innen zu einem Studium an einer Hochschule. Und diese Hochschulen können auf Grund ihrer ausgezeichneten Qualität den einzelnen Studenten/-innen eine optimale Förderung und Ausbildung garantieren.

Selbst im Zeitalter des Internets haben die zukünftigen Studenten auf der Suche nach dem „idealen Studienplatz" nur unzureichende Möglichkeiten, um einzelne Hochschulen gut und übersichtlich vergleichen zu können.

Diese Vergleichbarkeit hat sich bei über 300 Internaten mit dem Buch „Der große Internate Führer" seit vielen Jahren bestens bewährt.

Zahlreiche Anfragen von Schülern und Eltern haben uns auf die Notwendigkeit eines ähnlichen Buches für den Bereich Hochschulen hingewiesen. Und so möchten wir nun diese Lücke im Bereich Hochschulen schließen, um in Zukunft all die Anfragen von motivierten und zielorientierten jungen Menschen positiv beantworten zu können.

Wir stellen im Folgenden von uns ausgewählte Hochschulen vor. Die Reihenfolge wurde nach dem Ortsnamen vorgenommen und stellt keinerlei Präferenz dar.

10367 Berlin
H:G Hochschule für Gesundheit und Sport
Vulkanstraße 1
Tel. 0 30/57 79 73 70

Hochschule

10587 Berlin
OTA Hochschule
Ernst-Reuter-Platz 10
Tel. 0 30/92 25 35 45

Hochschule

10827 Berlin
EBC Hochschule Campus Berlin
Altes Postamt
Hauptstraße 27
Tel. 0 30/3 15 19 35-0

10963 Berlin
Berliner Technische Kunsthochschule (btk)
Bernburger Str. 24–25
Tel. 0 30/25 35 86 98

Fachhochschule

10999 Berlin
Design-Akademie Berlin, Hochschule für Kommunikation und Design (FH)
Paul-Lincke-Ufer 8e
Tel. 0 30/61 65 48-0

Fachhochschule

13156 Berlin
ECLA European College of Liberal Arts
Platanenstraße 24
Tel. 0 30/4 37 33-0

College

14055 Berlin
Touro College Berlin
Am Rupenhorn 5
Tel. 0 30/30 06 86-0

College

14059 Berlin
ESCP-EAP European School of Management Berlin
Heubnerweg 6
Tel. 0 30/32 00 71 33

Hochschule

44227 Dortmund
International School of Management (ISM) Campus Dortmund
Otto-Hahn-Str. 19
Tel. 02 31/97 51 39-0

Hochschule

40237 Düsseldorf
EBC Hochschule Campus Düsseldorf
Grafenberger Allee 87
Tel. 02 11/17 92 55-0

45141 Essen
FOM Hochschule für Oekonomie & Management
Leimkugelstraße 6
Tel. 02 01/8 10 04-0

Hochschule für Oekonomie & Management

60598 Frankfurt/Main
International School of Management (ISM) Campus Frankfurt/Main
Mörfelder Landstraße 55
Tel. 0 69/66 05 93 67-0

Hochschule

20354 Hamburg
EBC Hochschule
Campus Hamburg
Esplanade 6
Tel. 0 40/32 33 70-0

20457 Hamburg
International School of Management (ISM)
Campus Hamburg
Brooktorkai 22
Tel. 0 40/3 19 93 39-0

Hochschule

80333 München
International School of Management (ISM)
Campus München
Karlstraße 35
Tel. 0 89/2 00 03 50-0

Hochschule

80339 München
EU Business School
Theresienhöhe 28
Tel. 0 89/55 02 95 95

Internationale Wirtschaftshochschule

■ **ausführliche Angaben:
Seite 270**

CH-9000 St.Gallen
Universität St.Gallen (HSG)
Dufourstr. 50
Tel. 00 41/71/2 24 21 11

Universität

L-2981 Luxembourg-Kirchberg
eufom European University for
Economics & Management
7, rue Alcide de Gasperi
Tel. 00352/27 99 26 03

University for Economics & Management

EU Business School

Name und Anschrift:
EU Business School Munich
Theresienhöhe 28, D-80339 München,
Tel. 0 89/55 02 95 95, Fax 0 89/55 02 95 04
www.euruni.edu

Ansprechpartner: Barcelona: info.bcn@euruni.edu
Geneva: info.gva@euruni.edu
Montreux: info.mtx@euruni.edu
Munich: info.muc@eumunich.com
Online: info.online@euruni.edu

Voraussetzungen/Zugang:
- 1 beglaubigte Kopie der Abiturzeugnisse und Notenspiegel
- Englischkenntnisse: TOEFL-Punktzahl 80 (Internet-basiert); IELTS 6.0; CAE B2; PTE 57; Englisch Muttersprachler oder gleichwertig.
- Senden Sie zwei Empfehlungsschreiben von akademischen Berater, die mit Ihrer akademischen Leistung und Ihrem Führungspotenzial vertraut sind. Jedes Empfehlungsschreiben, das nicht in Englisch verfasst ist, muss eine beglaubigte Englische Übersetzung beiliegen.
- Schreiben Sie einen Essay oder nehmen Sie ein 2-3-minütiges Video auf, welches dem EU Zulassungsausschuss dabei hilft, Sie kennenzulernen. Detaillierte Anweisungen finden Sie auf unserer Website: www.euruni.edu

Studiengänge:
BSc – Bachelor of Science (Hons) in International Business with a certificate of specialization in one of 7 minors: Business Administration, Communication & Public Relations, Leisure & Tourism Management, International Relations, Sports Management, Business Finance, Digital Business, Design & Innovation.
BA (Hons) in Business Management, BA (Hons) in Business Management & Marketing, BA (Hons) in Business Management & Finance, BA (Hons) in Business Management & Enterprise, BA (Hons) in Business Management & Human Resources Management

Beginn: Oktober, Februar, Juni, August

Dauer: 6 Semester

Kosten: € 6.450 per Semester

Notizen